古事雜談

许进雄 著

中国出版集团 现代出版社

目 录

自 序

本书收集的文章是为专栏“说古事”撰写的，其中有45篇曾经发表过。撰写“说古事”的因缘起于1988年笔者接受台大的聘约，到人类学系和中文系客座讲课半年。中文系教授曾永义博士素知笔者有兴趣用浅简的文字介绍中国古人的生活，以普及此方面的知识，乃介绍给报纸编辑。编辑先生看了一些样稿后，觉得内容还适合一般读者的趣味，于是决定推出“说古事”专栏，大致每星期刊出一次，每次约2100字，加上2幅图版。1988年9月16日开始登载。不久也得到台湾商务印书馆同意，以后可以集为专集出版。笔者本打算写80篇，但当笔者完成70篇而刊出30多篇时，获悉版面更换编辑。新编辑对“说古事”专栏的出刊不太感兴趣，于是也就兴趣阑珊，加上我自身的工作也忙，就因势停笔了。

对于考古，一般人认为它与我们生活不怎么相关，大致是讲些几千年前的陶罐子有多大，形状怎么样等一类枯燥的东西，心里早有排拒的念头，并不想读读里头有何有趣的东西。笔者在台湾学的是中国的古文字学，到加拿大后服务于博物馆，也在大学兼课。为了博得观众的兴趣，博物馆的展览着重于展示文物与社会的关系。笔者于无形中受其影响，也注意有关古人各方面生活的信息。笔者试着在大学开课，用中国古文字所描写事物的静态和动态的图像作引子，配合发掘的材料，以及典籍的记载，具体地解说中国古人生活的一些细节。发觉尚能被同学们接受，于是试着向更多的读者介绍古代的文物和文明，在当地的中文报纸写专栏，《加拿大安省博物馆中国文物介绍》及《中国古代社会杂谈》两个专栏1400字，前后也刊载了一年半。本集很多文章就是依之加以扩充的。

本集的文章虽不是学术的专作，但采取的态度是学术性的，即资料都是有根据，或出自典籍的记载，或是他人研究的成果。大部分的文章是对专门性的研究报告作了筛选，然后重新加以组织并叙述，但偶尔也对各种现象之间的关系作了一些联系并诠释了我的个人意见。这些文章是一年间断断续续写的，写的时候也没有特别的计划。写作时主要基于两个方面的考虑：一是觉得某事件可能会引起读者的兴趣；二是觉得某些问题虽不怎么有趣，却是重要的知识而一般人又不一定有所了解。每篇文章都是一个独立的单元，有的文章不免共同涉及一事，而详略稍有不同。同时，不少文章取材自台湾商务印书馆出版的拙著《中国古代社会》，也各有详略，请读者见谅。为阅读的方便，现在不依出版的先后，而依性质相近的论题加以编选。

笔者在国外生活了21年，面对的大都是对中国文化不太熟悉的人们，对他们谈中国文化，比较不会被认为肤浅。但在中国，不但精通中国文化的学者多，一般读者对本国的文化也有相当的认识。因此在写作时，一直顾虑所写的内容太过平凡。正好在台大教课期间的研究室与业师张敬教授间隔不远，能够时时请教。张老师不嫌麻烦，每篇文章都多少作些文字上的修饰，偶尔也对内容提出质疑，更感激的是他对我时时加以鼓励，认为所写的内容不是人云亦云、毫无创意的东西，使笔者有勇气继续写下去。本集所涉及的学科多样，笔者不免对其中有些问题只一知半解，务请专家不吝指正，撰写宏文，共同为扩展古史知识的普及而努力，是所盼祷。

1990 年元月
于多伦多

殷商已普遍使用毛笔

中国的汉字与埃及的圣书体、美索不达米亚的楔形字，同为最著名的几种独立发展的古老文字体系。基本上，它们都是以图画式的表意符号为主体的文字。其他古老的文字或已湮没，或发展成为拼音文字；只有我们中国的汉字，仍旧保留其象形文字结构的特征，没有演化成拼音或被拼音文字所取代。

中国的文字虽与西方的文字都同是源自图像，但书写的习惯却很不同。西方的书写方向是先左右横行，再自上而下；有时由于某种时机而需上下行时，行列也是由左而右。而古代汉字书写的习惯是自上而下，然后又自右而左。人一般用右手书写，自右而左的形式是较不切实际的，所以满文和蒙古文虽也是上下直行，行列上则采用由左而右的形式。中国有这种书写习惯上的独特性，完全是受古代书写工具的影响。

迄今为止，大量存世的中国早期文献是三千多年前用刀刻在兽骨或龟甲上的商代占卜文字，因此有少数人误会商代的人是以刀刻字作记录的。甚至有人以为直到秦朝的蒙恬发明毛笔后，中国人才有以毛笔书写的事实，而不知商代的甲骨和陶片都有以毛笔书写的事实。我们有相当的理由相信，商代的人已普遍用毛笔书写文字。

从字形看，笔的初形是“聿”◎字。它在甲骨文作一手握着一管有毛的笔。中国普遍以竹管为杆，所以“聿”字之上加竹而成笔字。不着墨汁时，笔毛散开。但一蘸墨汁，笔尖就合拢，此时既可书写又可描画细致的线条。甲骨文的“书”◎字就作手握笔管于一瓶墨汁之上，这点明了散开的笔尖蘸了墨才可以书写的实况。还有，甲骨文的“画”◎字作手握尖端合拢或散开的笔，下画一个交叉的图案形。金文的“肃”◎字作一手握着笔，画出较复杂的图案形，以便依图案刺绣之意。以此推知商代普遍使用毛笔，才以之表达与书写、图画有关的意义。

其实六千多年前仰韶文化的陶器，其彩绘就已充分看到用毛笔的痕迹。

古代的毛笔与笔套

因为中国人写字的笔尖是柔软的毛作的，所以书写的人可以控制笔画或粗或细或波折，可使文字呈现无穷的造型和体势的变化，不像其他坚硬的工具难作笔势上的变化。中国书法所讲求的美善外形和内在精神，需要长期的努力练习和一定的天分才情才能达到熟巧的程度。因此中国的书法才成为各种文字中一种很受崇敬的独特艺术形式。

导致中国独特书写方向的应是其书

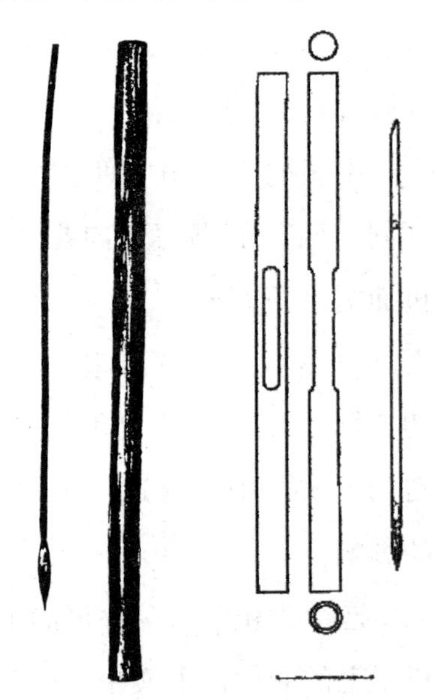

图1　长沙战国墓葬的毛笔　　图2　云梦睡虎地西汉初墓葬的毛笔

写的材料。任何有干燥平面的东西都可以书写，土石、布帛、树皮等都可以利用。但从几方面看，影响中国书写方向习惯的是竹简，而且起码从商代已是如此。只因竹子易于腐朽，地下难于长久保存，才不易见到其遗留的痕迹。《尚书·多士篇》有“惟殷先人，有典有册”之句。典、册都是用竹简编成的书册。甲骨文的“册”◎字作许多根长短不齐的竹简，用绳索编缀在一起成为书册的样子。“典”◎字则用以表示重要的典籍，不是日常的记录，故像恭敬地以双手捧着的样子。

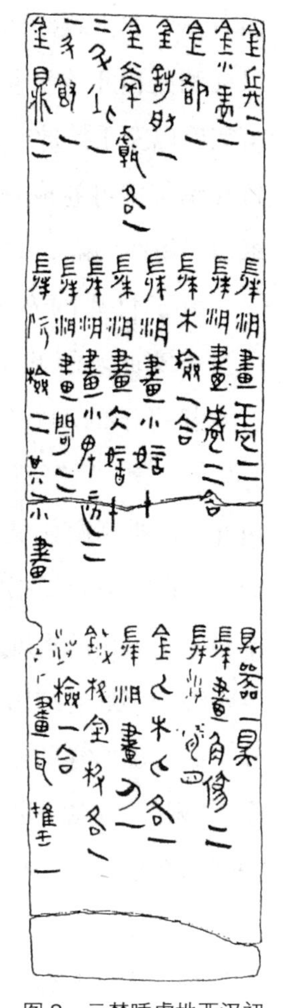

图3　云梦睡虎地西汉初墓葬的木牍

书写的字都是受竹简影响的窄长体势

竹子现今不是华北常见的植物。但在距今三千年以前，华北的气候要较今日温暖而湿润，竹子并不难生长。以竹子当书写的材料有价廉、易于制作、耐用等多种好处。只要把竹子劈成长条稍为加工，就可得平坦而可书写的表面。再在火上炙干，就易着墨而不朽蠹。在窄长的表面上书写，由上而下作纵行书写，远较横行左右书写方便得多。因为横着书写，竹片背面的弯曲会妨碍手势的运转和稳定。

甲骨文偶有横着书刻的辞句。从后世的实例，

也可推测商代有用木牍一类有宽广表面的东西书写。用毛笔蘸墨书写，墨汁干燥缓慢。如果在可以书写多行的表面上写字，行列最理想是由左而右，手才不致涂污书迹。但是中国的习惯竟然是相反的由右而左。可以推测是由于主要用单行的竹简书写，写时左手拿着竹片，右手持笔，写完后以左手持放，由右而左一一排列，故而成为中国特有的书写习惯。竹片编缀后可卷成一握，故以卷称书的篇幅。后来虽于纸上印刷，犹有纸面以墨线间隔，此亦是保持片片竹简的传统。

由于竹片的宽度有限，不但不能作多行的书写，文字也不便写得过于宽肥。因此字的结构也自然往窄长的方向发展。以致不得不把有宽长身子的动物转向，让它们头朝上，四足悬空，尾巴在底下，如“马”◎“虎”◎“象”◎等字都是如此。龟甲、兽骨上的占卜文字即是如此，由此可以推断商代最普及的书写材料是竹简，不是木牍或布帛等有宽广表面的东西。以竹简书写不必预计长度，可以随时增加竹的数量，用木牍就不易确定需用的宽度了。所以后来虽有了纸张，但因受限于竹简宽度的古老传统，字形的结构也始终保持着向窄长发展的倾向。竹简一沾墨就擦不掉，而且也不容划掉它而在旁边改正，只能用刀把字迹削去再写。故于文字，“删”◎字以一把刀在书册之旁表达删削的意义。书刀就成为文士随身携带的必备文具。有人不明白其用途，才误会它是用来刻字的。

纸是中国对世界文明有大影响的四大发明之一。因为用竹简书写太过笨重，不便携带与存放；布帛又太过价昂；所以有人利用漂絮滤下的薄纸片，但产量太少，不足广为应用。考古发现西汉时代已有利用植物纤

◎马 ◎虎 ◎象 ◎删

维制成的原始麻纸，但太过粗陋，不易书写。蔡伦于公元105年奏上他改良的新造纸法，以树皮、麻头、破布、破网等廉价的植物纤维，制成价廉物美的新纸。这种易于书写而可大量制造的廉价纸，使文学的创作和流传都迅速发展开来。今日教育能够普及，廉价纸张的制造是其中一项重要因素。

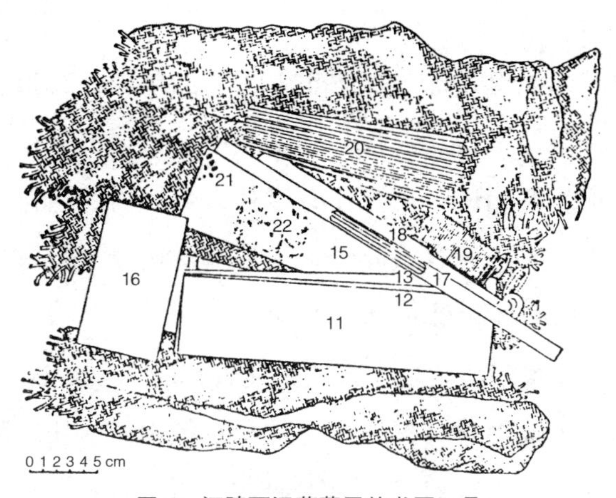

图4　江陵西汉墓葬里的书写工具

11~16：木牍
17：毛笔
18：削刀
20：竹片
21：墨

甲 骨
——商代的皇家顾问

今天人类已能往返月球，探测千万里外的星球，对很多现象都能给予科学性的解释，知识较之古人不知要渊博多少，但是很多心态却还是和古人相去不远。譬如说，现在还有很多人希望借助超自然的力量回避灾难或获得幸福。有人观察茶叶浮沉或沙上爪迹以为吉凶预示之机，中国古人也因同样的心理和目的向甲骨请教。

自然界存在着很多甚至是今人还不能解释的现象。自然的威力奇大，难以人力控制。古人想象冥冥之中有神灵在控制着一切，因此兴起敬畏的念头。商代的人认为自然界的风雨云雷、山川木石、动物以及死去的人都有神灵。这些神灵的威力虽有差别，但都会给人们带来灾难，不过，如果得其欢心，也可以帮助我们，降下福佑。

在古时，对一个国家来说没有比祭祀和战争更重要的事了。表面上，军事是有形的战斗，祭祀是无形的战斗。战争是用有形的武力去屈服敌人，达到保证自己生存的目的。祭祀则是借用无形的威灵，保护自己不受妖邪的侵扰，从而达到健康长命的目的。战争的行为有一定的时间性，祭祀则是持续性的。透过神灵的力量，可以在无声息中达到削弱敌人势力的目的。因此如何获得神的支持就成为主政者最重要的任务了。神灵既是人们想象出来的东西，自也具有与人相似的性情，他会被激怒，但也会接受求情。因此探明神明的心思，提供适当的祭品，才会达到祭神的最佳效果。占卜的目的就是要获得这一类正确的解答。

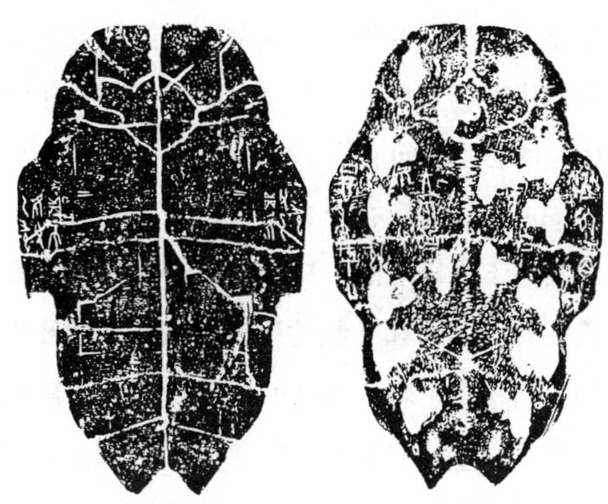
图 1　晚商武丁时代，龟甲正面的占卜文字和反面上的占辞、收藏记录及钻凿烧灼痕

甲骨的占卜，是利用火烧灼甲或骨，从骨上呈现兆纹的角度作为判断吉凶的方法。根据发掘的材料，中国于五千多年前已有骨卜的习惯，而且分布甚广。使用的是牛、羊、猪、鹿等大型哺乳动物的骨头。大致到了商代才使用龟甲，而且动物的骨头绝大多数是使用牛的肩胛骨。

用骨头占卜不是一件简单的事。首先是材料的价格。骨头虽是肉食的废物利用，但在有史时期，只有在庆会祭祀时才屠宰大型的家畜，骨头不是一般人所能轻易取得的。而且处理骨头要经过各种锯、磨、刻等功夫，也需要专业的人才。很多人烧灼不得法，一天也显不出一个兆。加拿大有位骨料科学专家发现，要把原料浸泡在水中三个小时以上，才能改变骨的骨质结构而在一分钟内烧出一个兆来。因此骨卜不是一般人所能施行的。

现在所谓的甲骨文，是指公元前 14 世纪到前 11 世纪的晚商时代，刻在牛肩胛骨及龟甲上的王室占卜文字。其前时代或其他地区的骨卜绝少刻有占卜的记录。它们是目前所知最早的中国文字，是研究文字创意及商代社会最重要的资料。

商代的甲骨可能早在隋唐时代就已出土，但不被注意。村农往往于发掘后售给药店，磨成粉末作为刀创药。关于甲骨文的发现，一说为金石学家王懿荣于 1899 年因病购药，在草药中发现杂有刻字的碎骨，辨识出是有价值的古物。一说是古董商向王懿荣兜售，才开始高价收购，引起村民竞相发掘。三十年之后政府才有计划地发掘，甲骨文才成很多人研究的一门学问。

古人认为骨有神灵，有预知未来的本事，能帮助人们解决困难。但骨头是不会说话的，只有借助纹路才能把答案显示出来。根据未开化民族的骨卜习惯和文献的记载，其咨询的步骤大致是：首先与骨的神灵作口头的约定，以什么样的兆纹表示什么样的意思。譬如说，约定如果兆的横纹向上走表示肯定的，向下走表示否定的；则骨一经火的烧灼，就可以从呈现的纹路上得到肯定或否定的答案了。

由于兆纹只能以形成的角度作是与否的回答，问题就只能以是与否回答的形式提出。如今天下午会下雨吗？应用烧猪去祭祀某神吗？复杂的事件就要经过这样多次的占问，才能得到完全的答案。如以商代的田猎活动为例，就得问可否去打猎，哪一天去好，去哪个地点，甲或乙；何时出发呢，天气如何，用什么方法比较会有猎获，由何人跟随前去，等等一系列的问题。一次的行动往往要卜 20 次以上，有时同一个问题又反复占问。每一次占问都要经过烦琐的手续，费钱又费时，不是一般人所能从事的。变通的办法是以一定数目的蓍草，经过或繁或简的推演步骤，取得单数或双数的数量，以之作为占断是与非的依据。这种筮法材料费较省，得出结果快，为一般人所采用（后来改用铜钱，得出结果更快），但也因此被认为不若骨卜灵验。

商王室占问的主要内容是祭祀及与军事有关的活动，其他尚有田猎的顺利、风雨的有无、天气的阴晴、农事的丰歉、出入的吉凶、旬夕的安宁、病疾的痊愈、妇女的生育、官员的任命、做梦的启示、敌国的入侵、方国的进贡等项目，涉及商王生活的每一个细节。

虽然占卜的结果并不是商王行事的绝对依据，但可以想见，占卜结果为肯定答案的计划比较容易付之行动。如果有人能够控制兆纹剥裂的角度，就会约束王的行动从而控制政令的施行，即以神权控制政治的目的。从实验得知，那是可以办得到的。

我们知道骨头并没有预知未来的灵异能力，占问的结果应该有许多不应验的。但不知为何商代甲骨文很少有占断错误的例子，很可能所下的占断相当容易加以附会；如断书下旬有灾祟时，很容易附会任何不顺利的事件。但如问风雨的有无，恐怕就不易含糊其词了。以下举迄今所知唯一可确定误断的记载。贞辞的现代译文为：

图 2　晚商武丁时代（公元前 14 至前 13 世纪），牛肩胛骨上的贞卜文字，为唯一占断错误的例子；由于事件重要，字中还填上朱砂；骨长 25 厘米

> 呼师往见有师？王占曰："唯老唯人，途遘若。"兹卜唯其害，二旬又八日至壬寅，师夕死。

预示老将军成功达成任务，结果却是死在旅途。

龙到底是什么动物

在十二生肖中，龙是最受人们尊崇的。它的形象虽然有些凶恶，却被中国人选为吉祥及高贵的象征，广受欢迎。许多人希望在龙年生育子女，取得好兆头。不像西欧中世纪的文学美术，把吐火焰的龙看成恶势力的象征。龙与中国文化圈的关系非常密切，常被用以代表中国。它盛见于古代的各种传说中，也是古今美术常见的题材。

龙是十二生肖中唯一不存在的动物，但它应是源于人们见过的存在的动物。这种动物因其罕见，形象才慢慢起变化，后又被神化，才脱离实际，成为虚构的动物。在河南濮阳几个六千多年前的墓葬中发现，有用蚌壳在尸体旁边排列的龙的图案，此图案的作用寓其宗教信仰，其形象颇为写实，有窄长的嘴，长身，短腿，粗长尾巴，但无犄角。发展至商代的甲骨文，“龙”◎字已是个头有角冠，上颌长、下颌短而下曲，身子卷曲的动物形。中国文字为了适合窄长的竹简，常将动物的身子转向，四足悬空，使龙像是种可直立而飞翔的动物，其实“龙”字描写的是有短足的爬虫动物形。从流传的文物看，龙早期的形象较写实，后来为了夸张其神奇，就选择九种不同动物的特征对其加以修饰：角似鹿，头似驼，眼似鬼，项似蛇，腹

◎龙

似蜃，鳞似鱼，爪似鹰，掌似虎，耳似牛。一经如此修饰，当然就不可能在现实的世界找到它的形象了。

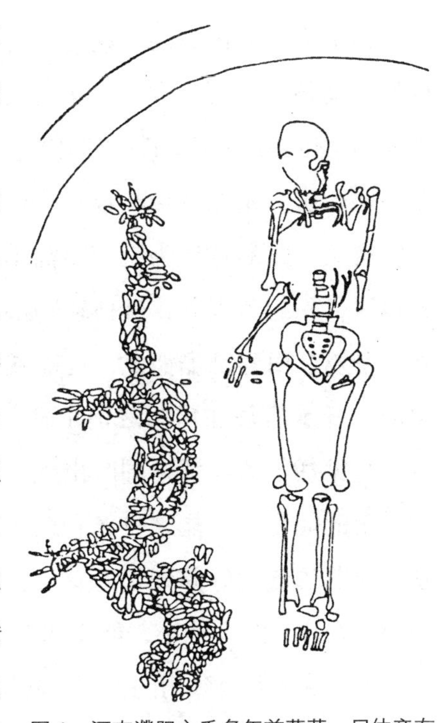

图1　河南濮阳六千多年前墓葬，尸体旁有蚌壳排成的龙图案，颇为写实，应是蜥蜴、鳄鱼一类的两栖动物形

龙是古代的图腾，商代有叫龙的方国。大多图腾在自然界都实有其物。春秋时代的铜器铭文有获龙的记载。西周早期的《周易》中描写的龙能潜藏于深渊，飞跃于天空，相斗于地面，流出的血是玄黄的颜色。《左传》记载公元前523年，郑国遭受大水时，有龙相斗于城门外的洧渊。还记载龙有黄河及汉水的不同种类，有人能豢养它们，夏后吃了其肉酱后还想再吃。从这些描写及遗下的图形可知，龙原是种两栖类爬形动物的总称，能生息于陆地及水中，有些还能跳跃甚高，像是能飞翔的样子。

爬虫种类多，习性各有不同。人们把不同形状及种属的爬虫化石都当作龙看待，导致龙能变化形状的传说产生。东汉的《说文解字》中解释龙为："鳞虫之长，能幽能明，能细能巨，能短能长，春分而登天，秋分而潜渊。"这种见解很可能是基于偶然发现的古脊椎动物的化石而得来的联想。唐代《感应经》有如下的描写：

按山阜岗岫，能兴云雨者皆有龙骨。或深或浅，多在土中。齿角尾足，宛然皆具。大者数十丈，或盈十围。小者才一二尺，或三四寸，体皆具焉。尝因采取见之。

如果到博物馆参观，就会了解其所称的或大或小的龙，其实就是各种脊椎动物的化石。古人见化石大小悬殊，故而有能变化的见解。濮阳的龙图案也是这一类动物的形象。

至于认为龙能飞翔和致雨，可能和栖息于长江两岸的扬子鳄的生活习性有关。龙的特征为脸部粗糙不平，嘴窄扁而长，且有利齿，在中国各地区，除鳄鱼以外，其他动物都没有这样的特征。扬子鳄除了没有角外，身躯、面容都酷似龙，可能就是龙形象的原型。何况远古的龙是无角的。扬子鳄每在雷雨之前出现，有秋天隐匿、春天复醒的冬眠习惯。古人每见扬子鳄与雷雨同时出现，雨下自空中，因此想象它能飞翔。但龙致雨的能力也可能来自龙卷风。龙卷风的威力奇大，且经常带雨。龙卷风卷曲的形状好像细长的龙身，故容易让人把它与爬虫的化石联想到一起，误认龙能大能小，能飞翔能致雨，是威力无边的神物。

人们认为龙有致雨的神力，起码可以追溯到商代。有甲骨卜辞作：

> 其作龙于凡田，有雨？

是有关卜问建造土龙以祈雨的仪式。西汉的董仲舒于《春秋繁露》中详载建造土龙以祈雨时，如何依五行学说的原则，在不同的季节，建造不同数量、不同大小的土龙，面对不同的方向，涂以不同的颜色，并以不同的人数去舞蹈。这种传统延续到近代，还有农民向海龙王求雨。水的供应与农作的丰歉有密切的关

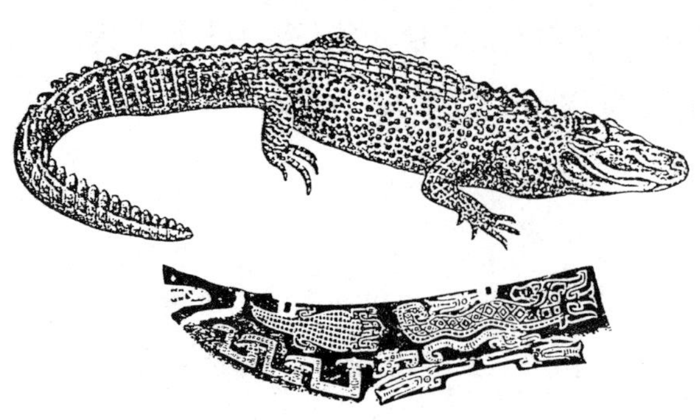

图 2　上图为扬子鳄的形象，下图为商代铜觥上的鳄与龙纹

系，中国是农业社会，故龙会受到特别的尊敬。不过，商代对于龙控制降雨的信念还没有完全建立，在商代，龙神奇化的概念大概刚萌芽，所以商代很少向龙祈雨。那时最常见的方式是向神焚烧人牲及供奉乐舞。

龙后来还成为皇家的象征。它很可能与汉高祖刘邦的出生传说有关。汉代的《史记》有两则关于刘邦与龙的记载："刘媪尝息大泽之陂，梦与神遇。是时雷电晦冥，大公往视，则见蛟龙其上，已而有身，遂产高祖。""为泗水亭长，廷中吏无不狎侮，好酒及色。常从王媪武负贳酒，醉卧，武负王媪见其上常有龙，怪之。"

汉高祖出身普通人家，有必要编造故事说明凡人接受天命而登上帝位的合理性。不清楚的是，到底是因为龙为高贵者的象征，才据之以编造故事呢？还是偶然选择了龙以编故事，才使龙成为皇族的象征？可以肯定的是，选择龙以附会汉天子绝不是基于当时流行的五行理论。因为当时有以为汉朝与秦同为水德应世，或继秦而应土德，或甚至是应火德，却从没有以为汉代得的是与东方龙配合的木德。

龙由于威力大，故成为男性的象征。鳄鱼的生殖能力强，一次产卵20到70个。中国人很看重家族延续，也许希望能多生些将来能显耀家族的男儿，所以有龙生九子、个个有好本领的传说，并有悬挂九颗粽子以祈生产男孩的习俗。

由被崇敬到被取笑的龟

在野生的动物群中，几千年来人们最熟悉的，恐怕没有比得上水陆两栖的龟了。从很早开始，人们就觉察到龟有种种天赋的异能，因此加以崇拜。尤其是它的长寿，更是人们所渴望的，因此常以龟取名，如龟年、龟龄一类。但是到了近代，它却一变而成为人们普遍取笑与揶揄的对象。转变之大，令人不解。

中国人意识到龟的神奇天赋，起码可以追溯到七千五百年前。在河南舞阳贾湖，一些距今七千五百年到八千五百年间遗址的丰富随葬墓中，往往出土一个至八个修整过的龟壳，里头还装有数量不等的各色小石子，可以发出嘎嘎的声响。其中有几件还刻有类似文字的符号，专家们认为那是与宗教巫术有关的器具。在距今四五千年前的龙山文化遗址，如山东莒县、江苏邳县等，也发现类似器用的穿孔龟壳。

龟在商代的最大用途应是作为占卜的材料。远在五千多年前，人们就烧灼大型哺乳类兽骨，由骨上烧裂的纹路去占断吉凶。大概是到了商代才烧灼龟甲以占问事类，并且大有认为它有比兽骨更为灵验的趋势。商代的龟甲大多来自外地，其中有不少大海龟已证实是来自数千里外的南海。可以想见商代的人相当尊崇和信仰它的灵验，才不惜花费巨资从远地运来中原。这种信仰到汉代才逐渐淡薄，司马迁的《史记》还为之单立《龟策列传》，可惜其文未传，由褚少孙补叙。

龟之如此被尊崇，显然与其生活习性有关。龟很像一个隐居的高士，除了求偶或交配，从不出声。它不具有强力的攻击能力，幸好负有坚硬的甲壳，可以将身躯缩入壳中以逃避攻击。它的肺可以贮存大量的空气。由于它不必经常从事激烈的行动以觅食或逃命，所以可以缓慢地呼吸，消耗极少量的体能。而且其体内贮有充分的水分和养料，可以长久不饮、不食、不动地活着。《史记·龟策列传》说："南方老人用龟支床足，行二十余岁，老人死。移床，龟尚生不死。"如此长久不食、不动，真是有点不可思议。不但如此，甚至它的身体受到很大的伤害，也可以借由疗养，慢慢地再生复原。所以我们很难找到一块完整无伤痕的老龟壳，古人也因此认为这样的龟壳特别灵验。

古人对龟这种耐饥、耐渴、疗伤，以及寿命达百年以上等异常天赋一定有所了解，所以才以神异视之，认为它可以交通神灵，因此便以之为占卜工具向神灵咨询。至迟到战国时代，人们已把龟的长寿归功于其缓慢的呼吸、不动少食的生活习性。因此兴起学习的念头，发展出通过龟息和辟谷以求长生的道术，甚至迷信到认为饲养乌龟也可以长生。《龟策列传》有这样的议论："江傍家人，常畜龟，饮食之，以为能导引致气，有益于助衰养老。岂不信哉！"

西周初的人们已有自然界是由金、木、水、火、土五种物质构成的粗浅观察，后来又有宇宙的变化是阴阳两股动力相互消长所致的看法。战国晚期，邹衍把两种学说结合起来，认为宇宙很有规律地依阴阳和五种元素的消长而变化，人类的行动要与之配合才能得到最大的益处，渐渐地有人以龙、凤、虎、龟分别代表东、南、西、北并称为四灵。龟能入选，除以上所说的神异外，

图 1　汉代瓦当上玄武的形象

还以其具有介甲及体黑的两个条件。也许龟没有威武的形象，人们觉得有负四灵之名，因此就以昂首吐信的蛇缠绕着它的身体而合称玄武。

清静无为、长生无争是中国道家修养、追求的目标。龟的习性，以及它所代表的北方暗冥的哲学意识，又正好与之一致，因此玄武就被选为道教真神的象征。汉代时，玄武又被赋予跣足、披发、仗剑的人形象，成为道教的一个重要的膜拜对象，后避宋圣祖[①]之讳而改称真武。

龟还有一天赋，就是能承受大于其体重200倍的重量，古人因之把碑台刻成龟形以承受石碑的巨重，唐代还限定五品以上的官员才能用此制。大概因此也形成龙生九子的传说，其中之一霸下或赑屃为好负重的碑下趺。

台湾在上元节日有到寺庙乞面龟的风俗。除了有为取得吉祥长寿之意外，可能还和人们对龟赋性灵异的另一种期望有关。以下引两则故事以见龟能报恩的观念：“毛宝见渔人钓得白龟，赎放之江中。宝后将战败，投江如蹑着物，渐浮至岸，视之乃所放龟。”“孔愉见人笼龟，乃买而放之中流，龟乃反顾。愉及封侯铸印，龟乃回首而三，有似所放之龟。愉乃悟而佩之。”买龟放生较之他种动物常见，有人甚至还在甲壳刻字，希望回报之意图甚为明显。

图2　加拿大皇家安大略博物馆所藏的14世纪元代壁画《朝元图》中的真武形象

龟本是非常被尊敬的动物，故官印以龟为纽，唐代职官所佩之袋亦取龟甲之形。但到了元、明时代以后，它突然成为被取笑与揶揄的

① 《宋书·礼志七》载：“圣祖名，上曰玄，下曰朗，庙号圣祖。”——编者注

对象，或许是因为唐代乐户的绿头巾形状与龟的头形相似，故以龟谑称从事娼妓业者。但龟在唐、宋时代仍很受尊重，甚至明代的亲王印还有以龟形为纽，似乎转用为骂人的意义不是由此而来。

图 3　明初蜀王朱悦廉随葬的龟纽木质谥印

雌龟于一次交配后，可连续几年产受精卵。产卵后以沙覆盖，就不再加以照顾。也许人们误会是甲龟产卵于池边，由经过的鳖下精而成形，故以之骂人之不知父亲为谁者。或有人以为元代汉人屈受异族的统治不敢抵抗，有若乌龟把头及四肢缩入壳中，不理会外界的形势，太过懦弱，由之再沿用到默许妻子与人通奸而不敢出声干涉者。这种懦弱行为是作为男子的最大羞耻，故成为骂人的浑话。到底哪一种说法较近事实，现在已难追探究竟了。

老 虎

虎是猫科最大的动物，不计尾巴，身长可达2米，重200公斤以上。它是一种凶猛的野兽，有强壮的身躯、锐利的爪牙、敏捷的动作，是亚洲野兽之王，故有狐假虎威的寓言。虎是对气候有很强适应性的动物，故分布的地区很广，应是古代中国常见的动物。虎通常生活在杂草丛生、湿而软的地区和森林，由于这些地区逐渐被人们开发为田地而致使虎逐渐失去生活的天地，所以虎现在在中国境内已经很少了。而且两头雄虎很难生活在一起，故分布相当疏散，所以虎被人发现的机会也很少。但是在野生的动物中，虎可算是人们非常熟悉而常见于装饰的题材，故略为介绍一下虎在中国文化中的地位。

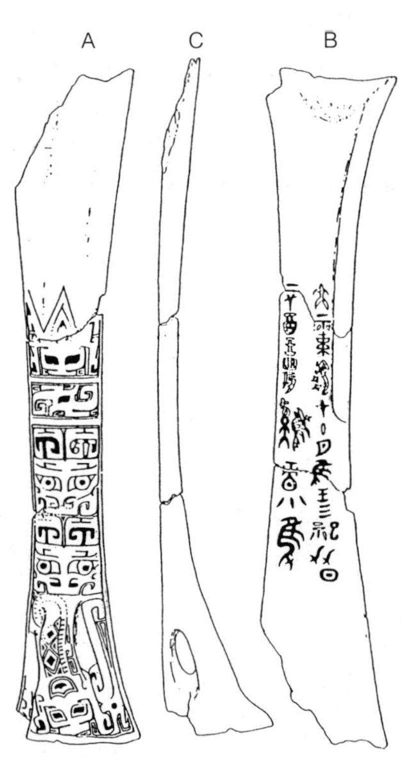

图1　公元前11世纪，晚商帝纣三年猎虎纪念之虎骨刻辞，正反面都镶嵌绿松石；长22厘米，宽4厘米

在中国境内所有的野兽中，捕猎老虎是最具危险性的。如果不靠陷阱、毒药，古时候想要用武器猎获它是很不容易的。所以对一个古代的猎人来说，它确是个可夸示勇力的猎物。从

甲骨的记载，可知商代捕到老虎的地域虽有多处，但在大量的猎获物中，虎只能见到一二只而已。譬如商王武丁在一次大规模的狩猎中，捕得鹿四十、狼一百六十四、麋一百五十九等，但只捉到一只虎。比起皮坚甲厚的犀牛动辄十只以上，虎之难以捕获由此可见。加拿大的皇家安大略博物馆藏有世界唯一的晚商虎骨刻辞，是最后一位商王帝纣的猎虎记录。其刻辞作：“辛酉，王田于鸡麓，获大烈虎。在十月，唯王三祀劦日。”正面还雕刻有很繁缛的花纹，骨桥上是一只老虎，其上叠有二层饕餮纹，另有简省的龙纹和蝉纹。两面的花纹和刻辞都用贵重的绿松石嵌镶，显然是炫耀其打猎的成果，作为赏玩展示之用。此骨经鉴定是古代普通成年老虎的前膊骨，从而知其他一些同形状有刻花纹而无铭辞的，也都是猎虎成果的展示品。由于只有拥有徒众的贵族们才能猎到虎，而个人难能做到，故战利品的装饰在古代也有表示地位的作用。

由于在上古没有比跟老虎搏斗更具刺激的场面了，故扮演搏斗老虎的故事剧，甚至与老虎真的搏斗就成了古代一种很有号召力的娱乐节目。汉代就有这种记载。东海黄公年轻的时候以表演徒手搏斗老虎为职业，到了年老的时候不知身体已衰弱，有一次带了刀上山要去捕捉老虎，反而被虎吃掉了，人们也因之编成有科白、化装、舞蹈的戏剧。来自占城的表演者，“开圈弄虎，手探口中，略无所损”。金文的“戏”◎字由老虎、戈及凳子组成，想是表达一人持戈表演刺杀高踞的老虎的游戏之意。甲骨文的“虢”◎字则作更惊险的双手扭斗老虎的样子，都可证明此种表演来源甚早。

图2　战国铜镜上的骑士斗虎图纹

老虎虽然对人们的生命和家畜构成威胁，但中国人对之并没有恶感，甚至还相当崇敬。商代铜器上常见的饕餮纹，有大半是取材自凶猛的老虎。在有毛的动物中，虎大概被视为最具神威的，且被认为具有某种避邪的能力。河南濮阳一个六千多年前的墓葬，尸体两旁用蚌壳排成龙和虎的图案。战国时候虎被取以代表二十八宿中的西方七宿。与鳞虫之龙、羽鸟之凤、介甲之龟蛇等神灵动物合称四灵，分别代表四个方向及季节。后来更与五行说配合而有青龙、朱雀、白虎、玄武之称。虎的肤色最常见的是黄色，有的呈黑色，白色非常罕见，恐怕是变种。

在五行学说中，把虎的肤色说成白的，不知是偶然的配合还是有意的安排。白虎被视为灵异的象征，大概来自“白虎性仁而不害”的观念。虎的平均寿命才十一岁，白虎太过罕见，故而有附会说虎五百岁毛色变白；又说王者不暴虐，恩及行苇才出现。抛开神怪的解释，白虎因为年老，不堪搏杀，只捡现成的食物。其实就算不老，虎通常也会避开健壮的大型兽类，只有在饿坏了或被激怒时才不择捕食对象。《易经·履卦》：“履虎尾不咥人，亨。”甚至还有虎被冒犯了也不发怒的时候。而且虎喜欢在夜间捕食，对人群构不成大灾害。大概在饱肚时也不噬人。一说扶南王蓄生虎，如果有讼事而未能决定曲直，就投人于虎，不被吃的就是直，因而蛮貊之人祀虎为神。

虎会攻击家畜，显然会有经济的损失，但它依然被中国人当作农业的保护神。农业是种长期性的投资，在漫长的生长过程中，破坏大约来自两方面：一是田苗受野兽的践踏及啮食。鹿类性喜结群行动，以草蔬为食，其游食之地常是种植庄稼之处，其行动自有妨害农作，此外田鼠也啮食植物的根，故古时有以孟夏驱兽以保护田苗的积极措施；而虎以鹿等弱小野生动物为食，间接帮助农业的生产。另一破坏是供水。在水利不甚发达的古代，农作物的收成常取决于是否适时降雨，而古时水量不足的时候常多于降水过多。旱魃是传说降下旱灾的祸首，而传说虎喜吃女巫旱魃，这不也是帮了人们一个大忙吗？有人甚至以为龙虎不相容，龙有造雨的神力，如投虎骨于有龙的地方，可将龙激醒起而降雨。或者老虎代表收获季节的秋季，农民因之祈拜，期望好收成。

古时的人认为什么东西都有精灵，威力越大魔力也越高。与某样东西有了关系，就会感染它的影响力，因此人们希望食用或服戴它。后世之人对这种原始的信仰虽已淡薄，但多少还有些遗留。故武士喜以虎头或虎皮来装饰戎服，希望借其形象或魔力去威吓敌人或马匹，起码也有避邪的功用。《左传》记载城濮之战，晋胥臣蒙马以虎皮先犯陈、蔡而致楚师败绩。人们大概觉得凶猛的老虎有足够力量保护幼儿，不受妖邪的侵害；或是希望男儿长得勇猛如虎，男孩的帽子就缝制成虎的样子，而老虎也被视为幼儿的保护神了。甚至成年人也购买虎形的枕头，希望避邪。

图3　汉画像石上的虎食女魃图

犀　牛

犀牛形似牛而大，头大、颈短、躯干粗壮、皮肤韧厚无毛而有皱皮。因品种而异，犀牛体色有微黑带紫、黄褐、青白几种。常见的犀牛有两种：一是印度产的，体格较大而性情温顺，鼻端上长有一只大独角；一是非洲产，体格略小而性情凶暴，除鼻端有大独角外，额前尚有一只小独角。此外还有所谓三角的，大概是作一大二小的纵向排列。

现今犀牛的分布，主要在非洲中南部、中南半岛、马来群岛、印度半岛等地区，都是属于较温热的地带。中国境内，可能除了云南、广西交界，其他地区现今犀牛已绝迹。但在距今七千年到三千年的一段时期，气温要较今日温暖，年平均气温约比现今高 2℃，1 月的平均温度可能比现今高 5℃。犀牛有可能在中国很多地区生息繁殖，浙江余姚河姆渡、河南淅川下王岗等六千多年前的遗址，都曾发现过犀牛遗骨，说明中国那时有犀牛生活。

现在用“犀”或“兕”字来指称犀牛。商代甲骨文的“兕”◎字作有大独角的动物形，它是强调与其他动物成对的角有不同的异征。“犀”◎是后起的形声字。兕在商代是常见的捕猎物，据说它的肤色是白或戠，

◎兕 

◎犀 

可被擒捕的地点有多处，捕捉方法有设陷阱、箭射、追逐、纵火等。有时一次能捕获四十只，捕到十只以上的也有数次。比起只捉到一二只的老虎，兕在商代显然是种易于擒获的野生动物，应有较大量的繁殖。

《国语·越语》有吴国衣犀甲之士十万三千人的记载，表示到战国时代中国华南仍有大量的犀牛存在。但是有人以为，犀牛皮坚甲厚，发起怒来狂冲，几千公斤重的身躯有如卡车，捕猎时很危险。以现知商代的青铜武器，似乎很难给予致命的打击。古代文字的“犀”或“兕”，应是指一种已灭绝的野水牛，后代才被用以称犀牛的种属，故才有大量擒获或使用的记录。“中央研究院”收藏一件商代帝辛时的动物头骨刻辞，作“在九月，唯王十祀肜日。王田盂，于□获白兕”。虽经断定是犀牛的头骨，但有人相信那是误断，认为应该是野水牛。其实猎犀并不要给予一次性的致命打击，设陷阱是半开化民族最常用的方法。而且犀牛胸前腹下的部位并不如其他的部位坚厚，商代的箭已足够给予有效的创伤。非洲土著用以猎犀的武器也很简陋，却已使犀牛濒于灭绝的境地。

犀牛的嗅觉和听觉特别灵敏，不易接近，但视觉却很弱，如果用木弩张设在地上，即可不接近犀牛而静待它触动机栝，射伤胸下的部位。商代习见的所谓弓形器，大半就是固定弓体于木弩的零件。其中一件装饰有像是“兕”字的图案，该动物身上明显披有大块的皱皮厚甲，明示弓形器用以猎犀的用途，所以商代的人肯定有猎犀的能力。“兕”字在商

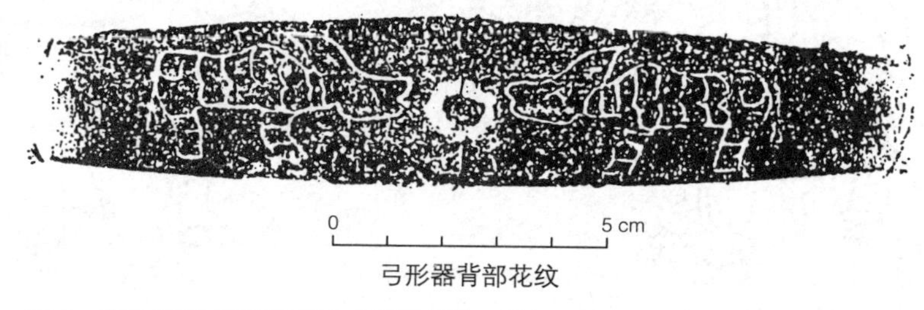

图 1　商代晚期弓形器柄背上的犀牛图纹，是与甲骨文“兕”字表现同类的动物

代已指称犀牛，否则商王不会刻辞于其头部将其作为打猎的胜利品，以夸耀其武勇。

战国时代以前，犀牛还是国人熟悉的动物，故以犀牛赋形的铜器还相当逼真传神。但是汉代以后，大概已难见其形迹，只能依据书本的描述造型，形象就大有出入。

犀牛之所以在中国广大的地域灭绝，除商代以来气温下降，不复过去的温暖，以及山林被辟为农田而失去食料来源外，主要的原因大概是人们滥捕以缝制盔甲。战国晚期撰写的《考工记·函人篇》说犀甲寿百年，兕甲寿二百年，犀兕合缝之甲寿三百年。虽不免有夸张之嫌，但离其经久耐用的特性总不太远。在钢铁的使用未普及前，兕甲是最有效的护身装备，故《楚辞·国殇》中有“操吴戈兮披犀甲”，以之为最理想的战斗装备。从吴国衣犀甲之士之多，可想见人们普遍以犀皮缝制甲盔的概况和滥捕的程度。

除皮外，犀牛还有一样最为人们宝贵的东西——犀角。犀角是一束毛发硬化而成，所以没有长成其他有角动物对称的样子。犀角含有碳酸钙、磷酸钙、酪氨酸等成分，具有清热、解毒、止血、定惊的功效，其疗效起码已为汉代人所了解。《神农本草经》将其列入中品，是种可久服兼治病的药材。到了4世纪，炼丹家用犀角与水银、丹砂、硫黄、麝香

图2　犀牛形青铜铸器：右为商代，左为战国时代

等物配药以制小还丹，以为有助成仙不老的效果。犀牛在汉代已比象更为罕见，犀角的效用被人神化，甚至以为有避尘、避寒、避水等种种不可思议的妙用。王莽甚至和以他物，煮之以渍种，希望吃其长成的谷粒可以成仙。

图 3　河北平山战国中山王墓的铜犀；那时华北犀牛已罕见，故造型不是很逼真

因犀牛的品种不同，犀角的色泽、大小、外形都有些不同，有些尖而细，有些粗短；但都具圆锥形而根部有自然的凹陷，可因势以制作容器。《诗经·卷耳》：“我姑酌彼兕觥，维以不永伤。”《诗经·七月》：“跻彼公堂，称彼兕觥，万寿无疆。”《诗经·绿衣》：“兕觥其觩，旨酒思柔。”这些都已言明以犀角制作饮酒杯。《诗经》时代之所以用犀角制作饮酒杯，或是着眼于其疗效，或只是取其材料贵重。汉代既知犀角的疗效，其后的制作当有此用意，希望饮用溶于酒中的药性，以达延寿的目的。

由于犀角是毛发的角质化，与真正的角质不同，所以难于长久保存。存世的品物虽偶有早至 8 世纪的，但绝大多数是明清的品物。早期的犀角杯大概偏重其疗效，大多利用其自然的形状，稍事雕琢，作为爵形或皿形的杯子，不作多余的装饰。明清以来，也许犀角疗效的观念已淡化，人们偏重其装饰摆设方面的效果。艺人运用匠心，发挥想象力，雕琢成有层次、富变化的艺术品，可能人们就不以之饮酒了；甚至干脆不制作酒杯，依其上小下大的自然形状，通过加热软化变形，设计为纯摆设的欣赏物，其内容以人物及山水占绝大多数，且有不少与神仙思想有关，如浮海仙槎、瀛洲楼阁、群仙海会等。

三千年前绝迹于中国的象

在中国，象牙雕一直是名贵的工艺品。因为象牙雕材料来源有限，而且象牙质地滑润细致，纹理规则，易受刀刻而不崩边缘，可以雕刻出比玉、骨器更精巧细密的艺术品。《韩非子·喻老》："宋人有为其君以象为楮叶者，三年而成，丰杀茎苛，毫芒繁泽，乱之楮叶之中而不可别也。"从描写中可想象其雕镂技巧之高，一点也不输给现存的被叹为鬼斧神工的明清时代作品。

象生活于茂密丛林或热带稀树的草原。象可以说在中国的绝大地区是已灭绝的动物。但前文说过，那时气温比现今温暖，加之森林未尽被辟为农田，象可以在华北很多地区生息繁殖，所以人们不需从远地进口象牙的素材。但是周代以后气候转冷，不再像过去的温暖，象于是被迫迁移，寻找更适宜的环境；同时因其本身及人为的因素，更加速了它在中国境内的灭绝。

由地下发掘可证实，象曾长期在中国境内生息。浙江余姚河姆渡一个六千多年前的遗址，出土有象骨和双鸟朝阳的象牙雕。河南安阳的商代遗址不仅出土有象骨，也有制作得栩栩如生的象形铜尊和玉佩。这些都说明了象在华北地区栖息过，人们有充分的时间观察它的生态，对其作正确的描写。

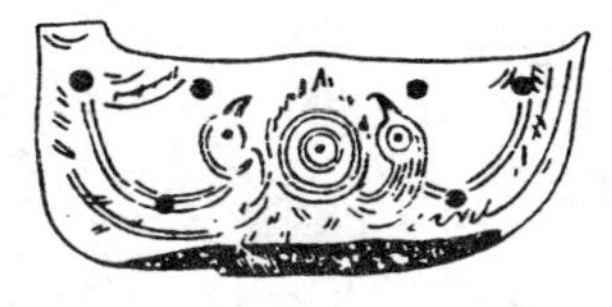

图 1　浙江余姚河姆渡六千多年前遗址出土的小盅、雕片、方钵（此为陶制，误为玉材）

商代甲骨文“为”◎字，作一手牵着象的长鼻状。象本为人们狩猎的对象，后来被驯服教其搬移重物等劳动，因此以手牵象才会有作为的意义。象是陆地上最大的动物，非洲象体重可达 7.5 吨，肩高三四米。印度象虽体格较小，也重有 5 吨，肩高两三米。当初人们见到如此庞大的身躯，一定对之有相当大的戒心。想将其加以驯化必是相当迟的事情。《帝王世纪》有帝舜死后，群象受其伟大人格的感化，自动在其墓地周围耕田的传说。舜的时候是否已有以牲畜拉犁的知识尚待证实，但此传说说明人们晓得驯服象的事已有长久的历史，很可能传说中尧舜的时代就是中国开始驯象以服役之时。

现今还有以象搬运笨重木材的事例。古代中国除以之从事这类劳役外，还利用其庞大的身躯从事战事的行动。《吕氏春秋》说商人服象为虐于东夷，但没有说明到底如何利用；《左传》则具体地记载楚昭王于公元前 506 年，用火烧大象的尾巴以激怒之从而冲击吴军的阵地，取得很好的战果。在象大量生殖的印度，乘象作战更是常事。

象能被利用以冲击敌阵，似乎应有大量族群存在。但又不尽然，甲骨文只见获象的残辞一条。“象”也是商代存在的一个国名，该残辞也许

◎为

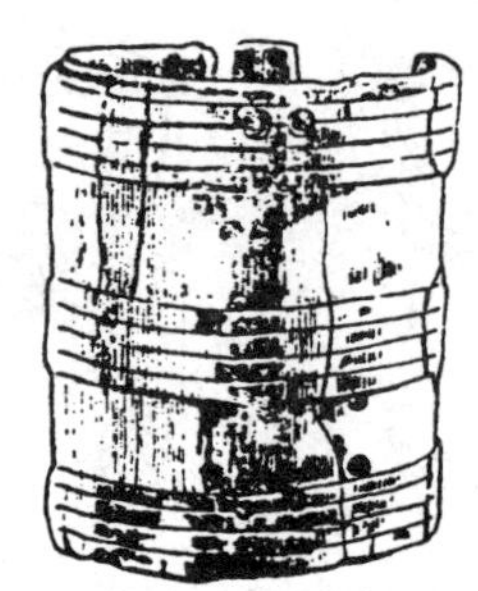
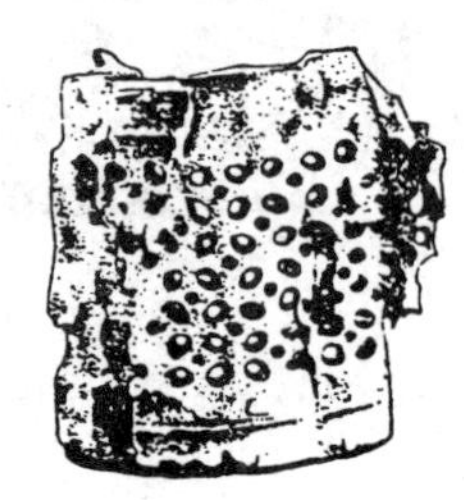

图 2　五千多年前大汶口文化遗址出土的雕筒、透雕筒、发梳

是有关俘获象国之人的占问，因此象不是商人狩猎而较可能是驯养的对象。但是商以前的遗址出土象牙的器物远较其他的材料少。五千多年前新石器时代的大汶口文化虽出土象牙器物稍多，仍不到其他材料器物的千万分之一，而且也只见于丰盛的大墓。商代的象牙工艺品也不多，可知不管是野生或已驯养，象在中国繁殖的数量都不多。

象的食量相当大，每天消耗的草料和其他植物要超过 200 公斤，而商代的农业已颇发达，很多山林被辟为农田，人们没有足够的草料大量饲养这种庞然大兽。而且象至少要二十岁以后才能从事稍为复杂的工作，工作效率远低于牛、马。再者，人们看重的是象的长牙。亚洲的雌象又没有长獠牙，从经济角度，减少象的饲养也是必然。故只有少量的象作为帝王的玩物或应付礼仪所需而被饲养；如一西周铜器的铭文提到的作象乐、象舞，或汉成帝时林邑王献上会拜跪的驯象。大致春秋时代的江南还有些象，故楚王才能应用之于战场。到了东汉，许慎《说文解字》说象为南越大兽。所以除了有限的茂林，那时江南的象应该也濒于灭绝了。

图 3　三千多年前商代的镶嵌绿松石象牙杯

象之所以很珍贵在于它有终生生长的象牙。

非洲的大象牙有 2 米长，45 公斤重。因为象牙器物材料贵重，古时大多用象牙制作小件饰物，偶有杯、筒一类的容器，都具有实际的效用。明清时代则很多象牙器物是大型的，且是纯为珍玩摆设而作。象牙本身造型有一定的限制，但巧匠能利用酸液加以软化及应用套合的方式，制作大型而复杂的工艺品。《晋书》提到象牙细簟，乃是把象牙切丝编缀而成，使用的是与清代的象牙提篮相同的技巧。

古代象牙工艺品罕见，可能不全是由于材料的难得，而是与其材料的性质及中国人的喜好有关。中国的良玉也是从千里外的远地输入的，而且玉材比象牙还笨重；但今日发掘出的汉以前的玉雕却千倍于象牙的数量，所以材料的稀罕绝不是主因。象牙朴素无纹，没有晶莹的外表和鲜艳的色彩，又不若玉佩相互碰撞时会发出悦耳的声响。对于性格朴实又爱热闹、较不典雅的远古的人来说，象牙比玉稍逊一筹。如以象牙作为权威的表征，又缺乏玉器的稳重感；如将它作为日常使用的簪笄一类的饰物，价格又远高于一般的骨料。尤其是当时的艺人，注意力全在玉器，几无余暇从事象牙的雕刻。

图 4　清代 18 世纪，浮雕花草人物三层象牙提篮；高 29.5 厘米，长宽俱 14.5 厘米

存世的大量明清时代象牙工艺品，肯定与宋代以来海运的开拓有关。海运的发达大大降低了从东南亚甚至非洲进口高质量象牙的费用。象牙质料坚致，可雕刻纤细而繁杂的图案，宜于制作小型玩物，也颇

能迎合宋以来文人雅士的趣味。而且中国的玉雕已有几千年的历史，工艺已炉火纯青，以之应用于质料较软的象牙，自是得心应手。16 世纪以来远东地区从事贸易的西班牙商人和传教士，为中国象牙雕的手艺高超及造型的智巧所倾倒。此种海外的市场，无疑也促进国内市场的蓬勃，象牙雕终成为珍玩工艺的大宗，福州得货源之便，成为此工艺的中心。

古时的气候

生态与气候关系之密切是众所周知的，如大象绝不能在冰天雪地里生存繁殖。不同的气候、不同的环境或它们的变迁，都会导致或改变不同的生态和生活方式。因此了解一个文化的孕育和发展过程，是不能忽视其所处的气候背景的。人类的历史虽长，但文明的发展却主要是发生于过去的一万年间。如果要探索中国文化从孕育到成熟的发展过程，就有必要对于这段时期的气候概况有所认识。

对于有文字记载时期的气候，我们可以从很多方面加以推断。譬如说下雪的早晚、雨量的多寡、候鸟的出现、花卉的开花等现象，都可以帮助我们了解趋冷趋热的大势。现在更有不少科学方法可测知史前某段时期某地的气候变化大概：如利用海岸线或高山雪线的升降变化，可以探测出某段时期的相对气温变化；如利用氧-18放射性同位素的含量，就可以研究结冰时的温度；也可以从土壤中遗留的花粉来探测植被的分布情形；从考古发掘的遗址中发现的大量动物遗骸，是人们屠杀取食的具体表现，也可以反映那些动物种群生活的气候。因此遗址中各种动物骨骸的比例，也可以用来推测古时的气候概况。

对于气候的变迁，人们可用居所、服装等方法去适应。动物虽也有脱毛的适应方法，但除了迁移以外，野生的动物没有其他太有效的办法可以适应不利的气候。动物的骨骸是遗址中最常见的，取样和鉴定都比较容易，因此从同一遗址不同地层的动物骨骸，就可以得知该地较长期间的气温变化大概。但是长期持续有丰富人类居住遗留的遗址并不多，河南淅川下王岗正有六千年来持续的遗址，可以透露一些中国文化孕育的一段最重要时期，中原地区的气温变化大概。兹介绍如下：

该遗址的七到九层属于六千年到五千年前的地层，出土如犀牛一类喜暖的动物占29%，其余为长江南北适应性较强如狗的动物。第五和第六层是属于四千五百年到四千二百年前的地层，不见有喜暖的动物。第四层为四千年到三千七百年前的地层，喜暖动物占22%，如麃一类喜冷的动物占11%，其他为适应性强的动物。第二和第三层约为三千六百年前的地层，喜暖动物占25%，其他为适应性较强的动物。第一文化层约是三千年前的西周时代，不见有喜暖的动物。

综观以上所述，适应不同气候的动物遗骸百分比可反映出该地区在距今三千到六千年间，以六千年前的气温达到最暖的高点。到了距今四千年前后，年平均温有趋冷的趋势。三千六百年前又恢复一些温暖，并持续到三千年前，之后气温又转冷。

从动物群骸骨遗留的变化百分比来探测古时的气温，当然只能得到相对的概况，还要配合其他的资料加以调整和校正，才能得到较实在的情况。通过各种科学方法对气候所作的研究，发现气温的波动是全球性而又彼此先后呼应的。虽然全球的气温不是同时转冷或趋热，变化的强度也不是一致的，但波动的曲线是相应的，可以作比较性研究。如图3是挪威雪线变化的曲线和中国气温的变化，图1、图2是日本不同地区海平面与年平均温的变化。在相应的期间，其波动基本是一致的。

在过去的一万年间，各地的气候有相当大的变动。大约距今九千到一万年间，年平均温度约比今日低5℃的样子。此后气温一直升高，于距今七千到三千年间，大约是最暖时期，年平均温度要比今日高2℃。

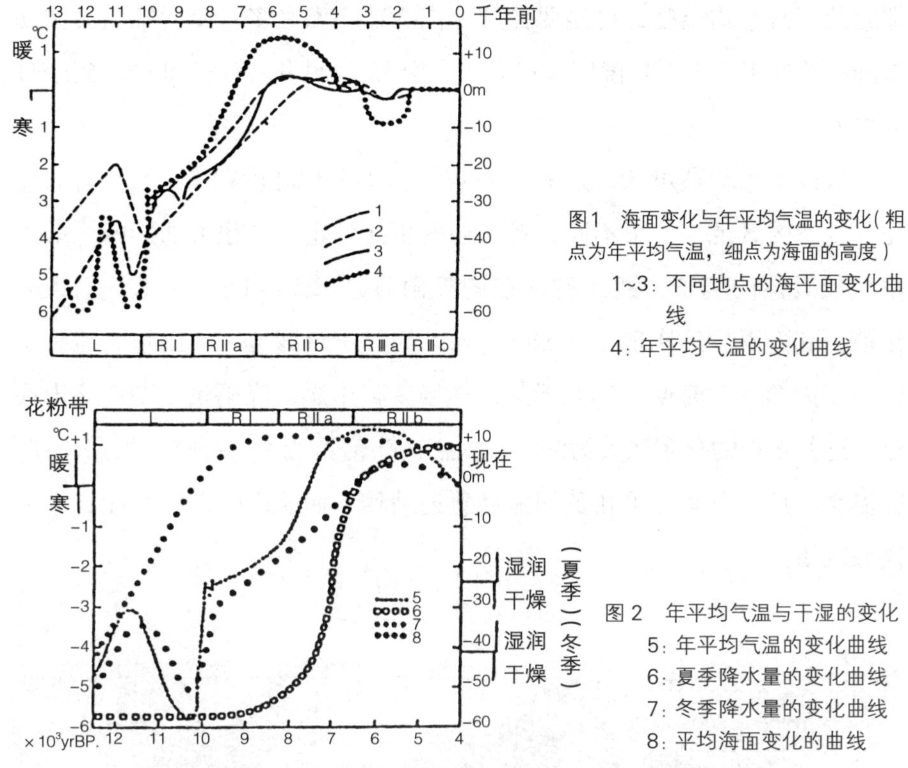

图1　海面变化与年平均气温的变化（粗点为年平均气温，细点为海面的高度）

1~3：不同地点的海平面变化曲线

4：年平均气温的变化曲线

图 2　年平均气温与干湿的变化

5：年平均气温的变化曲线

6：夏季降水量的变化曲线

7：冬季降水量的变化曲线

8：平均海面变化的曲线

图 1~2　1 万年来日本三个不同地点海面的变化和年平均气温的变化

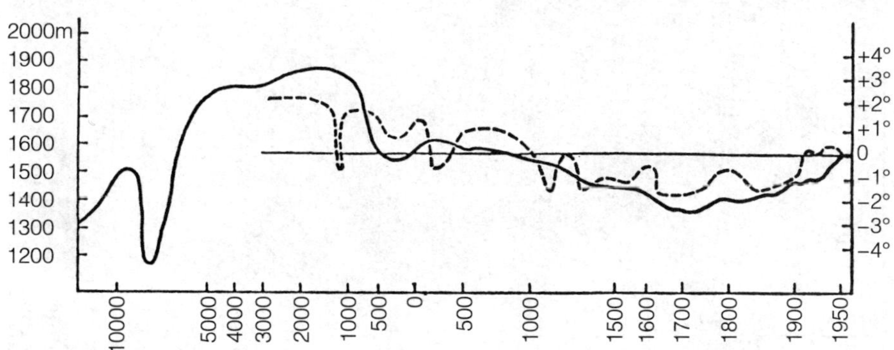

图 3　挪威雪线变化的曲线和中国变化的曲线（粗线为挪威一万年来雪线高于海平面的变化，断线是中国五千年来温度的变化）

那时的一月平均温度，可能要比现今高 3℃~5℃之多。此后气温又波动下降，约低于现今平均温度 1℃~2℃。公元 1700 年后又逐渐升高到今日的温度。

从以上的叙述可知，过去一万年间，年平均温度曾有 7℃左右的变化，生态的景观一定很不同，对人们的生活肯定起了很大的影响。如果举些较具体的例子，浙江省现在的降雨量是 1250~1500 毫米。六千多年前，其降雨量约比现在高 800 毫米，约等于台湾地区的雨量。但到了四千年前的良渚时期，气温下降，气候变得干燥，降雨量才 700 毫米而已。这使水稻的分布区大为缩小，人们的生活不能不受影响。根据研究，在温暖时期，单季稻可在黄河流域普遍栽培，而寒冷时期则只能在淮河流域栽培。

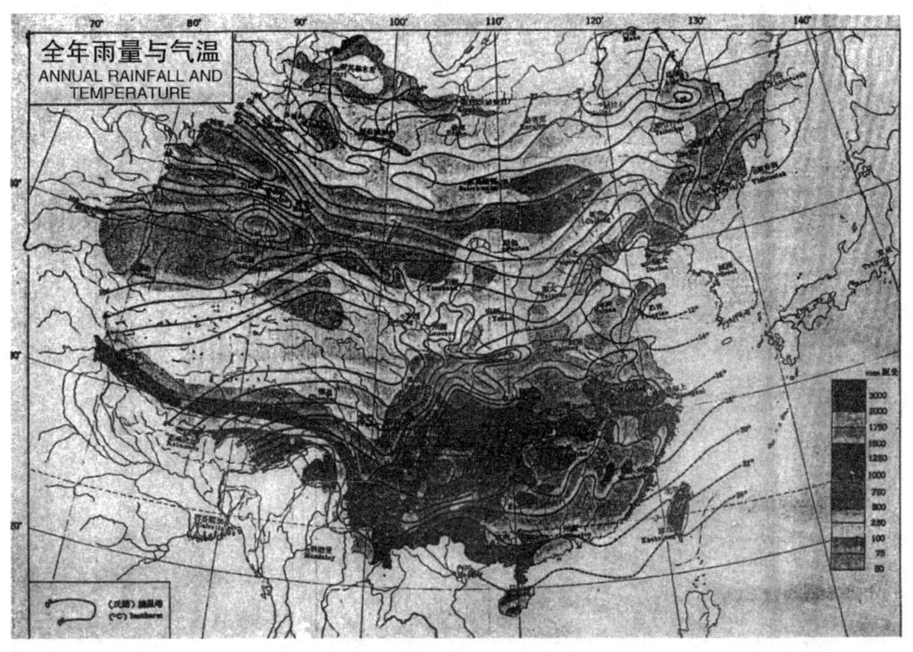

图 4　中国现在的全年等温线图

农业大致是一万年前开始发展的，发展农业需要有适宜的气候条件。一万年前的年平均温度比现今低四五度之多，则华北地区恐怕会太冷、太干燥，不适宜人们的居住和农业的发展。华南地区的温度则可能相当于今日的长江流域，比较适宜发展农业。到了六七千年前，根据对动物、植被的考察，长江沿岸的气候约如今日的广东，而广东地区则过于燠热，不但妨害谷类作物的成长，也不利人们长年居住。那段时期华北地区正好温暖湿润，为畜牧和农耕都提供了相当有利的条件。从气候的因素看，好像农业先在华南地区发展，由于气候的变暖，南方不宜居住，所以人们北迁并把农耕的知识带到华北地区。春秋、战国时代以来华南地区次第开发，终于成为人文荟萃之区，这一点似乎也与气温又趋冷的因素有关。

自然环境是决定古人生活方式的一个重要推动力，刀耕火耨的生活方式只能在有树木可供焚烧的森林地区出现。在雨量不充分的地区也只能开展游牧的生活。气候虽是自然环境的一个因素，但土壤、河川、丛林、地形等因素又都与之有连带的关系，因此在谈到古代的社会时，相应的气候条件是不能忽略的。

野兽变家畜

凡是为了食用、赏玩、劳役等目的而普遍被人们饲养的禽兽，都可以称之为畜。后来大概人们难得见到野生的动物，就推而广之以“畜”称呼所有的动物。曾经被人们饲养过的动物有许多种，但一谈及家畜，一般就限定常见的牛、马、羊、犬、猪等。“畜”◎字在商代的甲骨文，作动物的胃连有肠子的形状。古时未有陶器之前，人们常以动物的胃为天然容器以储装水、酒及食物，于行旅时使用。家畜是人们豢养以待他日之需，因此借用畜字；或有可能人们平日所吃的肠、胃都取自家畜，故以之表意。

人们从几百万年前就开始捕捉小动物而有了杂食的习惯。后来懂得制造工具而渐渐猎取大型的野兽，以增加肉食的分量。但打猎并不是可靠的肉食供应法，野兽的生息繁殖有一定的地域和季节性，不可能整年都实时地满足人们的需求。何况捕捉野兽须费相当的力气，有时还不免有受伤甚至死亡的危险。所以人们便设想：如果动物能圈养在家的附近，随时可取来宰杀，那该多么理想！所以人们一旦学得驯养家畜的方法，亲身体验其方便，自然会大量饲养和培育自己需要的良种家畜了。

驯养动物既然是人们有了狩猎经验百万年之后的事，则必非偶发。

◎畜

那么，使人们兴起饲养动物以待不时之需的动机到底是什么呢？中国传说伏羲氏结网罟教民佃渔，养牺牲以充庖厨。这是起于活捉野兽是畜牧之始的联想。一般的理论是，古人捕到过多的野兽，其中有受伤未死，或尚未成长的幼兽，并不立即食用而是暂时加以圈养，以待他日打不到猎物时屠杀。有时圈养的时间极长，幼兽与人相处久了，幼兽不仅习惯人们的饲养和保护，甚至偶有生产小兽的情形发生，这就慢慢地促成人们饲养的兴趣。又从经验得知，某些兽类的习性较驯良，易于豢养，且不费事，因此人们便渐渐扩大饲养的种类和规模，并作有选择性的培育。后来人们还学得通过阉割以减轻动物不羁的野性，并以之驯化难于驯服的动物，使它快速成长。

一谈到家畜，大家总想知道人类饲养家畜的历史有多久，何种动物最先被驯养，而各地发展的情况又如何？要解答这些问题，首先就要判定何种情况才是有家畜的现象。当然可以用科学的方法检验骨骼的骨质及体态，以判断其家养的程度。但是要经过千年以上家养的过程，动物的骨骼才会起明显的变化。如以猪为例，亚洲的野猪，其前躯占有全身七成的比例，而原始的家猪就只占一半，现代的家猪则已演变到前躯只占三成。不过，其变化历程几达万年，很难用以判断家养初期的时间，故一般以遗址所遗留幼兽骨骼所占的比例为依据。因为打猎时，通常不会擒获大量的幼兽，只有在家畜业已相当发达的社会，才会基于经济利益，养成大量屠杀幼兽而保留壮兽繁殖的习惯。如果一个遗址遗留的动物骨骸，某段年龄占有不相称的高比例，就可以看作已是家养的阶段。譬如在广西桂林甑皮岩一个至少八千年的遗址，发现有 63 头猪的躯体，年龄都在一岁半左右，据此就可断定是家养。

人们狩猎的最初动机大致是为获取肉食或动物皮毛，至于劳役、练习军阵、舒展身心等则是文明高度发展后才有的目的。可以想象，饲养

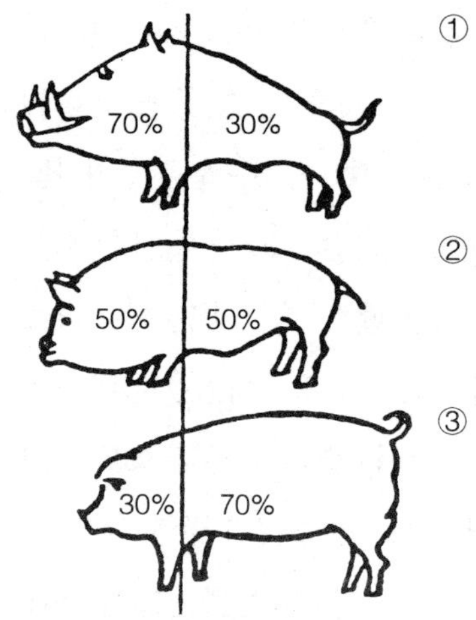

图 1　猪的进化与体态的变化
①亚洲野猪　②原始家猪　③现代家猪

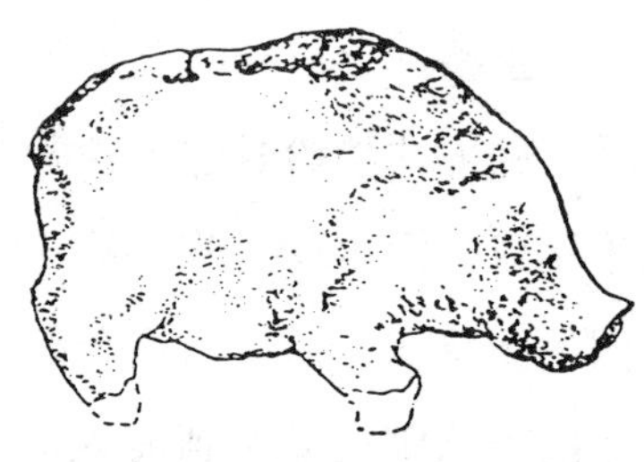
图 2　六千多年前的浙江河姆渡遗址出土的陶猪，身子已占全体之半

的种类应是从人们狩猎所熟悉的、有供肉价值且易于饲养的动物开始的。依据遗址的现象，中亚在一万一千年前已驯养绵羊。大概是因为绵羊没有反击能力，易为人们所生擒，其性情又温良，可以任其游食，不必特别准备饲料及费力看顾。但是理论上，狗被驯养的时间也甚早，可能不晚于羊，至少也有万年的历史。因为犬的行动敏捷、嗅觉敏锐、奔跑快速，是协助捕猎的好手，对过渔猎生活的人们有莫大的好处，故很早就被驯养。

家畜饲养的种类和发展的缓急也要视地区而定。中亚属半干旱的气候，适于羊的生存，所以羊首先被驯养。但中国在一万年至八千年前这一段期间，相对有人居住的是华南地区；而其地温湿，不适于绵羊的繁殖，比较适宜发展农业。猪体肥脚短，不能远行，不适宜游牧的民族。但猪是杂食的动物，可喂饲人们吃剩的食物或不吃的蔬菜，颇适合农民的需要，故猪是继犬而后成为中国人普遍饲养的动物。当农业推广到华北地区时，也把饲养猪犬的知识带去；故早于公元前 4000 年的遗址，出土的骨骼以猪和犬为多，较晚的遗址才渐有牛、羊的骨骼。

农业的发展有可能得力于经营畜牧省下的觅食时间，这让人们有充裕时间观察野生植物生长的情况而加以实验，一如实验饲养各种家畜。畜牧与农业的发展可能相辅相成，家畜的发生虽早于农业，但大部分的家畜却是农业发展后才驯养成功的。带领大批的家畜逐水草的生活总不如固定圈养方便，而且发展农业还可以有时间喂饲更多的家畜。家畜也可以提供劳力来增加农业产量。如中国的牛，驯养的时间大致有五六千年，虽不能肯定说它的驯养主要是为了劳役，但可确定以牛拉车载重起源相当早。不过，同面积的土地，生产粮食比饲养家畜可以养活更多的人口。在人口压力下，如果气候、土地等条件许可，需要牧地的畜牧业就会被农业所取代。譬如说，牛与羊因其躯体大、供肉多，在春秋时代以前为重要的肉食供应。但到了春秋时代，牛就成为拉犁耕地的主要劳动力，不再是一般人的食品。汉代牛成为皇帝赏赐臣下的特殊食品；羊就失去重要家畜的地位，只利用不能生产农作物的地点加以饲养。杂食的猪虽不被认为是高贵的食品，但因其不妨害农作，最终还是成为最重要的肉食来源。至于马，在中国大概只有四五千年的饲养历史，完全是国家出于生存的需要，用以取代牛才被家养的。

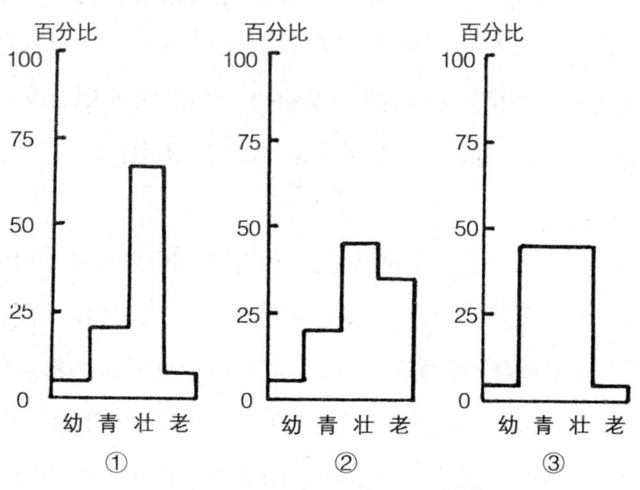

图 3　猎获动物与理想家畜年龄的百分比
①猎获动物　②家畜猪　③家畜山羊

牛
——军事与农业的大牲口

在农业机械未大量使用前，体型高大、壮硕魁伟、属于哺乳纲偶蹄目的牛，是我国最常见的重要家畜。中国以农立国，牛关系到社会民生甚巨，故商家每年都印有农业行事历的春牛图，以供张贴参考。接下来谈谈古时对牛的利用。

人类驯养家畜已有万年以上的历史，但对于牛的驯养却相当迟。在西方，牛被家庭豢养的最早遗址可能早到七千八百年前。中国七千多年前的遗址虽曾出现牛骨，却不能肯定牛是否已被家养。要到五千多年前，肯定是家养的牛才普遍见于遗址，其骨骼的形态已有明显的变化。牛的性情温顺，甚至孩童都可以牵引其穿鼻而加以指挥，不过这是牛被长期驯养以后的现象。相信牛在未被驯养前也相当凶猛不羁，起码古人见其体型高大且有尖角，一定不敢想象它是温驯的动物，因而可能会迟疑是否将其驯养。

牛在后世有军事及农业上的大用。不用说，刚开始时牛也与其他野兽一样，只被当作肉食的供应。不知是因牛肉味美，还是体型高大，在家畜中，牛是商周以来最隆重的祭祀牺牲，是高级贵族特许的祭品。为表示对神的礼敬，祭祀用的牛、羊要加以特别的圈养，不得放任到外头游荡。《春秋》记载，常因牛角受鼠咬啮等事而卜问改换别的牛，甚至有时还要卜问祭祀所供的牛要何种性别和年龄，因此存在几个牛龄的专字，其他供祭的动物就没有得到人们这种对年龄上的特别注意。春秋以后，牛成为耕地的主要劳动力，有极大的经济效益，不再是一般人的肉食供应，限制其屠杀，故《礼记·王制》:“诸侯无故不杀牛，大夫无故不杀羊，士无故不杀犬豕，庶人无故不食珍。”而且所用的牛也分等级，同篇:“祭天地之牛，角茧栗。宗庙之牛，角握。宾客之牛，角尺。”祭天地和宗庙要用刚长角或角尚短，肉嫩味美但价昂的幼牛。幼牛刚长角，质软而可能被鼠咬啮，故有卜问改牛之事。宴宾客就取最具经济价值的饲养角度考虑，日常驱使或食用则选择多肉的壮牛。东汉以后受佛教教义的影响，人们更少吃牛肉，牛基本不是供食用的动物而为君王赏赐大臣的珍食了。

“食肉寝皮”是古代常见的诅咒用语。牛皮没有柔软的毛，不是做寝具的好材料，但是经过曝晒、鞣化的牛皮具有坚硬、强韧、耐磨等特性，适合制造控马的皮衔、曳车的皮带、车舆的坐垫、鼓风的橐、纳兵器的鲍、函、鼓面、甲胄等。牛骨可制作笄、梳、锥、针、衔、哨、镞等小型用具，而肩胛骨在商代则是王室用为占卜的材料，向神明请示治国的大事。角则是制造有强劲反弹力角弓的材料。西方在五千年前已懂得挤乳饮用。牛全身没有不可用之材料，不过最大的用途还是它的力气。

牛由于力气大、行路平稳且有耐力，能载重致远，不但是适合老弱妇

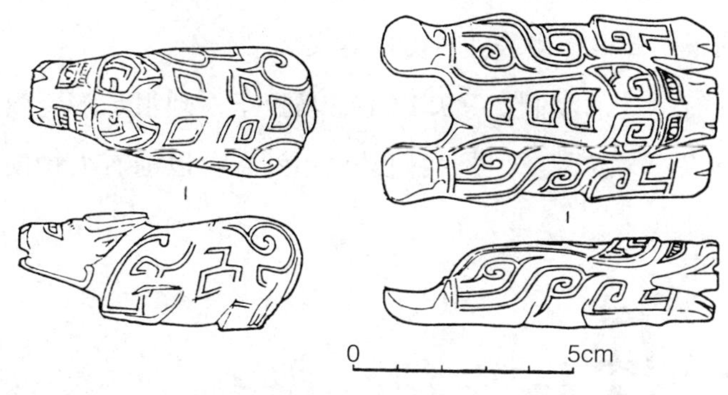

图 1　晚商妇好五号墓的玉牛立雕

孺的交通工具，更是军事上、经济上依恃的负重运输工具。故《风俗通义》佚文有：“建武之初，军役亟动，牛亦损耗，农业颇废，米石万钱。”而《史记》说周武王于克殷后，“放牛于桃山之虚，偃干戈，振兵释旅，示天下不复用也”。如果没有牛负重致远的能力，就没有办法远征，建立霸业。

牛对于经济的最大效益不是拉车而是拉犁深耕。深耕可以缩短休耕期，提高农地利用率；牛耕也可以连续翻土，加快土地翻整的速度，这无疑是对农业生产有巨大影响的技术。晚商时候的安阳是人口比较集中的城市，应当有相当高的土地利用率，才足以应付众多人口的食物需求。商代是否有牛耕的事实，就成为学术界争论很久的论题。

《山海经·海内经》说：“稷之孙曰叔均，是始牛耕。”时代在夏朝之前。根据研究，发展较早的古文明，靠牲畜力量拉车和拉犁出现的时间是相近的，因为它们利用的原理是一样的。埃及和苏美尔在五千五百到四千八百年前之间，已有构造复杂的牛耕拉犁。商代的牛、马车已经经历长期的发展，在理论上，有以牛拉犁应是不成问题的事，但却需要加以证明。

商代甲骨文有作双手扶住插入土中的犁，犁前有动物拉曳着并激起土尘之状。又有“畴”◎字，作一土块被刺起后的翻卷状。那是拉犁连续前进，犁壁把刺起的土块推到两旁才有的形状。故“旁”◎字就以犁刀上装有横板的犁壁形以表达两旁的意义。

商代既有拉曳的犁制，又知以牛、马拉车，则很难解释商代的人只以人力而不以畜力拉犁。但是我们又见不到春秋以前有大量使用牛耕的

现象；也许商代因有足够人力，故没有强烈必要使用节省人力的技术。而且古代没有比“祀与戎”更重要的事，牛在商代是祭祀最隆重的牺牲，又是作战运送辎重的家畜。生产粮食并不是首要的任务。（前引《风俗通义》）东汉时代，牛在农业上的用途还得让位于军事上的需要，更不用说其前神道设教的商代了。

到了春秋时代，诸国交锋多，作战人员需要多，需要能增产的方式。正好当时铁器应用日广，铁犁加上牛耕才有数倍人力的效果，各地才普遍利用这种节省人力且增加产量的技术。虽是如此，晋国的贵族还有不欣赏这种出于经济上的考虑“宗庙之牺，为畎亩之勤”，惋惜牛被普遍用于耕田致使身价降低。

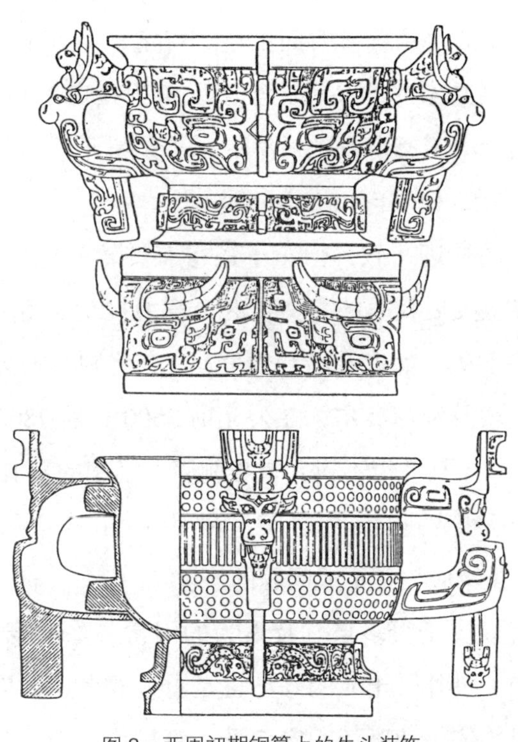

图 2　西周初期铜簋上的牛头装饰

商代已有牛耕

牛耕是在现代用机械拖犁整土以前，各国农村常见的景象，许多人尚记忆犹新。我国以农立国，实施农耕可能已有万年的历史。但什么时候开始以牛拉犁耕作？其发展的过程和其他文明有无不同？因何才被积极发展？相信很多人都不太了解。

畜耕的最起码条件是已驯养牛、马等大型家畜，以及知道利用畜力拉曳重物。中国驯养牛的确实时间虽还难肯定，但五千年前的遗址已普遍见其遗骸，无疑是家养的品种。至于以畜力拉曳重物的最具体证明，应是车子的使用。中国境内发现最早的车子是三千八百年前的有辐轮牛车，则使用实体轮车子的年代应当更早。

拉犁与拉车的道理一致，但车子还得有转轮的应用，似乎更难些。根据研究，世界上发展较早的古文化区，畜力拉车及畜力拉犁出现的时间，有些是相差不久，如古希腊和古罗马；有些则是畜力拉犁早于畜力拉车，如古代的埃及和苏美尔，在公元前3500至前2800年之间，已有很复杂的牛耕拉犁。马性情不羁，较难驯服，马车的发展一般比牛车迟。商代的马车结构已很先进且制造精美，利用牛来拉车应积有长久的经验，由此以之应用于拉犁应该是不成问题的事。

农耕的成就取决于很多自然及人为的因素，除灌溉、施肥、除虫、除草及效率高的工具外，土质的好坏也是古人要考虑的因素。以灌木休耕的方式种田时，依土地肥沃程度而异，每耕作二至八年，就要休耕六

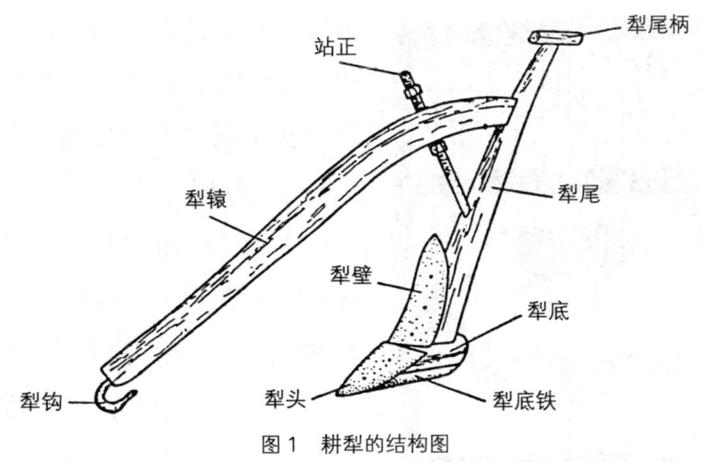

图 1　耕犁的结构图

至八年以待地力恢复。这种低水平的生产方式，很难满足密集村落或城市生活的要求。如使用牛耕，由于牛的力气大，可使犁深刺入土中，翻起养分高的土层而缩短休耕期，提高土地利用率。根据后世的经验，铁犁牛耕可抵五倍人力。牛耕的利益既然如此明显，似应为关心生产的人君所大力提倡。但从有限的西周文献中，尚看不出有大量或明显采用牛耕的现象。故不少人认为中国牛耕起源相当迟，甚至东周文献提及牛犁现象的事，也有人辩解，否定其存在的事实。更不用提商代已有牛耕的可能，故激发很多的辩论。

甲骨文有一田猎地名和《说文解字》“解衣而耕”的“襄”◎字古文非常相似。其字形虽有讹变，但基本上还保留甲骨文的字形。襄的引申义如辟地、反覆、举驾、攘除等，也都与牛耕的动作和作业有关。其字形作双手扶犁，犁下有一或两头动物，并有土尘激起之状。汉字因受

◎襄

图 2　东汉画像石上的牛耕图，请与甲骨文“襄”字对照比较其创意

书写于竹简的影响而采取重叠的结构，如果此字采用横列的方式书写，动物头不向着犁而尾随着犁，则拉曳的形象就明显了。

从文字表现的犁制也可以看出商代使用拉犁的形式。拉犁是连续不停地推犁前进的较进步犁制。它比一脚一脚地铲土的踏犁方式节省很多时间。甲骨文的“旁”◎字作有歧齿的犁刀上装有一块横板的犁壁状。由于犁壁的作用在于持续前进时，把土块打散并推到两旁以方便耕作，故有近旁、两旁等意义。锄地是开荒垦田的基本作业，有壁的犁是拉犁的特有装置。生地坚硬，为人力所难，用牛才容易拉得动。

甲骨文的“畴”◎字间接表现拉犁的耕作方式。它作一土块被拉犁刺起后的翻卷状。踏犁的方式，土块一块块被铲起，不会因犁壁之阻挡而翻卷扭曲。商代既然以所翻卷的土块表达田畴的意义，就可知道拉曳的犁制在当时是普遍见到的。商代既然知道以牛、马拉车，则实在很难辩说他们只会以人力，而不知以畜力拉犁。

从上述畜力拉犁与拉车发展的进度及字形的表现等观点看，商代有以牛拉犁耕田应是不成问题的事实。那么为何早期文献中不见记载呢？

文献记载早期本就少，而且也不一定能及时反映时代的实况。不过，商周时候不大量使用牛耕，似有其时代的背景。

西周早期文献《尚书》中的“酒诰”“无逸”“微子”,《诗经》的“荡”，都反映殷人有群聚饮酒的习惯。表示当时谷物的生产必甚有余，才舍得大量酿酒。如果当时没有长期储存粮食的技术及设备，生产过多的粮食并无大用。再者，商人使用人牲祭祀比牲畜多，表示并不缺乏人力资源。家畜中堪当拉犁的只有牛与马。马有军事及田猎上的大用，是贵族们的宠物，不会以之耕田。牛则是祭祀时最隆重的牺牲，也是作战时运送辎重所依赖的家畜。古代没有比“祀”与“戎”更重要的事。甚至到了东汉，《风俗通义》中还记载着：“建武之初，军役亟动，牛亦损耗，农业颇废，米石万钱。”牛在农业上的用途让位于军事的需要，遑论千年前的商代了。既然当时不虞粮食的供应，牛有比生产粮食更重要的任务，加以商代使用的铜犁或石犁，也不具有后世铁犁的效果，难怪当时不积极推广牛耕。甚至到了春秋时代,《国语・晋语》记载晋国贵族还在惋惜牛身价的降低：“宗庙之牺，为畎亩之勤。”

既然商人已知牛耕，但牛有其他更重要的用途，就比较可能在人力难以胜任时才使用牛耕。生荒的土地坚硬，没有足够的力量难以拉动深刺入土的犁，那就不能不使用牛了。故开垦荒地意义的字就以双手拿着有犁壁的犁以表意。田地若被开垦成熟田，人力就可胜任而不必用牛，这样的耕作习惯大致沿用到春秋时代。当诸国交锋多，作战人员需要多。正好铁器应用日广，牛耕有五倍于人力的效果，各国才开始发展这种节省人力且增加生产效果的牛耕技术。种植农业技术的改良，使个人耕作的面积增大。《孟子・滕文公上篇》：“夏后氏五十而贡，殷人七十而助，周人百亩而彻。”西周时代以百步为亩。春秋以后则以二百四十步为亩，耕作面积为周时的两倍半，无疑与铁犁牛耕的推广有绝对的关系。

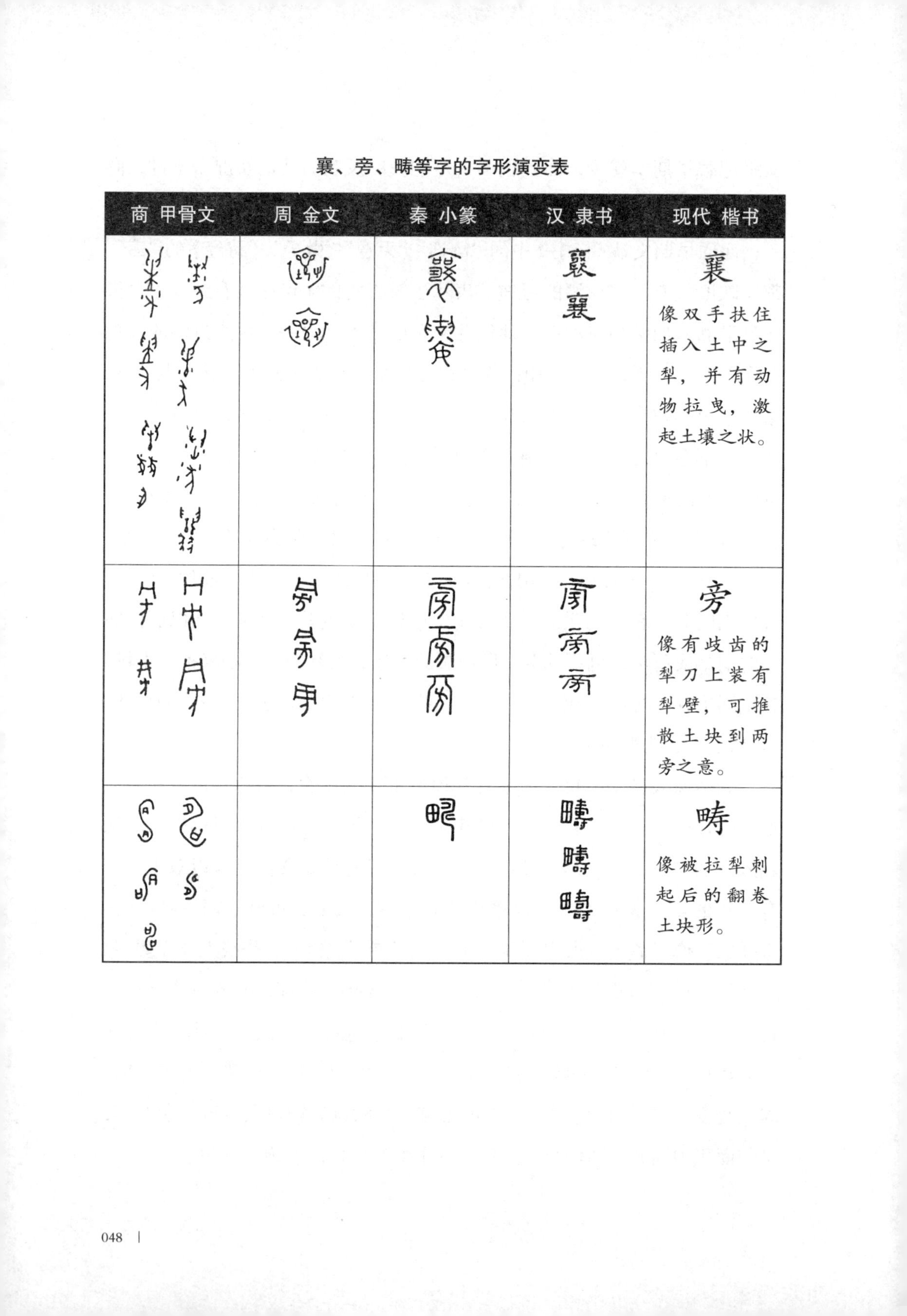

襄、旁、畴等字的字形演变表

商 甲骨文	周 金文	秦 小篆	汉 隶书	现代 楷书
				襄 像双手扶住插入土中之犁，并有动物拉曳，激起土壤之状。
				旁 像有歧齿的犁刀上装有犁壁，可推散土块到两旁之意。
				畴 像被拉犁刺起后的翻卷土块形。

猪的饲养

山珍海味是富贵人家盛宴才能享用的难得的珍食，一般人家只能吃上鸡鸭鱼肉且只能在节庆的时候。此处所说的肉，虽可广义地泛指家畜的品类，实际可以说只指猪肉。其他一度为人们饲为供肉的牲畜，因种种原因，逐一从餐桌上消失。譬如，牛主要因有拉犁耕田的大用；羊的饲养与农业的发展有冲突；马是为其军事及运动上的需要；犬则个体不大，又成为人们看家的宠物良伴。只有猪的饲养不妨害农业的发展，供肉的经济价值一直保持不变，故秦汉时代以来猪一直是中国人最重要的肉食来源。故略为介绍其饲养的情况。

在商代，猪有家养及野生两种。反映于甲骨文，家养的是“豕”◎字，作体态肥胖、脚短而尾巴下垂的动物形。野生的是“彘”◎字，作动物的身躯有箭穿透之状，表示是捕猎所得。后来少见野生的品种，故“彘”字也用于指家养的猪。

一看猪肥胖而短脚的体态，就知道它是不能远行的动物。因此它比较可能是定居农民驯养的家畜，难于在游牧社会发展。就像战国时代以后，中国人已少吃牛肉，佛教的教义顺水推舟，使此种饮食习惯稳固。

猪是杂食的动物，不需牧草，能喂饲人们吃剩或不食用的菜蔬，非常适合农业经济的需要。猪被驯养的时代，很可能是在有定居的农业之后。

中国开始从事农艺的时代甚早，可能早到一万年前。在广西桂林甑皮岩的一个八千年以上的遗址，发现有63头猪的遗体，年龄都在一岁半左右；能在最具经济利益的情况下被宰杀，显然已是被家养的现象。一万年前的气温大大低于现今的温度，华北地区太过寒冷干燥，不易发展农业；华南地区则较温湿，宜于人们居住及发展农业，也较适合猪的生长。当华南的人们因气候的趋热而北移华北经营农耕，也把驯养的猪带去。在中国的主要文化区，公元前4000年以前的华北新石器遗址，多见猪、犬而少见牛、马、羊的遗骨。至于半干旱的游牧地区的遗址，则多见牛、马、羊而少见猪、犬，显然是猪不利远行的习性的直接反映。

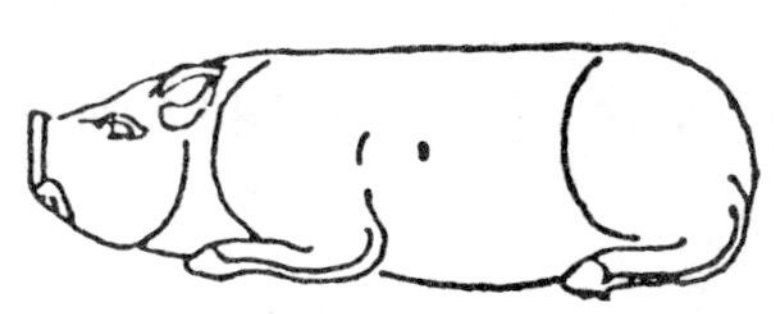

图1　西汉墓葬握于手中的石猪

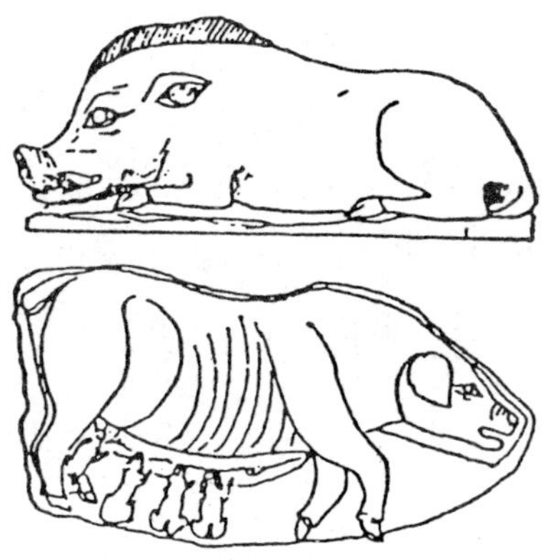

图2　北齐墓葬中的陶猪模型，一为野猪的品种，一为家猪

动物被驯养后，经过千年以上的发展，体态和骨骼才会产生明显的变化。亚洲的野猪，其包含前肢的前躯约占全身的七成。浙江余姚河姆渡一个有六千多年的遗址中出土了一件陶塑的猪，腹部明显下垂，肥胖的体态和现代家猪已十分相似，前躯几占全身的一半。显然已经经历长期的圈养和培育。至于现今的品种，则前躯只占三成，供肉的分量大为增加。

有些动物可用长期圈养的方法加以驯服。不知何时，人们发现动物被阉割后不受羁绊的野性可以大为减少，从而能被驯养。为了达到某种效果，对某些家畜来说阉割还是必需的手段。譬如马被阉割后，可稳定性情，不轻易相互踢啮，故现代赛车、赛跑的马都要经过阉割的手术。中国至迟在三千多年前的商代已知道阉割的方法，且主要是施于猪，以增快成肉的速度，缩短饲养的时间，降低饲养的成本，大大增加饲养的经济价值。

商代甲骨文的“豖”◎字，作性器已遭阉割而与身躯分离之状，此字用于表示供祭祀的已去势的雄猪。后来所造从豖声的字也大都与鑿击的阉割手术的动作有关。商代一定已发明了防止发炎的药物。

野猪的躯体虽较牛小，但冲劲大，且有粗壮尖锐的獠牙，可以造成伤害；一旦去了势，性情就会变得温和，冲劲大减而不生危险。故《周易·大畜卦》有“豮猪之牙，吉”之语，意谓已遭阉割的野猪，虽有利齿已难再伤害人，故为无险的吉兆。甲骨文的“溷”◎字，其中一形作一中箭的野猪被圈养于猪舍之状。不但家养的猪用阉割的手段以增成肉率，商代的人也以之驯化野猪，以培育新的品种。现在猪的阉割大致在出生后二至六个星期内施行，商代可能也一样。八千多年前甑皮岩的猪都在一岁半左右被宰杀，那是不经阉割的情形。现今幼猪大致饲养六个月至一年。商代既然已使用阉割的方法以加速猪的成长，则宰杀的年龄一定会早于甑皮岩的，大致是一岁吧。

从遗址的遗留看，六千年前的仰韶文化时，猪尚与牛、马、羊等同处，有圈养于露天的情形。但由于猪调节体温的能力并不完善，最好避免过冷过热的环境，饲养于通风良好的干燥地方。炎夏时要有阴凉的地方，避免烈阳的直接照射，以降低体温。受寒是猪患病死的大诱因，尤

◎豖

◎溷

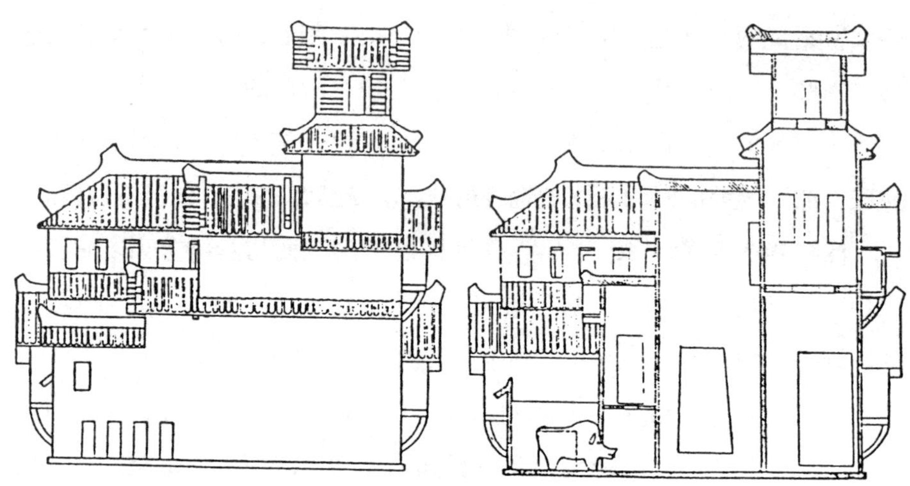

图 3　湖北云梦出土东汉陶屋明器，猪饲养于有遮盖之厕所旁

其是阉割后体质跟着衰弱，不便再饲养于露天任雨淋霜冻。故起码从商代起，猪已习惯饲养于有遮盖的地方。同时，猪与人均为杂食，粪便是很好的有机肥料。人们就着方便饲养猪于自己所住的有屋檐的地方，与厕所为邻，便于肥料的收集。故甲骨文的“家”◎字，作家屋之下有猪之状。意义为厕所的“溷”◎字，就作一只或两只猪养在有斜屋檐的猪舍之状。汉代随葬用的陶猪圈模型，也大多数是有屋檐的，其他牛、羊等家畜的牢圈就很少如此了。这说明在造字的时代，猪已习惯性地被饲养于有遮顶的地方，与人们日常的生活非常接近。

在商周时代，祭祀牺牲的品级，猪虽次于牛、羊，但猪肉已无疑是全民最普及的肉食。而且供奉时有豚、豕、彘、豢等不同的名目，想见烹饪取材时已有不同的要求。有些取小猪的肉嫩，有些则取其多肉、多

◎家

◎溷

肥，野猪则取其吃起来有嚼劲；其他的家畜就不见有这些分别，因为它们不是人们经常食用的对象。《孟子·梁惠王》篇："鸡豚狗彘之畜，无失其时，七十者可以食肉矣。"《礼记·大学篇》："畜马乘不察于鸡豚。"这表明，战国时代以来，只有鸡豚是小民所畜的对象。鸡豚是用以谋财利的，至于牛、羊，则是贵族祭祀所需的牲畜。

狗的饲养

在十二生肖中，狗一直是和人们生活最为接近的家畜。经过长期的培育，人们发展它某方面的天赋和特长，以顺应不同的要求和目的，导致狗的品种在家畜中最为复杂，有培育其为肉食、打猎、看守、侦察、牧羊、表演、赛跑、向导、拉橇、实验及玩赏等各种专门种类。狗不但体形和外观悬殊，价值也有天壤之别。不过我国汉代时狗基本只有两类：一为肥胖，一为瘦长，都戴有项圈，主要为看守门户及玩伴。现今人们的生活较任何时期都富裕，狗不但不被食用，甚至也不看门，且成为家庭的宠物，受到悉心的照顾。专为狗而制造的商品，在欧美是一笔很大的生意。

考古证据，人类最早驯养的家畜是绵羊，已有一万一千年的历史。狗被驯养的时间也普遍认为很早，甚至不晚于羊，有人认为早至旧石器的晚期就已被驯养。狗的个体不大，生长缓慢，与其他大型猎物比较，供肉与皮毛的价值少得多；它之早被驯养，一定有供肉以外的特殊条件，否则人们是不会自找麻烦，费心加以饲养和培育，以改变其野生的状态。狗是很能适应环境的动物，且有强健的下颚、犀利的牙齿、善跑的腿，加上嗅觉和听觉敏锐，适于追逐、捕猎的生活，对早期以渔猎采集为生的人们来说非常有用，狗无疑是因有此种协助捕猎的用处才被人们豢养的。猪有八千七百年以上的豢养历史，故狗应在未有农耕以前，至少公元前七八千年就被豢养了。

图 1　东汉戴项圈的灰陶狗俑，属于肥胖型

狗的体能远差于许多大型野兽，难以离群在野外过独立的生活，因而狗养成了集群合作的本能，而狗的这种本性易于为早期的人们所驯养。狗异于羊，羊是人们为了肉食和皮毛的目的而主动加以驯养的；狗则可能基于它本身的需要而前来依附于人们。有可能人们被狗依附之后，才有灵感以之应用于他种野兽而发展畜养的技术。

狗可能自狼驯化而成，因为它们独自捕猎的能力有限，加之难以同大型的野兽竞争，所以常无所获而挨饿，因此它们经常徘徊于人类的居处，吃食人们丢弃的皮、骨、肉等。人们既习惯于它们友善的存在，又觉其对生活也不生什么负担，因此把温驯者留下。通过互相的合作和选择，狗终

图 2　河南辉县东汉墓出土的陶狗俑（左），以及辽阳东汉墓室上的看门狗绘画（右），都属于瘦长型

于失去野性而成家畜，帮助人们捕猎。犬被家养后体能发生变化，与野狼的主要分别在尾巴是否卷起；所以甲骨文的“犬”◎字主要特征是尾巴上翘，只有少数作身子细长而尾巴下垂，有别于肥胖的猪的象形字“豕”。

人因能使用工具以弥补体能上的缺陷，使任何大型、凶猛的野兽都逃不出被擒杀的命运。但是野兽可以深藏起来，逃避人们搜索擒杀的厄运。狗正好在这方面有所作用，狗在嗅觉上有天赋的异能，能从野兽遗留的血、汗、尿、粪等气味中去分辨动物，并加以追踪、诱发和驱赶，以方便人们的捕杀，从而分得残余。所以甲骨文的“兽”◎字，作一张打猎用的田网及一只犬以会意；两者都是打猎时需要的工具，故以之表达狩猎的意义，后来才扩充其意义至被捕猎的对象野兽。而“臭”◎字，其本义即后来的“嗅”字，以犬及其鼻子表意；反映人们完全了解，在所知的动物中犬的嗅觉最为敏锐，故取以表达辨别味道的嗅觉感官。

犬的敏锐嗅觉不限于探查野兽，对于侦察敌踪也能起很大的作用，故很快被贵族用于军事和追缉逃犯。商代的中央和方国都设有犬官，犬官的责任除报告野兽出没的情况以供打猎的参考外，还随行参加军事行动，尤其是夜晚，犬可以替代人们对意外的侵犯进行侦察预警。

狗有很好的德行，它勇敢、坚毅，有耐力、忠诚和殷勤。它聪明而机警，能掌握主人许多细微动作和声音的命令，甚至能判断主人的喜恶，故以之看守门户，驱逐可能不受欢迎的人物。不过由此人们奚落它势利眼，依仗权势而欺负穷苦者。商代的大型建筑物有埋狗于大门旁的奠基仪式，此举是用狗看门的具体表现；又可能因狗是人们的玩伴宠物，商

图 3　出土于河南密县打虎亭的东汉画像石，石上画有主人身旁的狗及幼犬

代大多数的墓葬，都埋有一只狗架于尸体腰部下的坑洞，有些则埋在填土或二层台上，以便永久陪伴主人于地下，较之殉葬的近臣、武士、奴仆，狗显然更接近主人。这种习俗在周代慢慢消失，大概西周中叶以后就不见了。当然，这并不表示周人不把狗当作宠物看待，应是周人较富人道思想，不仅不再轻易牺牲人命殉葬，并且把受宠的狗也比照人类看待。但不知为何，汉之前以家畜为美术的题材，最少见到的却是狗。

狗因有利于狩猎而被人们接受。当农业渐渐发展，捕猎渐渐不成为生活的要事时，狗敏锐的嗅觉对农人便无太多实质的用处，除统治阶级为军事、游猎、玩赏的需要而刻意培育外，一般就较少饲养了。狗虽不是为了肉食的原因而驯养，有必要时人们也不会忽略它在这方面的可能用途。中国从很早开始就受人口众多之苦，农业比畜牧业能养活更多的人，所以肉类生产少，难得吃到肉食。《孟子·梁惠王》篇里理想的王政："鸡豚狗彘之畜无失其时，七十者可以食肉矣。"肉食如此短缺，当然要尽量利用资源，所以狗到汉初还是一般供肉的家畜。但它在祭祀上的地位，可能因体型小的缘故，汉代之前被排在牛、羊、猪之后，只在安宁风势的祭祀时，用犬而不用牛、羊、猪等，此行为一定是基于某种已经失传了的信仰。

魏晋以后中国绝大部分地区逐渐弃绝吃狗肉的习惯，其主因颇不易猜测，但不外几点：一是一般人在节庆有祭祀时才能吃到肉，狗不是祭祀的大牲，故吃它的机会就较少；二是它成为人们忠实的伙伴，双方建立了感情，人们不忍杀害自己饲养的忠诚宠物；三是古代市场少，狗生长的速度不快，要喂饲有用的食物，饲养成本比到处啄食的鸡、鸭以及快速成长的猪要高，所以饲养狗以贩卖的意愿也较少。自己既不屠宰宠物，市场也少贩卖，自然渐渐不习惯吃它了。

贵族才养得起的马

豢养家畜是人类累积几百万年的狩猎经验后才学会的革命性事件。据今所知，中亚在一万一千年前已驯养绵羊，而中国大致也在那时候开始发展家畜的驯养。

马的体形虽有高矮之别，但大体是属于大型的哺乳动物。它的感觉器官发达，眼大位高，视野宽阔，记忆力、判断力强，方向感也极正确，加以力大善跑，是非常有用的牲畜。但是马的性格不羁，很难驯服控制，故不论中外，在常见的家畜中，马都是最晚被驯养的。晚期的新石器遗址中，猪、牛、羊、犬等家畜的遗骨远比马多得多，可见马罕见的程度。中国传说在四千二百年前的夏禹时代，即已用马拉车；这个年代与发现马被家养的最早遗址——山东章丘城子崖的龙山文化年代相近。马被驯养年代之迟，主因是人们要利用它的力气而非其皮肉。

图 1　陕西茂陵出土的西汉镏金铜马，即依中亚的天马造型

从文献得知，自商代以来马不是被作为国与国间盟誓时的牺牲，但不作为一般的祭祀牺牲；就是非供食用，而是供军事及田猎之用。战国以前的随葬坑中，可以发现马常与车子一起埋葬。

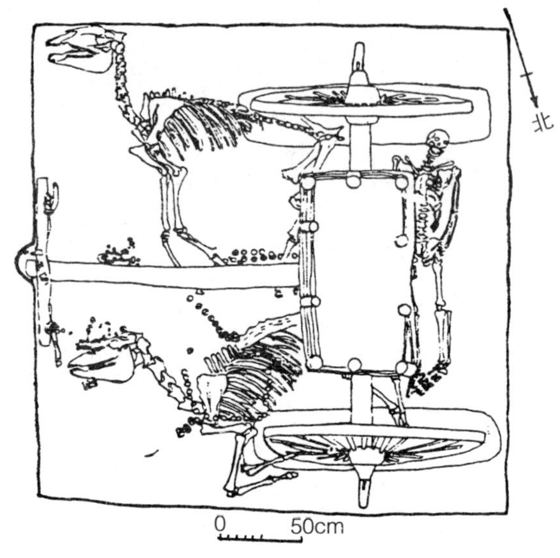

图 2　安阳孝民屯南地晚商的两马车坑

因为老马识途，在荆莽中常能引领人们脱离迷途，所以当政者极为重视马的培育。从甲骨刻辞中得知，商代不但中央政府有马官，各方国也有各自的马官，主管马的培训工作。而方国是否来贡马匹的记载也多次见于占卜刻辞。

现存的甲骨文已见十四个以马为意符的形声字，远较以其他家畜创意的字多，可见三千多年前人们对于马的分类已较其他家畜精细，因此可见人们对马重视的程度。《诗经·駉》一诗中，竟提及十六种不同的马的名称，反映出东周时代人们善于相马，及秦穆公、燕昭王等以各种手段寻求良马的社会背景。

商代的道路不及后代修建的多及平直。那时的车厢离地甚高，有七八十厘米，重心不稳，驾驶太快就容易翻覆，达不到冲锋陷阵的效果。甲骨刻辞就提到武丁时发生两次翻车的事故，这种情形到春秋时代似乎还不见改善。是以有些学者以为马车在商代只是用来旅行、传递消息、发号施令，不是用来在高速冲刺时从车上发动攻击的。《左传》记郑国子产以驾驭马车比喻为政之道："譬如田猎，射御贯则能获禽。若未尝登车射御，则破绩厌覆是惧，何暇息获。"不过，马车既用于狩猎，随葬的车上也发现配备有可供远射的弓箭以及近攻的刀戈，所以很难肯定殷人并未利用马的快速奔驰以加强战斗的效果。问题该是接受这种特殊训练的人有多少，使用的规模又能有多大。

拉曳车子作快速的奔跑，并不是任何马匹都可胜任的。一定要受过长期训练的精选良种才办得到，有时甚至还要阉割以稳定马的性情，消除其相互踢啮或使性子不肯跑动的不良习性。譬如魏文帝曹丕的坐骑，就因为不喜欢主人身上的香味，咬啮曹丕的膝盖而遭处死。而且，驯养良马不是一般人的财力所能负担的。所以汉武帝时鼓励养马，制定政策，驯养一匹马可使三人不用服兵役。而一匹雄马的价钱竟高达二十万钱。因此，自古以来，马及马车一直为有权有势者所珍爱而成为地位的象征。

而且，不论是在战场、田猎场或竞车场，马的优劣与主人的荣辱可谓息息相关，所以良马也成为贵族们赏赐或贿赂的贵重品物。如《易经·晋卦》有："康侯用锡马蕃庶，昼日三接。"马与骑士或驾驭者要有相当的默契，才能发挥最大的效用。马还能感觉出乘骑者的心情，如果骑者犹疑不决，心存畏惧，马就会受到影响，显得较不服从。所以，贵族不光只重视马的训练与饲养，还得时时垂顾，与马建立感情。乘马成为贵族的宠物，养马的心情完全不同于养其他供肉、负重的家畜。《史记·滑稽列传》记载楚庄王有爱马，衣之文绣，置之华屋，席以露床，啖以枣脯，马病肥死，竟要使群臣丧之，以棺椁大夫之礼葬之。其他如训练马衔杯跳舞，种种马戏以为娱乐，只算是小焉者了。

一般说来，骑在马背远比坐在马车上行动更为灵活，可算是较迟的应用。不少人以《史记》记赵武灵王于公元前307年，开始胡服骑射以对抗游牧民族，为中国单骑之始。但是从《左传》的一些描写来看，很可能早在公元前6世纪中叶，就有骑于马背的事实。例如，安阳的一座一人一马的商代随葬坑，出土了马鞭、弓、箭、戈、刀和马的装饰物，不见马车上常见的青铜装饰零件，这可认为此马为坐骑而不是用来拉车的证据。甚至以为“奇”◎字就是“骑”的字源，于甲骨文作一人骑在马背上之状。

根据事理推测，不管是作慢步或进行活动，商代应已存在单骑的事实。但也许贵族们认为跨马的姿势不太高雅，并非一般情况所宜采用，因此，骑马很可能流行于下层的武士之间。而赵武灵王以一国之尊，亲行跨马骑射，非比寻常，才会被郑重地记载下来。由于确实有效果，其他贵族也纷纷仿效，战场的主力渐由马车步兵而转变为骑兵。到了汉代，兵车的战略便完全被淘汰了。我们从秦始皇的兵马坑，已可以看出这种形势。

识别良马自是重要，但品种的改良更不容迟缓。因为有的马太矮，只堪拉重，不能快跑，人骑在马背上也不太适合。商代有专人管理马政，可能就已从事育种的工作。中国从很早开始就向游牧民族索求优良马种，如西周孝王时西戎来献马、夷王时伐太原之戎而获马千匹；汉景帝在西北边境大兴马苑达 36 所，养马 30 万匹；汉武帝甚至于公元前 104 年，派遣大军向大宛索马，前后费了三年的时间，才完成得到大宛种马的愿望。西汉墓葬常见赭衣灰陶马，取形可能来自西域汗血马。汉武帝曾有歌咏之：“太一贡兮天马下，沾赤汗兮沫流赭。骋容与兮策万里，今安匹兮龙为友。”利用这些西域引进的马匹与源自蒙古的中国马交配，汉代时培育了不少优异的杂种马。我们看汉及唐代的马画像和塑像，确比前代的马雄伟得多，便可得到证明。

◎奇

冶金的发明

生产力是决定一个社会经济水平的主导力量，使用的工具则是衡量其生产力的标尺。生产工具的改良，使得经济的面貌也产生相应的变化；它会暂时引起社会结构的紧张，但从长远的形势看，对社会的生存是有利的。金属的发明使人类能制造更称手、更锐利的工具，大大提高了生产力，尤其是铁的普遍使用，才使今日高度发展的商业社会成为可能。到底是什么促使人们于使用石器几百万年后，发明了熔铸金属的技术？它有多长的历史？

当人们对石器制作的要求越来越高时，自然会有意寻求优良的石材。自然界存在着金、铜等金属状态的矿物，人们发现这些材料与一般的石块有非常不同的性质：带有光泽，可以锤打成薄片，拉成长条，耐用而不易断折，还可以黏合及改造，是打造饰物的理想材料，因此留意找寻并且非常重视它。

不过金、铜的硬度低，不若许多石材的锐利坚硬。饰物虽也有表示阶级的社会功能，但对生产没什么影响，所以有些盛产天然红铜及黄金的地区，其生产方式始终停留在原始公社的阶段。

铜与其他铅、锡、锌等金属的合金熔点比红铜低，但硬度反而高。依其合金成分的不同，可以铸成不同颜色、硬度、韧度的东西，以适应不同的需要。青铜的锐利特性可以铸造战斗用的武器，其美丽的色彩及富有光泽的特性又可以铸造供神的祭器，都具有极大的价值。就商代来说，其出土铜器的数量，以饮食为目的的祭祀礼器为最重，以战斗为目的的车马、兵器为最多，他种用途的工具和杂器数量就少。说明铜在商代主要为“国之大事，在祀与戎”两个最重要的目的服务。冶炼青铜技术的发现，激起古人谋求其供应的热望，所以不计成本加以熔铸。采矿是辛苦而危险的工作，非一般人乐于从事。所以有些学者认为，古人对金属的需求，促成强迫劳工制度的建立，而这一制度的建立无形中提高了组织及管理群众的能力，大大加速了国家机构的建立。

一定要通过 800℃以上的高热才能把含有铜、锡、铅的矿石熔解成青铜，这样的高热并不是正常情况下能达到的。有说法以为其契机是因火与矿石的偶然接触而析出金属块，从而激起人们的好奇和实验。但不管是森林的大火，或以矿石架锅煮食，或在深山用篝火烧烤石块，以便用木棍撬开挖掘，都不足造成烧熔矿石而析出金属的高温。

或以为形成高温的契机来自烧造陶器，经过长久的烧造，窑壁上渐渐积了一层薄而软的还原铁屑。但早期的陶窑都很小，窑壁要被破坏才能取出烧成的陶器，所以陶窑并不能长期持续地烧烤，以致窑壁很难积留能引起注意的铁屑。

新石器时代的人们虽可以烧火达到熔化锡的 230℃，但是低温下熔解的锡无光彩，生产量少，质地太软，无实际的用途。古人是否会因这种毫无用处的东西而激起用高温烧烤不同石块的好奇，不能不存怀疑。从实际理论看，要利用能产生高温的陶窑才能熔铜，关键就在何以人们想到用窑来烧烤成堆的石块？这也许是永远不能解答的问题。

传说中的中国金属武器发明者蚩尤，是公元前 2700 年的人物。汉代的作品中，蚩尤的造型常是头顶及四肢持拿五种兵器的人物。传说他们是铜头铁额吃沙石的氏族，大概此氏族以采矿和熔炼金属为职业进而被转化为神话。蚩尤虽有较先进的锐利武器，但最终败给黄帝，这也可能是战国时代儒家王道思想下的产物，强调黄帝是以德服人的圣君。但也可能有所依据，不是完全出于想象。蚩尤属于东海岸文化的部族，东海岸是古代铜锡矿的著名产地。现今山东、湖南境内仍有不少的铜锌共生矿。模拟实验发现，用相当简易的方法就可以炼出锌黄铜，所以该地区的人有可能很早就有冶炼青铜的经验。

一般以为中国在发展青铜以前，与其他文明一样先使用红铜，因为红铜有以自然的形态存在，不必经过人工熔炼。埃及在公元前 5000 年已经懂得通过加热把红铜从矿石还原出来。但理论上，青铜熔点比红铜低，熔炼青铜的技术要比熔炼红铜容易，故有人以为熔炼红铜的技术要迟于青铜。中国过去的考古证据显示，红铜铸器比青铜早。但是近来，有些学者相信中国先有冶炼青铜的技术，到了相当迟的时候才有办法冶炼熔点较高的红铜。西安半坡的一个六千多年的遗址发现一个残铜片，经化学分析显示其含有大量的铜、锌和镍。临潼姜寨的仰韶文化遗址也发现一个铜片，经化验，这个铜片含铜 65%、锌 25%、锡 2% 和铅 6%。

图 1　山东嘉祥武梁祠东汉画像石上的蚩尤造型

图 2　汉代蚩尤持五兵造型

稍迟，约是五千年前的马家窑文化也发现青铜刀。但有些学者认为这些遗物都是较晚地层所羼入。从以上的事例看，在公元前 4000 至前 3000 年间，很有可能在中国无意中炼出青铜来。不过这种方法炼出的青铜数量太少，对社会难有影响。真正的青铜器时代要等到能够把握其技术，并有一定量的生产时才算数。在河南龙山晚期的一些遗址，如临汝煤山、登封王城岗、郑州牛寨等地，都相继发现坩埚、铜渣、铜器残片、铜块等物，说明中国在公元前 2000 年已进入铜器的时代了。

如果仰韶文化的人们已知青铜的物质，则一千年后蚩尤的时代发展以青铜铸兵器，或稍后的黄帝铸鼎，就颇为合理了。以前没有地下考古材料的佐证，很容易把蚩尤铸兵器的传说看成有好古癖的人凭空捏造出来的。现在既然知道五千年前有使用青铜武器的可能，就不能把此传说看成无稽之谈，而应好好探讨其可能性了。中国可能很快从锻打红铜或不经过这一阶段就进入青铜的时代。中国的青铜以铸器具、武器和工具为主，很少铸造饰物，而西方则长时间使用红铜打造饰物，后来虽发展青铜，仍保持常以之铸饰物的传统。

采矿的艰难

工具的材料和生产的效率有绝对的关系。工具使人能从事超越其体能的工作，并改善获取原料的效果。石器的使用使人们从动物中脱颖出来。当人们对石器的需求越来越殷切、对石器制作的要求越来越高时，自然会发展到有意寻求优良石材的阶段。

各种石材有其各自的性质，很多深藏于地下，不易在地面找到。而且石工具的数量还比较有限，早期大概还不会积极深入地下去挖掘石块。但到了有阶级的社会，当某个阶层需要用佩带某些装饰物去表达其高人一等的地位时，石材就受到重视了。玉在中国是难得之物，可作为随身佩带的饰物，既可增美，又可示人以财富，被视为高贵的象征。这就使得对那些可琢磨成美丽饰物的玉材的需求大为增加。有些玉材被冲落到河边，不用费力就可捡拾；有些则深藏山中，要花费相当的努力才可挖掘出来。商代甲骨文的“璞”◎字，作双手拿着挖掘的工具，于深山内剖取玉材置于竹筐之状；表明至少三千多年前中国已有深入山中挖矿的经验。甚至五千年前良渚文化使用多量玉礼器时，其材料已取自深山里了。

◎璞

人们至少在八九千年前就发现某些金属以自然状态存在，加热到相当的程度，就可打造出漂亮的饰物。后来更发现混合的矿石经高热后可以熔解而凝结成青铜。青铜可依合金成分的不同，铸成不同颜色、硬度、韧度的东西，以应不同的需要。除增加生产效果外，在“国之大事，在祀与戎”的古代社会，青铜的锐利特性可以铸造战斗用的武器，美丽的色彩及富有光泽的特性又可以铸造供神的祭器，更激起古人寻求其供应的热望，人们不计成本谋求发掘和熔铸青铜。

矿石较少暴露于地表，多深埋于山中、地底，要深入挖掘才能取得。矿源要经过长时间的开采才能竭尽，如湖北大冶铜绿山，商代就已被开采，到战国废弃时估计有四千吨以上的红铜被熔炼出来。铜绿山的坑道伸入地底只有五十多米，战国时代发掘的矿井有深入地下四百米的。《汉书》记载禹贡上书，说当时采铜有深入地下达数百丈的。无疑，时代越迟，浅露的矿床越难找，想找到矿石就得越挖越深。

以古代的工具挖掘山石是相当不易的，故尽量不挖掘没有熔炼价值的土石。矿床由于沉积条件的复杂，多是弯曲、高下不平的，所以矿井如迷宫般多歧道。矿井是由许多竖井、斜井、平巷组成的，坑道的高度一般在一米多，湖南麻阳战国时期的井最低为 75 厘米高，宽度最窄的只有 40 厘米。在这种情况下，经常要弯腰、跪爬在狭窄低矮、崎岖不平的坑道中，工作的效率当然大打折扣，产量自然稀少而造价也必然因之高昂了。

挖掘山石会激起很多灰尘，矿石还要敲碎淘选才能运出坑口，这就使空气更加糟糕。而且矿井挖得深又会引起好几方面的危险：一是矿井内的温度与压力的变化，越深挖压力就越大，温度也越高，空气也不易流通，造成氧气不足，呼吸困难。在那种又热、又湿、呼吸又困难的环境下，矿工要尽量少穿衣物，有时几乎要赤身裸体；另一方

图 1　湖北大冶铜绿山的古代古铜矿井遗址

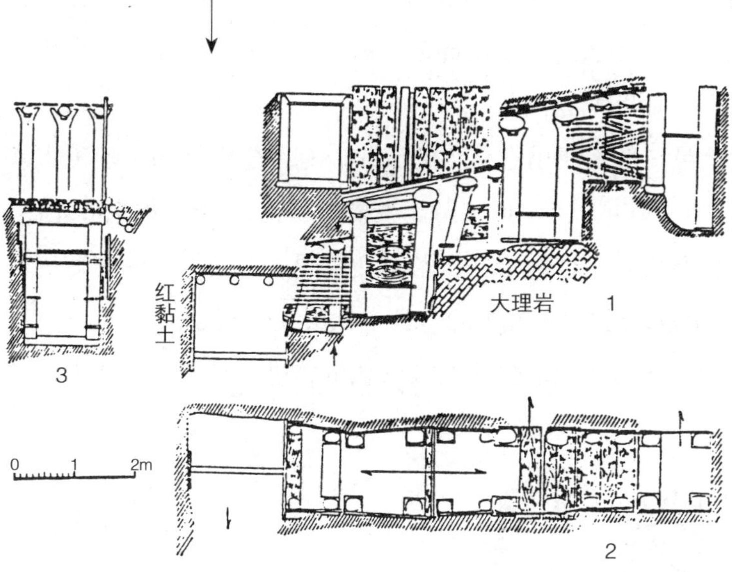

图 2　矿井支架的斜巷平剖面图

面又有煤气中毒的可能。矿井里呼吸的困难程度可以从金文的“深”◎字看出，此字作有木架支持的坑道中，有一站立的人张口喘气，冷汗滴下，难以呼吸的样子。稀薄及污秽的空气是深坑道中常遭遇的情形，故以之表达“深”的意义。

古代采矿不但工作环境差，而且时时还会有矿井崩塌的危险。现代采矿技术和安全设备都已远非古时候能比的，事故尚且时有所闻，在不重视劳工福利的古代就更不用说了。《史记·外戚世家》就记载西汉时一个事故：“少君年四五岁时，家贫，为家人所略卖，其家不知其处。传十余家，为其主人入山作炭，暮卧岸下百余人，岸崩，尽压杀卧者，少君独得脱，不死。”

采矿的辛苦和危险可从金文的“严”◎字看出。“严”有山岩及严厉两组意义，字形作一手拿着挖掘工具在山岩里挖掘矿粒后放入提篮以待运出穴道之状，且山岩之上已有几个运出的提篮。采矿多于山中进行，故此字有山岩的意义；因其管理严格而工作辛苦，故也有严厉的意义。“敢”◎字则就“严”字去掉山窟的部分，表示采矿不是易事，要有胆量的人才能胜任，是强调其危险性。

采矿显然不是一般人所乐意从事的工作，有些学者认为采矿工人常是被迫从事的。在商代或其前，矿工可能主要由罪犯、俘虏、奴隶等充任，上述的窦广国少君就是一个例子。在希腊、德国、芬兰等地的神话传说中，与锻冶有关的人物很多是残废的。日本秋田县的北部，“跛者”的意义与锻冶语音同。学者认为跛脚的人难以从事狩猎、渔业、战斗等需要

激烈行动的职业，故才选择锻冶业。中国古时有刖足的刑法，是一种对有反抗能力的罪犯的惩罚，防止其反抗而又不使其失其工作力，它可能起于控制奴隶从事生产的措施。为了洗矿、熔矿的方便，矿冶常设在林木众多的山区。茂密的林木易于隐藏，可防止罪犯逃跑；另外，如果工人跛了脚，就比较难远逃。而且在坑道中，正常人也难以行走，工作能力也不比跛脚者多多少。也许会用肉刑这种办法来控制矿工，后来为了人道的原因，较少肉刑，不得不发展有效的控制及组织的方法以防止其逃亡。有学者认为对金属热切的需求，促成了控制和管理人众能力的强固，促进了国家组织的早日完成。虽然很难估计控制矿工的技巧到底对国家组织的建立有多大的影响，但在中国，国家机构的建立与冶金业的崛兴，确实是约略同时的。

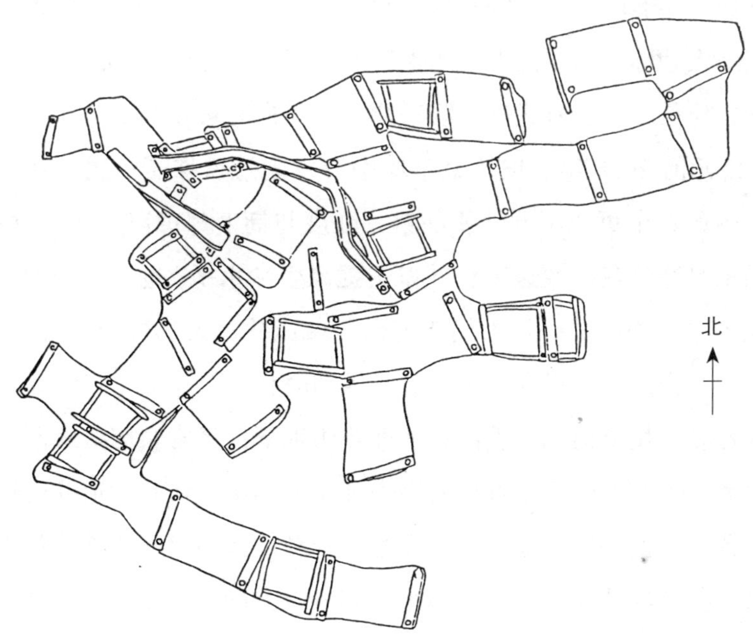

图3　铜绿山矿址的一组完整的井巷平面图，纵横交错有如迷宫

铁的使用

人类学家依生产工具的材料，把社会进化的历程分成三个阶段，即由石器而青铜器而铁器。虽然我们现在又发现许多新材料可以比铁更适用，但基本上我们可以说，还处于铁器的时代。铁还是最普遍、便宜、实用的材料。

铁是地表储量第二多的元素，但大多与他种元素化合，要经过冶炼才能取得，只在有限地区以天然形态存在，存量非常少。人类在好几千年前已从含镍低的陨石中获知铁的存在。陨石来自天上，所以古代埃及或苏美尔人就称它为“天上来的铜”或“天上的金属”。纯铁呈银白色，性可锻打拉长，并具有磁性。陨铁罕见，早期时被视为贵金属，多作为饰物；公元前 2900 年的埃及金字塔中曾发现过铁珠子。通过加热，含有铁与碳的合金可成不同性质的钢，硬度与韧度都可以大大超过青铜。可以用钢打造工具，改进工作效率，提高生活水平；也可以用钢打造武器，成为军事强国。一旦人们能把矿石炼成铁，大量打造工具和武器，社会层次才会进一步提高，才算进入铁器时代。

铁容易氧化呈褐色。铁器长期埋藏于地下，经常会因接触湿气而被腐蚀得无影无踪，因此很难从实物去证实人类历史何时知道铁的性质和打造铁器的。例如在中国，迄今发掘的春秋、战国时代的铁器都因锈腐而残缺，少有形体完好的，更不用说商或以前的铁器了。过去由于发掘的工作做得不多，没有早期的铁器出土，因此不少人怀疑中国在春秋晚期以前没有冶铁之举，对于提到铁的较早期文献，都想尽办法给予否定的解释。近年在河北藁城一个中商遗址发掘出一件嵌镶铁刃的铜兵器，另外存世也有西周铜兵器嵌铸铁刃的报告，这些都充分说明三千年前人们不但知道铁，还认识它的锐利性质，并且不嫌费工地把铁锻打成锐利的刃，再套铸于戈、钺一类的兵器上。幸好铁刃被套铸在铜中没有完全被氧化，才可测知其存在的痕迹。如果整件兵器都是铁做的，恐怕就会被腐蚀得全无痕迹了。

亚美尼亚人约于三千五百年前用炼炉把矿石炼成熟铁（或称海绵铁），再用锻打的方法成型。藁城嵌镶铁刃的铜兵器，由于残留的铁质量太少，难于做出肯定的科学性推论，到底是取自陨石还是熟铁。商人既已知铁的锐利优点，就不是初知铁的阶段。当时对矿石提炼为金属的技术已经有相当的经验，铁矿的分布又远较铜、锡等普遍。把铁矿提炼成海绵铁，一般只需要900℃~1200℃，也是商代的炼炉能够提供的。从地理条件和技术层次来看，商人有可能锻打熟铁以成器。如果藁城的嵌镶铁刃是熟铁，则中国炼铁的时间就不迟于西方了。

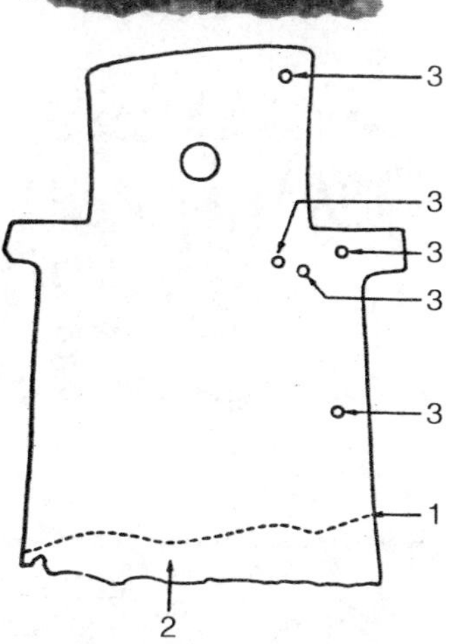

图1　河北藁城中商时代的铁刃铜钺X射线透视（上：透视照片；下：1、2，射线照出比重不同的物质；3，夹渣及气泡，铸造的现象）

近年的发掘工作证实中国于春秋早期已有锻铁，而春秋晚期已知用熟铁渗碳法锻打成钢，则铁的发展时期无疑会更早。有些学者认为西周时铁已习见。且春秋晚期《叔夷钟》即说某小国有陶徒四千，即陶工与铁工。由于铁锻打的方式太过费时，加之初期时技术恐怕也难把握，故成品少，要等到能用高温熔铁成汁以浇铸器物的生铁或铸铁后，冶铁业才大见发展。

中国至少在公元前6世纪就发展了生铁，比西方早一千五百年以上。用多块范铸器是中国传统的金属成器法，很可能在锻打熟铁阶段后不久，就发展到用传统的生铁范铸法。甚至有人以为中国先有铸铁，不像西方国家经过了好几千年，才由块炼铁发展到铸铁。

西方知道铁以及锻打熟铁都不晚于中国，为什么比中国迟那么久才能制造生铁呢？原因大概是中国古代铸器偏好用范的特性。从对商及前代铜器铸造方法的考察，发现在各种熔铸加工的方法中，不但是铸器，甚至对于花纹、零件等的加工，几乎也只用铸合一法，这与其他文明古国主要用失蜡法铸造，用铆钉、熔焊等种种加工法，显然有根本上的不同。中国要到春秋中晚期才使用失蜡、锡焊、铆钉等方法

图2　汉画像石上的鼓冶炒钢图像

制造铜器，故代表金属的“金”◎字是以范与型已套好待铸的形象表示的。中国的冶炼技术一贯只用汁液浇铸，与西方有一定的隔阂。而商代以来对陶窑的不断改良，至春秋晚期已能将炼炉的温度提高到熔铁的1500℃，故因势把铁烧熔成汁以浇铸器物，减低锻打成型所费的时间。

战争可能是春秋晚期发展铸铁的契机。那时诸侯交战频繁，士兵渐成职业化，从事生产的人员减少，不能不谋求增产的方法，改良工具是增产的主动力之一。但青铜是铸造武器所需，难以大量转用以为农具，故着眼于铁的铸造。铸铁虽易断折，不宜用于生命攸关的战场，但不妨锄土，大量铸造足以弥补其易折的缺点，所以很快就发展起来。铁对产业的影响可以牛耕作例子。商代就已知牛耕的应用，但因没有铁犁以深耕，效用不显，所以春秋以前不积极发展它。但使用铁犁后，牛耕可以有五倍于人力的效果，其效果明显，才大量使用。

春秋晚期的人们已发现锻打铸铁可以减少碳分，从而改良铸铁易折的缺点。也许是因为当时去碳成钢的技术尚难把握或成色不美，那时的名剑仍以铜铸为主。到了战国中晚期，生铁锻打成钢的技术发展成熟，铁才成为武器和工具的主要材料。以铁做铸器的型范，也可一再地翻铸，不必每次剔坏模型以取铸器，大大提高了生产速度。社会面貌因铁的普遍使用起了较大的变化，因之有以铁的广泛使用作为中国封建社会的开端。到了汉武帝时，以锐利为目的的生产工具和武器

◎金

大都是铁制，连日常用具和机械构件也逐渐被铁所取代，铜在前代的另一个重要特色——美丽的外观，也被轻便艳丽的漆器所取代。从此铜器铸造业一蹶不振，因其质料不太受燥湿、寒暑等外在因素的影响，通常只用于度量衡的用具上。

金、银与嵌镶技术

在金属中，金与银的性格最相似：储量稀少，富光彩，不受温潮的影响，不易氧化腐蚀，其外观和赋性迥异于他种物质，很容易引起人们的注意。尤其是它们都以相当纯的状态存在，且易于加工，不像其他的矿石要通过高热熔炼才能取得。所以从很早开始，金和银在各种社会形态下都一直被视为贵金属，以之打造装饰物或作为交换的通货。环地中海的一些古代文明，至少于公元前 3500 年就以金、银打造饰物，而可能于公元前 800 年以金银为货币。中国对这两种贵金属的认识和使用，依目前的资料看，起码迟缓一千年。大半是中国境内没有丰富的自然的金与银，才使中国异于其他的文明，选择了玉作为表现财富与身份的象征。

金是一种质软、色亮黄而富光彩的金属，它的延展性最佳，一盎司的金可锤打成 300 平方尺的金箔[①]，薄至 0.0001 毫米，以致现今追求新奇的人，竟能以之当点心吃。银则色泽亮白，最具反光效能，擦亮时，可反射可见光线的 95%，它也易加工，延展性仅次于金。其他的珠宝也要经它们的衬托才能显出风采。以金银制作饰物时，常加入他种金属增加硬度以适应经常擦磨服戴的要求。

商代的青铜铸造业已非常发达，精美的程度当时可算世界第一；能铸造 875 公斤的重器，随葬有成千上万的青铜铸件。当时的知识足以了

① 1 盎司约等于 28.4 克。1 平方尺约等于 0.11 平方米。

解金、银的优异性质而广加利用，但是迄今只发掘到少量的金银材质小件饰物及包金箔的器物，重量全部加起来不超过几盎司，银器则根本没有见过。当时人们怎么称呼金、银，当然也不清楚。

《尚书·禹贡》中梁州所贡的镠，后代注释家以为是黄金，也是不能证实的说法。金在商、周时代的意义是金属，尤其是青铜或其主要原料为红铜的器物，都以“金”相称。青铜器铸成时的呈色近于黄，后来受氧化作用才渐成青色，因此西周初期时，“黄金”一词指的还是青铜。《周易·噬嗑卦》的“噬干肉，得黄金”，是表达吃了没有把野兽体内的青铜箭头取出而制造的干肉，以至意外得到小财富，为可喜的现象。后来创造了“铜”字，“金”字才逐渐转称黄金，甚至战国晚期，它还经常指铜材，与黄金有别。如秦末年的《金布律》：“县都官以七月粪公器不可缮者，有久识者靡蚩之，其金及铁入以为铜。”到了汉代，金才普遍用以称黄金。

很显然华北地区少有金的储藏，中国人才少见使用。邻近中原的产金区是在楚国的领地，所以要等到春秋末期楚国积极参加中原的政治时，金的供应才足够流通而被选为大宗交易的通货。《管子·轻重甲篇》：“万乘之国必有万金之贾，千乘之国必有千金之贾。”以及赵王赐平原君赵胜黄金千斤以奖赏解邯郸之围的功劳，反映战国黄金流通量之大，与西周以前的现象非常悬殊。

商代的炼炉很容易达到银的熔点960℃，而且银矿常与青铜的合金材料铜、铅、锌等合成，经常是炼取这些金属的副产品。照理说，商代熔炼大量的铜锡，应副产一些银的，奇怪的是，正式的发掘还不见银的报告。西周昭王时代的《叔卣铭》：“王姜史叔吏（使）于大保，赏叔郁鬯、白金、趋牛。”所说白金很可能就是银。战国时期楚墓随葬器物的遣策也常见以白金称银。《尚书·禹贡》提到梁州贡银，它虽是春秋晚期根据传说记录的，以春秋中期已有银空首布的铸造，一般从装饰品的身份演进

图 1　加拿大安大略省博物馆所藏，公元前 11 世纪，晚商嵌镶金和银丝的铜车轴饰；长 15.8 厘米，最大直径 5.4 厘米

到通货需要相当久的时间，推测西周以白金称呼银是完全可能的，甚至更早的时候已有银制的器物。

青铜虽可因合金成分的差异，铸造赤红、赤黄、橙黄、淡黄以至灰白等不同呈色的器物。但一炉只能铸造一种色调的器物，难以铸造图案复杂且多彩缤纷以满足尽善尽美的追求，因此就有嵌镶技术的发明。开始是利用不同颜色的材料，用黏合或锤打的方式，把花纹嵌到铜器上；后来以金汞剂镏涂于器表，加热使汞分离而留下耀目的黄金薄层。商代偶有镶黏蓝色的绿松石或孔雀石的铜器或漆器，但一般以为要到春秋时代才逐渐有嵌镶金银的器物，镏金则要等到战国时代。然而加拿大安大略省博物馆藏有一件嵌镶金和银丝的晚商铜车轴饰，从各种迹象看，不会是伪造的，因此中国至少自公元前 11 世纪就有嵌镶金银的技术。此车轴饰长 15.8 厘米，其上装饰有浮雕纹，口沿是一对隔钉孔相向的龙，其下有四片蕉叶，终端是一只卷曲的盘龙；它于 1929 年入馆编号。近年发现在厚锈下，龙及蕉叶纹里有黄及黑色的嵌镶物，化验结果证实黄色的是金，黑色的是氧化的银，且金和银不只是表面的现象，都深及刻沟的底部。仔细检验，银的氧化现象沿着嵌镶的花纹，且层层重叠，不可能是铸后很久才加上去的。

宋至民初的收藏家只重视铜容器的收集，尤其是有铭文的，故青铜器图录于容器和兵器以外的东西寥寥无几；那时的人根本不知车饰的形制，伪造车饰以牟利的动机很小。如果要借重金、银的嵌镶卖得好价钱，也不应该使其掩藏在层层的锈下，令人难以发觉。

1936 年，中央研究院在安阳发掘到已被骚扰的商代车马坑，世人对

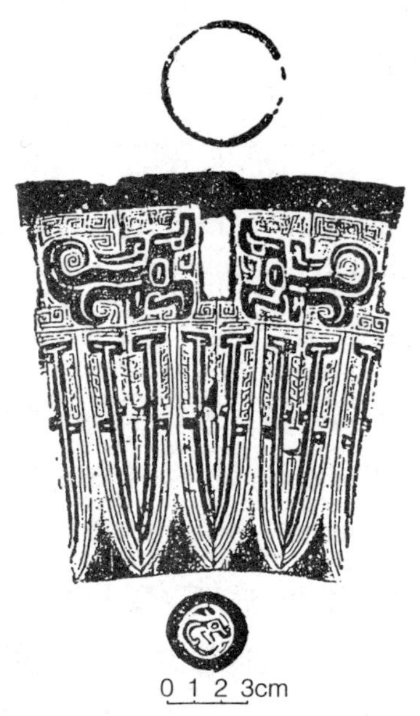

图 2　发表于 1955 年，河南安阳大司空村出土的铜车轴饰拓片的展开图；原长 15.3 厘米，最大直径 4.8 厘米

图 3　战国时期嵌镶金和银的青铜把手；宽 11.6 厘米

商代车马的装饰物才有一些认识。到了 20 世纪 50 年代，在安阳附近的大司空村，发掘到完整的车马坑，才能证实很多零件的用途及其在车上的位置。大司空村的车轴两端发现了一对圆筒形的装饰，其花纹的排列及形象，除了比加拿大安大略省博物馆的稍小及不在花纹中嵌镶金银丝，其余几乎一模一样。要伪造器物与几十年后才出土的纹饰如此相似，肯定是不可能的。

从出土的数量看，商代的金银可能比现代的钻石更为罕见和珍贵，很可能只有商王才偶尔使用嵌镶金银的器物殉葬，很可惜商王的墓都被盗掘一空，至于其他正式发掘的墓葬亦未见金银器物。不管金银出土的量如何少，商代肯定已对贵金属金和银有所认识和使用。

漆
——古代少数人的奢侈品

油漆是现代生活中一种不可缺少的普及而又价廉的物质，它被普遍涂于器物表面以增加美观，并延长器物的使用时间。但这是化学合成油漆发明以后的情况，在之前，自然漆是一种只有少数人才用得起的奢侈品。

自然漆取自漆科木本植物的树干脂液，主要成分是漆醇，是经过脱水加工提炼而成的深色黏稠状的液体。此浓液涂上之后，等到溶剂蒸发即成薄膜。空气越潮湿则漆越容易凝固，凝固后具有高度抗热和抗酸力，经过打磨更能映出鉴人的光亮。它于干燥后呈黑色，如果溶液加丹朱则成红色：如调和其他矿物或植物的染料和油，则更能调出各种浓淡的色彩。

中国人知道利用漆应有五千年以上的历史。在浙江余姚河姆渡一个五千五百年前的地层，出土一件有红色涂料的木碗。江苏圩墩一个五千年前的遗址也出土涂有黑色和暗红色保护涂料的木器。它们的物理性质都与漆相同。虽还有待更精密的化验才能证实是否是漆，但此两遗址都在适宜漆树生长的潮湿地区，应可确定此保护剂即为漆。

中国传说漆器始于四千五百年前，《韩非子·十过篇》：“尧禅天下，虞舜受之。作为食器，斩山而为材，削锯修之迹，流漆墨其上，输之于宫为食器。诸侯以为益侈，国之不服者十三。舜禅天下而传之禹，禹作为食器，墨染其外，朱画其内。”一点也不夸张，甚至年代还有点保守。

商代的漆器已颇为鲜艳，有时也涂于木器之外的陶器、铜器、石器、

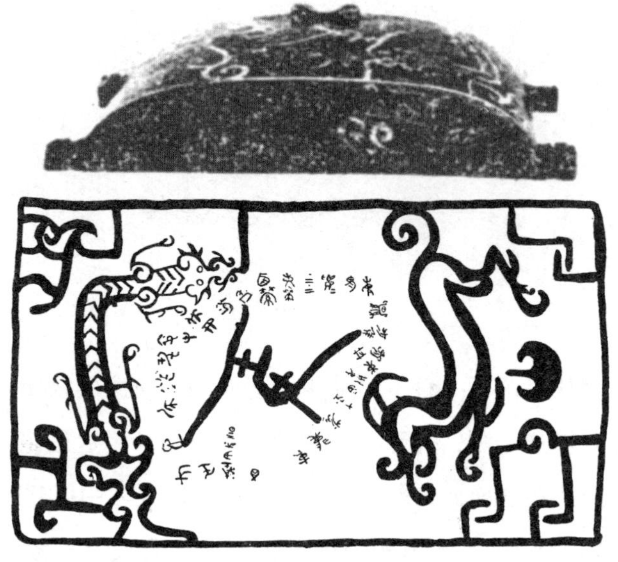

图 1　湖北省随县曾侯乙墓出土的战国早期的彩绘二十八宿漆箱盖

皮革等不必加以保护的器物上。后来又把漆涂于苎麻布之外，成品轻盈鲜艳，为铜器所望尘莫及。日本新石器时代的陶器也有涂漆的例子，且早于木器涂漆。可以想见，古人用漆，最初是借重其光泽，后来才发现其薄膜有增加木器耐用的性能，因此大量施用于木器。木材大半平淡无奇，不加漆涂就显不出其令人喜爱的花纹和光泽，所以漆业的发展与木器业有密切的关系，而木器业又与其制造工具的材料有绝对的关系。

早期的漆器出土很少，可能是因为漆主要施用于木器，难于长期保存于地下，或漆层太薄，脱褪不显了；也可能商代以前木工的工具是石制或铜铸，制作木器费时，故使用不多。到了铁器大量使用的春秋、战国时代，才大量出土种类广泛的漆器，包括食具、家具、武器、乐器、墓葬、日常用具等，应有尽有。很多楚地漆器经过两千多年的埋藏，出土时还鲜艳如新，色彩有鲜红、暗红、淡黄、黄、褐、绿、白、黑、金等多种。

漆是潮湿地区的特产，其使用和生产当以江南地区为多，故《吕氏春秋·求人篇》说："南至交阯、孙朴、续满之国，丹粟漆树。"但是在商代以前，气候较现在温湿得多，居住华北的人多而华南尚少开发，故漆树的栽培有可能华北较发达。《尚书·禹贡》说济河唯兖州，即今之山东，"厥贡漆丝"；荆州唯豫州，即今之河南，"厥贡漆枲絺纻"。但春秋以来，肯定江南漆业远较华北兴盛。

漆的采集，是先以刀割破树皮，而后插入管道让汁液顺流入桶。漆汁产量有限，且采集有一定季节，加以制作过程烦琐，又不利于人体健康，所以成为贵重的商品。从汉代漆器的铭文可知，漆作坊中有素工、髹工、上工、黄涂工、画工、鸠工、清工、造工等专门分工，远较其他工艺为细；且每件器物都要经过多人之手才能完成，故汉代的《盐铁论》有"一杯卷用百人之力，一屏风就万人之功"，其价格则"一文杯得铜杯十"。漆确是奢侈品，制作小件器物，士大夫还用得起。如果以之施用于房屋或宫庙，连诸侯也要被责为僭制，如鲁庄公二十三年丹桓公楹，《左传》《穀梁》《公羊》三传一致以为非礼。

漆器价格高，且不是生活必需品，故战国时代别的商品大都课以什一之税，而漆林课税则为其二倍半，统治者还特设专门机构管理以收专卖之利，庄子就曾经为漆园吏。到汉代，专卖之制还推广到铁和盐两种生活必需品。种漆树的获利大，故有谚语："家有百株桐，一世永无穷。"

图 2　河南信阳战国初楚墓出土的彩绘凤虎漆鼓架

人们晓得漆的物理特性而涂

图3 18世纪，清代乾隆朝镶嵌白玉戏童的红、绿、褐三色山石楼阁浮雕漆柜；高41.5厘米，长34.4厘米，宽25.5厘米

于器表后，首先发展的工艺大半是彩绘，那是能够调出多种颜色后的必然发展；它主要利用调油后得到较浅的彩色，以之在较深的底漆上勾画图案。接着大概是镶嵌，它利用漆能黏固的物理性能，把不同材料和颜色的东西嵌黏成图案；绿松石是商代常见的镶嵌材料，其他还有牙蚌、金属等。不过古代的镶嵌技术较为粗陋，且镶嵌物突出于器表，不便使用，而且易于脱漆而掉落。现存明清时代的螺钿镶嵌作品，可能始于唐代。螺钿剪得细而磨得薄，以之拼贴成繁缛的图案后又上漆打磨，螺钿就永不脱落，器面也平滑如镜，兼有五彩闪烁的效果。如果再配以金银丝的镶嵌，就更色彩斑斓。填漆是与镶嵌相似的工艺，也起源于商代或更早，是在器上剔刻花纹，填以异色之漆，后来改良再加磨平。如在漆器上填以金银的屑，就是贵重的戗金、戗银器了，这些大致也起于唐代。

表现漆艺最高造诣的是漆雕，或称剔红，因为所雕的主要是艳丽大方的红色漆器；那是在厚厚的漆层上雕刻花纹图案，显出立体的感觉。一般的意见，它源自汉代的针刺，唐代代之以刀剔刻。涂漆只能等一层干后再上一层增厚，每层需要两三天的时间阴干，汉代已有建造阴湿的“阴室”以加速其干燥的过程。有的器物厚达二百层，不难计算其制成所需的时间，因之价格必然昂贵。雕刻不但可施于单色的漆器，还可利用不同颜色的漆层，雕出红花绿叶、黄地黑石、高低有次的立体图案。有些图案的边缘还可设计成异色相间，好像大理石的花纹，增加趣味，称之为剔犀。

古代玉器

中国人之喜爱玉甚于金银是世界有名的，在古文明里只有玛雅人有类似的偏好，这大半与中国的资源有关。当人们寻找优质的石材以打造工具时，偶尔会碰到黄金以自然元素的形态存在；它有美丽而光泽的色彩，又具有延伸性，易于打造量轻的饰物，而且不腐败，显然比粗重朴素的石块易于受到人们的喜爱而被珍贵。但在中国，主要产金地是春秋时代的楚国。在楚国参与华北地区的政治活动以前，遗址极少见到黄金打造的器物。由于新石器以来，人们所见到的材料没有比玉更美丽的了，所以玉一经被发现，自然得到万千宠爱。爱美是人的天性，人们不但以玉装饰自己，并用其作为地位的表征。后来金银等材料虽被发现，但几千年来，珍视玉的传统一时难以去除，故金银虽有经济上的价值，在阶级象征的意义上还是输给了玉，以致这种现象成为一种独特性的中国文化。

玉是进入磨制石器的新石器时代后才会有的事物。简单地说，玉是种质料凝重细致的石头，它不但比一般的石头更具效用，经过雕琢后，其纹理致密，色泽晶莹，令人爱玩不已。现代科学所说的玉是辉石的一种，有软硬之分，比重约为水的三倍；前者的莫氏硬度在 6 到 6.5 级之间，后者硬度为 7 级，两者的晶体组织不同。玉因所含杂质、沉积等因素，呈色有青、绿、白、黑、褐等不同颜色。不使用仪器，只靠肉眼很难从表面对玉加以鉴定。肯定在很多古人的眼中，只要石头有坚硬致密的表面，可磨成带有温润光泽色彩的便是玉，不一定指现今科学定义的玉。

譬如说，良渚文化的墓葬发现很多制作精美的石器，其形状看起来不具实用性，但无疑具有某些宗教性的意义，肯定已被当时人视为玉；但它们的硬度只在 2.5 到 4.5 之间，与真正的玉相差甚多。

玉初因美丽而被接受，一旦价值大大升高，社会以之作为阶级的象征，就必然得认真鉴定玉中之良者了。大致说来，判断玉之好坏，除依靠玉器表面所呈现的色泽，古人所能依据的就只有它的重量了。商代贵族大墓随葬的玉大多来自几千里外的新疆，是河边的和阗玉和叶尔羌玉，以色泽和重量来判定玉之优劣的意识可能早就已经有了，但到了汉代才见之文字。东汉郑玄注《周礼》有“玉多则重，石多则轻”的解释。

在古时，由于对玉的定义一般还是含糊的，因此对中国何时开始使用玉作为饰物或礼器，很难取得一致的见解。开始时，玉材大半捡拾自河边，后来才晓得向深山挖掘。甲骨文的“璞”◎字，作双手拿着挖掘的工具在深山中挖到玉材而置放于篮中之状，表明三千多年前中国人就有开采玉璞的知识和经验。但是史前质量较高的软玉，都不是开采自华北地区，而是来自遥远的地方。“璞”字所表现的可能是华北邻近的次级玉的开采。

中国的高质量玉材既然以远地交易而来的居多，那么以古时的运输水平，要半年的时间才能把笨重的玉材运到中国来，不用说，获得不易则价必昂。玉之获得虽不易，但是商代墓葬中玉器的数量却可媲美铜器，如以妇好墓作例子，墓中出土大小玉制品 755 件，而铜器才 468 件。古人如此喜爱玉，不惜工本大量输入，必有其在社会上的功用。

◎璞

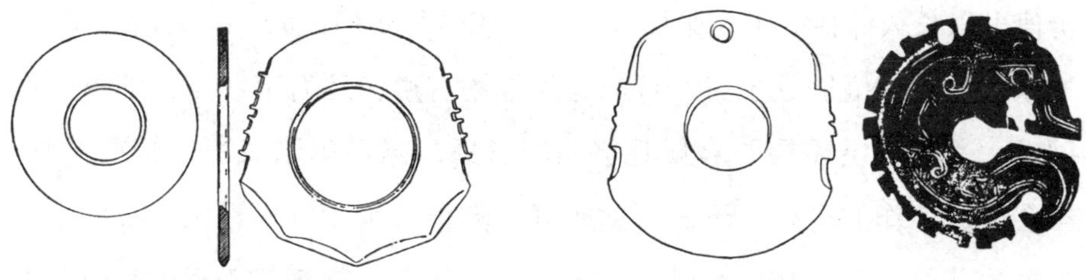

图 1　商代玉器磨琢的一般种类和形状

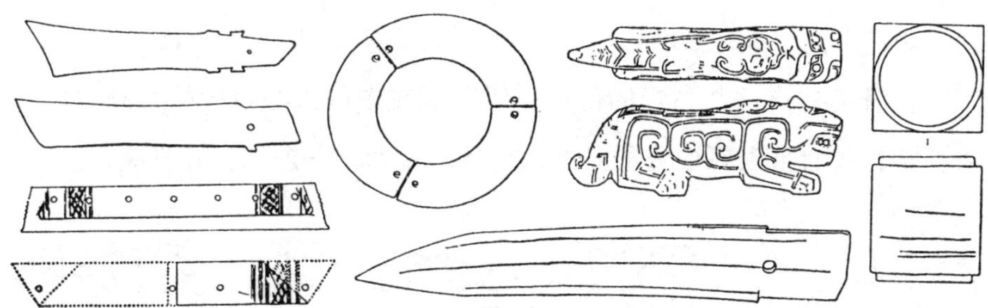

图 2　商代玉器磨琢的一般种类和形状

中国大致于公元前 3000 年开始使用玉，那时社会中的阶级已开始分化，有人不必劳动便可以依赖他人的生产成果过活。在这种阶级分立时，世界各地普遍有穿戴某些装饰物的特权，以表达其高人一等的地位，常见的饰物有罕见的鸟兽毛羽、齿牙、金贝，而中国人选择了玉。

中国古代玉器的制作有几大类，最重要的是没多大实用价值，但作为权位象征的东西：一是直接仿制刀斧等武器或工具的形状制成的器物，一是由之变形的圭、璋、璜、琮等祭祀、行礼的用具。它们是大贵族颁给小贵族，作为合法权位的信物。一如非洲，内陆的土著人没有海贝就没有充当酋长的资格。中国古代也许有类似的习俗，故贵族们不惜费时费力也要获得它。

玉的次一类是制作装饰物。玉有温润光泽的表面，比起很多素材美丽作为随身佩带的饰物来，既可以增美又可以示人财富，且玉不败坏，价值可以长久保持。玉质坚而细致，磨成薄片相撞击时，声音清爽悦耳，如以之作为璜佩服戴于身，行动之间铿锵有声，还有节制步伐的肃穆作用。尤其是统治阶层要表现其悠闲的形象，佩戴串联成组的笨重玉佩，虽会妨碍工作的进行，不是劳动所宜，却正合绅士标榜形象的目的，故玉被比美君子，以修养有成的君子的五种最高品德来赞美玉的品质，它们是《礼记·聘义篇》所说的："温润而泽，仁也。缜密以栗，智也。廉而不刿，义也。垂之如队，礼也。叩之其声清越而长，其终诎然，乐也。"因为被赞美拥有这些高贵的德行，所以玉在中国人心目中的崇高地位一直不坠，较之金银更被爱藏宝重，并有"君无故不去玉"的习惯。

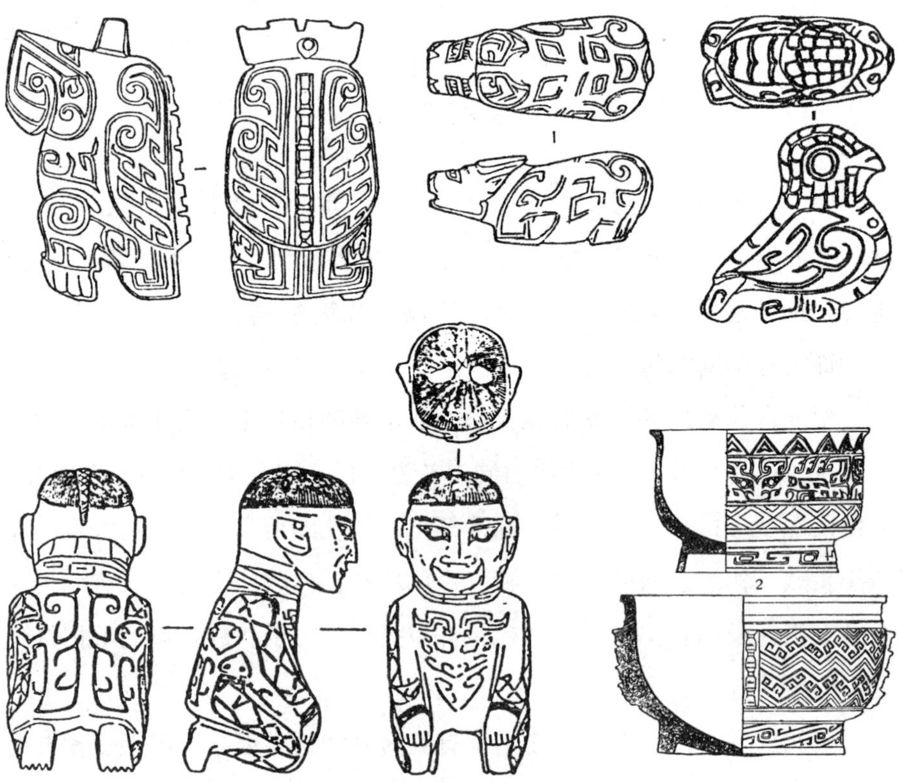

图3　商代立体玉雕的一些例子

玉后来又被制作成专为埋葬的用品。玉很早就被发现于墓葬，但比较可能是作为权位的表征。东周以来人们开始以玉缝制面罩，以玉塞耳、鼻、眼等孔窍，甚至动用数千玉片以缝制玉衣，除了可能因相信玉有增益生命力的积极保健意义外，大概还有希望尸体不腐或保护灵魂不受妖邪侵犯的思想了。

玉的硬度比铜铁高，其成型只能利用砂石一类高硬度的东西慢慢蚀磨。所以早期玉器的造型肯定较简单，技巧粗陋。越文明，人们追求玉器精美的要求也越高，人们不再满足刀斧一类简单的造型，于是轮、锯、钻、锉等工具也陆续被发明，于是玉器从蚀磨发展到线刻繁缛的象形，终于到达最高技巧的立体雕刻。商代有很高水平的立体玉雕，已达成熟期，战国时代则有更进一步的发展，汉以后玉雕工艺就很快萎缩，到了清代再次兴盛。

古代玻璃不透明

玻璃在现代是制造器皿及装饰用具的普及材料，其多彩鲜艳、光泽晶莹的特点是他种材料所难比拟的。制造玻璃在古代的西方是种重要的工艺，但在中国却不入主流，可能因为中国其他材料的工艺过于发达，阻碍了玻璃工艺的发展；也可能它不易制作，产量少，造价高而又易破碎，除了制作饰物及礼仪用具，没有其他实用上的价值，才发展不起来。

玻璃于四千五百年前已出现于两河流域及欧洲，三千五百年前也已能铸造容器了。玻璃出现于中国遗址的年代虽晚，但至迟春秋时代便已存在。可是当时的文献却不见提及，最早提及的要推《汉书·西域列传》："罽宾国出……璧琉璃"，以及《汉书·地理志》下："有黄支国，……自武帝以来皆献见。有译长，属黄门。与应募者俱入海市明珠、璧琉璃。"南北朝以后出现绿琉璃、瑠璃、玻黎、颇黎、玻璃等词，这些名词想是外语的音译。而且也经常提及它来自海外，如《北史·大月氏传》："太武时其国人商贩京师，自云能铸石为五色玻璃。于是采矿山中，于京师铸之。既成，光泽乃美于西方来者。"故研究者一向以为玻璃是通过丝绸之路或海路，从西亚或中亚引进的。

三十多年来的考古发掘，几次在西周遗址发现类似玻璃器物的小件，学者才开始探讨中国自行自制玻璃的可能性。那些遗址发现的小管、珠，主要以二氧化硅晶体的形态存在，和不能有太多晶体的真玻璃有所不同，故一般认为它们只能算是彩陶，还不是真正的玻璃。但有些人则以为其成分与同时代的釉陶胎很不同，陶胎不透明，只有釉层是透明的；但这些管、珠呈现的浅蓝色是半透明的，由体内向表层透出，应可算是原始的玻璃了。西方的玻璃属于含钙、钠的系统，中国战国时代的玻璃则含有很高的铅和钡成分，属于另一种系统，而且其造型和纹饰也都表现出强烈的中国风格，因此认为中国的玻璃是独自发展起来的。

釉也是种玻璃质，只是它薄薄地附着于陶胎上，与整体都是玻璃质的玻璃有差别，但两者外观相似，容易混淆，后代也以琉璃称彩色釉的陶器。商代被称为原始瓷的青色透明釉陶器，釉层甚薄，有时是飞灰附着于陶胎而形成，非有意的烧制。其釉层不可能脱离陶胎而成玻璃块，故推测中国玻璃的发现与冶金业有关，而非与烧陶业有关。

西周遗址出土的类似玻璃成品，管内有时可见陶土和草秸纹，判断与西洋早期的玻璃相似，是用衬芯法制造的。那是用黄土加白灰混合作料，以铜丝裹土料作芯，然后以芯卷取熔化的玻璃加工成管、珠的形状，以致在内壁留下未除净的黄土及草秸纹痕迹。这种玻璃成品很可能是炼铜排除废渣时，偶尔拉出玻璃丝，或遗落地上成玻璃小块，才引起人们注意的呈浅蓝色有光泽的新物质。而且，这种偶然发现的玻璃，其成型只能是冷加工，但衬芯法显然是对玻璃溶液的热处理，是进一步的阶段，是以矿渣混合黏土低温融炼出来的，因此它的萌芽期应早于西周初年。

西周有一遗址发现此种管、珠、嵌片达一千多件，数量比迄今所发掘的春秋时期玻璃器还多。如果这种玻璃器西周时已如此大量生产，春秋时代不应反而寥寥可数。春秋时期的玻璃，其成分与西方相同，也大都属于钠玻璃一系。从发掘来看，西周类似玻璃的器物腐蚀褪色情况都相当严重，也许西周时代的玻璃是因呈色不美、成品不精、易褪色而被

图 1　战国时代的陶胎玻璃管、珠，色调有蓝、褐、黄、绿、白、黑等

人们扬弃的，然后到春秋时才有少量从外域引进的高质量的玻璃。很可能战国时人们发现的含铅、钡的玻璃制品有玉的感觉，颇合中国人的要求，因此大量制造，不自西域进口。

战国时代是中国自制玻璃的盛期，成品多样，除前期淡绿、淡蓝色的小管、小珠外，又有青色的璧、带钩、蝉，以及多种颜色相叠的蜻蜓眼珠、蓝绿色镶片、剑珌、剑首、剑珥等。这些制品大都是小件，既被作为与金玉等值的贵重装饰品，又被作为权位的表征。到了汉代，玻璃应用略广，出土的玻璃制品不仅有带有蓝、黄、白、褐色的串珠、鼻塞、耳塞，甚至还有容器。

既然战国时候玻璃的制造最盛，为什么文献不见提及呢？也许当时另有名称；也许铅、钡系的玻璃是温润光滑而不很透明的东西，它与玉的外表非常相似，中国人以之当作玉或仿玉来看待，因此把它归于玉类，没有给予专名，故而不见于文献。

玻璃在中国因似玉而被看重。东汉以后，或因战乱，社会不重礼仪，玉雕工艺衰微，连带仿玉的玻璃工艺也因此衰败。但是西方的钠玻璃是清亮而透明的，有鲜艳的色彩。《魏略》说大秦的玻璃有青、黄、黑、白、赤、红、缥、绀、紫、绿十色，显然比中国的呈色多。而且钠玻璃的流动性大，易于制作容器或大件东西，不限于小装饰品，如《西京杂记》说昭阳殿窗扉多是绿琉璃，大概那时的成品以西域进口的为多，故也以音译称其材料。

玻璃因为生产量不多，在中国是贵重物质。但在西方，公元前七八世纪已相当普及，尤其是公元前1世纪叙利亚发明吹气成形法后，使玻璃的制造费大减而成大众化。吹气法制作器物器薄量轻，利于贸易运输，这使玻璃器更为实用，致使玻璃制品深入人们生活的各个角落。东汉以后华北多胡人，他们较熟悉西方的器物，可能也是中国玻璃业不振的原因之一。中国大概要到隋代才知应用吹气成形法，但也一直没有大发展，要等到清初于宫廷设厂制造玻璃后才见兴盛，但它主要是为贵族服务，少行用于民间。

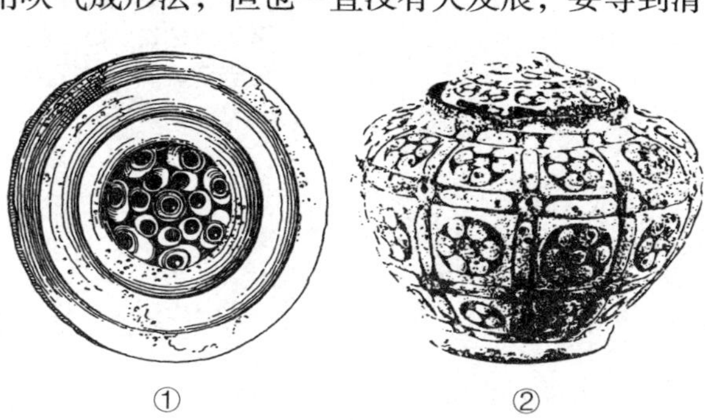

图2-1　春秋至汉代的一些玻璃器物
①战国镶嵌墨绿玻璃的鎏金铜饰件
②战国陶胎玻璃罐

东汉以后玻璃工艺的式微，可能与玻璃釉的发展也有关系。当时的人们去除了使釉不透明的含钡成分，乃发展光亮的单彩绿色与棕色的铅釉陶器，并以之制造各式的随葬明器。后来又继唐三彩之后，发展多彩的琉璃瓦以装饰屋脊。

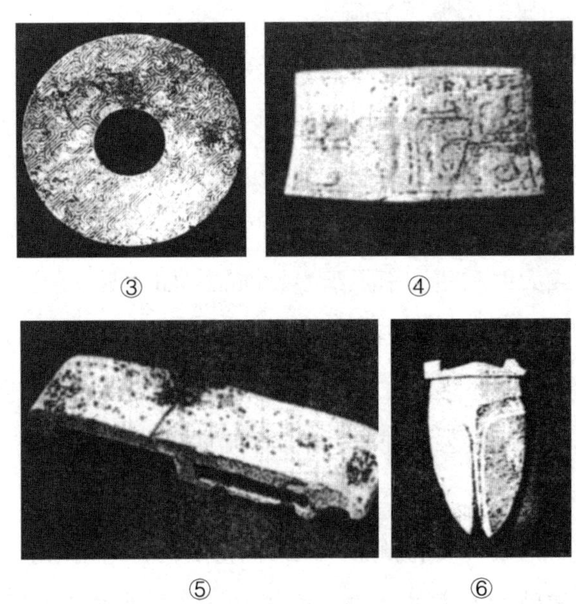

③　　④

⑤　　⑥

图 2-2　春秋至汉代的一些玻璃器物

③春秋晚期玻璃璧

④西汉玻璃剑饰

⑤西汉玻璃剑饰

⑥战国玻璃蝉

食　物

维持生命一定要仰赖食物，所以寻找和生产食物始终是人们最重要的活动。饮食的习惯取决于地理环境、生产技术、人口的压力以及文明发展的进度。过游牧还是定居的生活，往往取决于食物取得的难易程度。如居住于高纬度或高山地区的人们，因气候较寒冷，需要摄取高热量食物御寒，该地区菜蔬难生产，肉食也能保存较久，故摄取肉食的比例要较低纬度的高。但单位面积内肉食动物的产量远较植物少，故食肉多的地区，人口也往往较稀。

食物也是辨别一种文化的好标尺。人最初考虑的是根本的果腹问题，渐及味觉，最后才讲究进食的氛围。故饮食习惯可以约略看出一个社会发展的程度。譬如农业社会，一清早就要到田里去工作，需要丰盛的饭食以补充消耗的能量，故早餐最重要。然而在工商业社会，工作的时间较迟，能量消耗也较少，夜晚是家人团聚的时间，有较多的活动，故形成晚饭最丰盛的习惯。又如没有食物保藏的措施，由于夏天肉类比较容易腐败，就要避免宰杀而多吃植物性食品。但是一旦食物冷藏技术有所发展，夏天不怕肉食腐败，而某些水果、菜蔬又可以保藏很多天，当然冬夏季节所摄取食物种类的悬殊情形可望降低。

中国人喜好饮食，自古以来随葬往往以食具为主，但习惯也有不同，如商代重饮酒之器，而周代则重用食之器。中国人之长于烹饪举世闻名，至迟商代已甚注重食物的味觉以及进食的氛围，用食有一定的器具与摆设，还有礼仪与乐舞助兴。本文拟就食品的种类作一些介绍。

通过遗物来探索古人用食的品类是最直接的途径，但食物残余能保存于地下的不多。科学家也试从各方面去探索古人用食的品类，如试从粪便、骨骼判断摄取食物的种类。从粪便中的纤维素、蛋白质、脂肪等成分，可测知摄取食物的大类；而通过骨头中骨胶原的同位素分析，可以计算出所摄取的蛋白质有多少是来自陆生或水生的动物。

以现今灵长类动物主要以蔬为食看，早期的猿人亦不例外。对南猿人牙齿的研究可知，大约距今五百五十万年前，南猿人已开始吃昆虫等动物。在农业未兴前，人们主要以采集为生，辅以渔猎。采集的植物大半以干果及水果为多，因残壳不可能在地下保存过久，难知具体的采集种类。在中国，能肯定的植物品类有橡子、菱角、酸枣、葫芦、毛桃、甜瓜子、蚕豆、芝麻、麻栎果、杏、榛子、松子、油菜、莲子、小叶朴等。至于渔猎的种类，因有遗骨可以检验，大致有所了解。从一万多年前，因捕猎技术的改进，不少庞大的野兽都成为被捕食的对象。商代以前捕猎的动物以猴、猪、牛、羊、鹿、獐、犀、象、狗、虎、熊、貉、鼬、獾、獭、猫、狸、鼠、豹等较常见。但人口增加到狩猎不足以供应足够的食物时，人们就不得不发展农业，再次越来越倚重蔬食。在畜牧与农业有相当的发展后，除了猪、牛、羊、犬等家畜外，经常被捕猎的野生动物大致只是那些妨害农作的鹿、獐等可数的几种了。

早期的人们虽居近水之处，但因无渔钓的工具，主要捞取软体贝壳及蟹、虾、龟、鳖、蛙等为食。有了枪、矛、弓箭后，人们捕获水生动物种类也渐多，六七千年前的遗址曾发现很多水生动物的骨骸，可鉴定的鱼类有鲤、鲫、鳢、鲶、鲻、鲷、黄颡、草鱼等，海岸的遗址甚至还有鲸及扬子鳄。后来人口压力大，人们被迫远离河岸去生活，虽也发展人工养鱼，但鱼类还是比陆上肉食更为珍贵。

图 1　山东诸城出土东汉晚期画像石上的庖厨图摹本 *

* 烹制的菜肴主要是肉食，且有宰牛的现象，非公侯的厨房恐怕不能有此景。

在农业发展前，鱼、肉可能并不是难得的食物。但随着人口的增加，不能不越来越倚重可以提供更多食物的农业。人类摄取食物的变化，可以墨西哥的德匡坎河谷（Tehuancan）地区为例，在八千年前农业刚发生时，肉食约占 54%。农业已产生一段时期后的六千多年前，肉食的比例已降至 34%。四千多年前全年经营农业时，肉食只占 30%。往后到三千四百年前，比例为 31%。到二千七百年前为 29%。到二千年前为 32%。一千二百年前为 18%。四百五十年前只剩 17%，肉食分量慢慢减少的现象非常明显，中国也不例外。

发展农业就要开垦森林荒地。不但野兽失其栖息之所而不能大量繁殖，家畜的数量也不容许增加太多，因此肉类食品才越来越珍贵。春秋时代“肉食者”遂成有权势者的代名词。《孟子》所提倡的理想王政：“鸡豚狗彘之畜无失其时，七十者可以食肉矣。”要在太平时代，且只有老人才能吃肉，可见肉食在战国时候是多么稀罕。《礼记 · 王制》有：“诸侯无故不杀牛，大夫无故不杀羊，士无故不杀犬豚，庶人无故不食珍。”反映肉食的品级及短缺的事实。一般大众，大概只有在节日或贵客来访时，才会有机会食用肉类鱼鲜。春秋时代以后，牛成为拉犁耕地的主要劳动力，羊则在不妨害农业的条件下才饲养，故一般的肉食为猪，而牛则是皇帝赏赐臣下的特恩。

谷物是有史时期中国人的主食。商代最重要的是小米；麦是稀罕的谷物，其种植渐被推广。至汉代时，小麦已取代小米成为华北的主粮。至于华南地区，则一直以稻米为主食。稻米的味道可能被认为比小米和麦都要美好，一直被认为是美食而为富贵者所喜爱。孔子曾经以食稻与衣锦并提，认为是种奢侈的享受。大豆味虽不美，但营养丰富，易于成长，成为贫穷人家的常食，干旱时甚至成为大众的主粮。从上引德匡坎河谷的食物摄取现象可知，发展农业后，要经历五千年以上的时间才能大量减少野生植物的食用。《诗经》一书提及菜蔬有64种之多，但很多属野生，非栽培的品种，常提及的有葫芦、韭菜、苦瓜、蔓菁、萝卜、苦菜、荠菜、水芹、水藻、莼菜、豌豆、竹笋、莲藕、卷耳、桃、李、梅、枣、榛、栗、桑葚、木瓜、杞子等。想来商代蔬果的品种更要少。

从石煮到铁锅

——烧食方法的演进

人不能不吃东西，不但寻找食物，就是准备食物的过程，也是人们很重要的活动。而饮食的习惯取决于地理环境、生产技术以及文明发展的进度，所以，食物也是辨别某种文化的好标尺。人类最初只考虑最根本的果腹问题，渐及味觉，最后才讲究器皿、礼仪、气氛、营养等事，因此，我们从进食的习惯可以约略猜测一个社会发展的程度。中国一向以美食闻名于世界，其烧食方法的演进过程想必有其特殊之处。

从现今灵长类仍以蔬食为主食看来，早期的人类亦不应例外。对南猿人牙齿的研究可知，距今五百五十万年前，人猿已经吃食动物了。到二百万年前食肉之风则更为普遍。在不知道用火以前，人类自然和其他野兽一样生吃食物。跟野兽相比，如果说人类有比较高明之处，恐怕也只限于懂得敲碎骨头，吸食骨髓而已。

在云南元谋猿人同一地层的不远处，有炭屑、烧骨、石器、动物骨骼的遗留，这些被学者认为是中国境内最早的火食证据。此遗址被判定为一百七十万年前，但近来有人提出异议，认为只有七八十万年。火的使用不但促使人类的饮食习惯发生了大变化，也促进文明的产生。因为煮熟的食物易咀嚼，容易消化，养分容易被摄取，使人类体质增强，头脑发达，也可以减少病痛，增长寿命，最重要的是它能增加味

图 1　鄂伦春人的石烹法示意图

觉的美感。所以人类一旦发现火食的这些好处，自然很快采用而成为习惯。

现在日本人有生吃鱼鲜的习惯，但很少生吃哺乳动物的肉，一来怕有寄生虫，二来也不易咀嚼。但是《史记·项羽本纪》记载鸿门之宴时，项羽赐食樊哙："则与一生彘肩，樊哙覆其盾于地，加彘肩上，拔剑切而啖之。"这也许是项羽要试试樊哙的胆量，因而故意给予尚待烧炙的生肉，并非中国当时仍有吃生肉的习惯。

可以想象最原始的烧食应是把肉直接放到火上烧烤，但是这样的办法很容易将肉烤焦，也很可能在烧造陶器之前，人们也有间接烧食法，以泥土包裹兽肉在火上烧烤，及用叶子包裹食物放在带火的灰里煨熟。不过，直接烧炙法却不适合施用于蔬菜。有些原始氏族于外出打猎无法携带炊具时，便利用"石煮法"来烹煮食物。这种方法可谓由来已久，它是选取较大的叶子或树皮，折成船形的容器以盛清水及鱼肉、菜蔬，然后捡取石卵洗净，以火烧烤之，接着用竹箸夹起烧热的石卵放进容器，石卵的热通过水的传递，慢慢把食物烫熟。有些氏族甚至日常也用此法，在树皮做的筒中煮食。

至于不能用石煮法的谷物则用竹煮法。那是以竹筒装水及米，用树

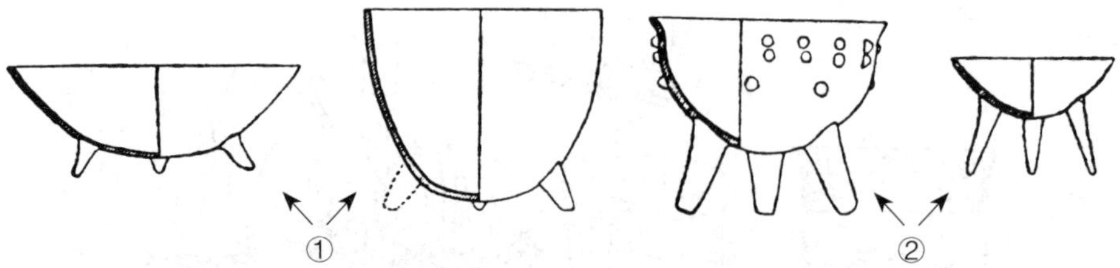

图 2　①八千年前的三足陶器形，大多数夹砂，利于传热，但支脚太短，不能确定其确实用于烧食；②七千三百年前的三足鼎，夹砂，高支脚，无疑已用于烧食

叶紧紧封口，然后把它放到火上烧烤，一直到竹中清水烧开而焖熟谷物为止。甲骨文“燮”◎字就是作手持细长竹节在火上烧烤之状的会意字。人们一旦发明了这种烧食法，等到陶器一发明，马上就用之于烧食，可免去每次更换竹节的麻烦。

人类大约在一万二千年前开始烧造陶器。陶器最早的作用是盛水，很可能是因以石煮法在陶器中烧食，从而发现陶器也有传热的功能，乃改良从陶器外头烧烤，使里面的水烧开而煮食；其后人们很快又发现陶土若掺沙，可加速传热的效果，乃大量使用从陶器外间接煮食的办法。我们可以想象那时的人们，开始时把陶器架在几块石头之上，在其下之空隙烧柴，后来，把临时找来的石块改良成高度齐平而稳定的陶支脚，甚至把支脚连于器身而成鼎、鬲的形状。约八千年前的河南新郑裴李岗遗址，出土有陶支脚及三脚陶鼎，大致可知当时的人们已使用此种间接煮食法。在华南地区，人们住于干栏式的房子，无法在木板上烧火，所以六千年前的浙江余姚河姆渡遗址，就改良用陶灶架锅盆。大概战国以

◎燮

来砖灶就成为每个房子不能少的构筑了。

我们从出土的器物测知，到了七千多年前，又增加蒸煮一法。那时有像甑类的大口盆陶器，底部挖有许多小孔，可在内腹盆底铺块能透气的布以放谷粒，然后将其架设在盛水的容器上，水的蒸气就可以透过盆底的小孔将米炊成饭。这样炊成的饭，不黏而味甘，且软硬适中。但用蒸的方法比较费时费事，而且颗粒不能饱吸水分，必须使用较多量的谷子才能填饱肚子，所以开始的时候这种方法的应用并不普遍。从出土器物测知炊蒸之法到商代使用渐多，而到东周时才成为重要的烧饭法。《诗经·生民篇》："释之叟叟，烝之浮浮。"即描写蒸煮时谷物跳动的样子。而且，蒸炊的方法也可以施用于蔬肉，另有一番风味。

谷物除蒸、煮外，还可以磨粉加水做成糕饼。八千年前遗址所见之石磨棒与石盘，应只是去壳而不是磨粉的工具。小麦的外壳虽坚硬，但仁实极脆，稍加压力即碎，又有黏性，故易发展成粉食，而稻米和小米则不然。小麦在中国发展甚晚，可能不早于商代，且是珍品，不是一般人所能食用的。而且磨粉的碾磨也要以钢铁才容易制作。目前的材料，战国晚期才见石磨出土。磨粉由小麦推广到米、粟，大概要到汉代才普遍磨米麦成粉以制作糕饼等食品。但在西周或商代，旅行者所携带的干粮，有可能是把煮过的饭晒干研粉后制作的。

商代也已发展出不经火烧煮的干腌和醢酱等食法。但中国菜肴最具特色的，能保持菜蔬色、香、脆的快速爆炒，则要等到铁釜铸造成功后才有可能。中国发展高温熔化铁

图 3 山东汉画像石上的庖厨图：使用大型灶烧食

汁以铸器物的方法，至少公元前 6 世纪就有了，要比西方早 1500 年以上。生铁釜的实物见于公元前 5 世纪，生铁性脆，易敲碎。相信那时的人以铁铸锅，就是取其传热快，可以快速煮熟食物，而且保持食物香脆鲜美的味道和悦目的外观。中国著名的烹饪术，基本上在这时期就已齐全了。宋玉《招魂》、景差《大招》为招亡魂所列的美味，似乎尚未说到炒法，大概是因其仍未普及于南方的缘故。

何时用筷子吃饭

人类靠饮食维持生命，准备食物是人类很重要的日常活动，因此使用的器具自然也是一个很重要的文化内容。用筷子把食物送进口里是中华文化圈（包括日本与越南）所特有的习惯。筷子制作简单，使用方便，为什么只有中国人想到，会不会是因为烹饪的方式不同而导致的结果，这不是本文想讨论的。此文只试着推论这种巧思是何时开始的，发展的过程如何。

筷子只是两段细长的东西，可用金、银、玉、石、角、牙、木、竹等材料制成以夹物。但绝大多数筷子是以易腐朽的竹木做的，难于从地下发掘的材料解答其何时开始出现。由于筷子形式的东西还可以夹取他物，不一定用以进食，就算筷子发现于食器群中，也不能肯定地说是以之送饭入口，因为它可能只用来自汤羹中夹取肉类和蔬菜。

使用筷子的目的不外两个：一是防止手指取食时被脏污，一是不受热汤烫伤。以筷子夹物的技术应起源甚早。在使用陶器烤烧煮食物的间接煮食之前，有种石煮法，那是非常原始或外出不能携带炊具时的变通办法。方法是用树皮做成桶，或选用槟榔、椰子一类有较大的叶子，把叶子折叠成容器形，可盛清水及鱼肉、菜蔬等，并且拣取石卵洗净而以火烧烤之，然后用竹筷夹起烧烫的石卵，放进装水及肉蔬的容器；石卵的热通过水的传递，慢慢把食物烫熟，后来以之施用于陶器。后来人们发现陶器，尤其是掺有细沙的陶器也有传热的功能，而不必烧烤石卵，

图 1　山东嘉祥武梁祠东汉画像石上的邢渠哺父故事图；邢渠举筷夹食喂饲父亲，他手中拿着的可能是装羹汤的，而背后妇人手拿着的是装饭的碗

就发展了从陶器外烧烤的间接烧食法。陶器的烧造有一万二千年的历史，因此以竹箸夹物的技术，起码也开始于相等的年代。

使用器具进食是文明有相当发展、讲究饮食氛围以后的事。人们肯定最先用手取食，到了相当晚的时候才会觉得有必要利用器具以保持手指的干净。不知从什么时候起，人们利用竹筷以夹持羹汤中的蔬菜、鱼肉。在古时，菜蔬除了生吃外，大都采用沸水煮熟一途。菜在热汤中，只有用器具取出，否则就要等到不热时才能用手捞取。一到了重视食物味道及饮食氛围的时代，食物冷了再吃不仅味道较差，而且把手伸进汤中取食致使到处湿漉漉的，未免不洁也不雅，于是会使用筷子或匙匕。古代有些匙匕有多个小孔洞，就是要滤干菜蔬、鱼肉，如此设计是为了不多带汤汁。《礼记 · 曲礼》说：“羹之有菜者用梜。”顾名思义，梜是木制而可夹物的器具，即今之筷子。筷子古名为箸，箸从竹，表明材料。“者”◎是“煮”字初文，表现以锅煮蔬菜、鱼肉诸种食物之意。从取名可见“箸”是专为菜羹之食而准备的，初不以之取饭。

商代遗址常见各种式样的匙匕，但很少见到筷子，恐怕只一两件而已。先秦文献好几处提到商纣奢侈用象牙筷的传说，以为是亡国之征。《史记 · 龟策列传》说商纣使用“犀玉之器，象箸而羹”。反映汉代的人

◎者

还认为筷子主要使用于羹汤，不是以之吃食粟饭。尤其是《礼记·曲礼》："饭黍毋以箸"；"共饭不泽手，毋搏饭"。明白指出吃饭用手指，不用筷子。因为小米饭颗粒小，不黏结，如果以筷子夹之，不但不容易，而且会散落满地，不高雅。又手如不干净或带有汤汁时，取饭就会脏污其他饭粒，使共饭的人心生不快。从这一段话语，知战国晚期，或甚至是汉初的时候，吃饭尚用手取，不以筷子。

筷子从汤中夹菜的功能可以匕代之，但匙匕挹取汤的功能则为筷子所不能，故陈设餐具时，常有匕匙而无箸。如《仪礼·士昏礼》："举鼎入陈于阶南，西面北上，匕俎从设。"不过到了以筷子吃饭时，因喝汤可以口就碗而不用匕匙，一如现今的日本人，故常不设匕匙。

《史记·留侯世家》的一段话似乎表示西汉建立之前尚不以筷子送饭入口：

> 汉王方食，曰："子房前，客有为我计桡楚权者。"……张良对曰："臣请藉前箸为大王筹之……"

张良说"前箸"，明白指出箸放在几前而不是拿在刘邦手中；刘邦如果手中拿着筷子，张良应该不会从他手中借来比画。在当时，筷子可能是作为夹菜蔬之用而放在几上，张良顺手拿来比画，如此则不妨害刘邦吃饭。

汉代以来，韩国受中国文化的影响很深，现在他们以筷夹菜，但却以匙送饭，而以筷子吃饭，恐怕就是较古的传统。

推测中国人何时开始以筷子送饭，恐怕要从食具入手。中国古时主要居住区域是华北，那里以小米为主粮，用蒸煮的方法处理。小米颗粒小而又松散，很难用筷子夹取而不遗落满地，只有捧碗就口，用筷子扫进口里，才会吃得干净利落。若要用单手捧饭就口，容器就得做得轻而小。

商周以前的时代，食器都做得颇重而大，难于单手捧着。盛饭的铜簋、铜簠自不用说，就是容量较小而有浅盘的豆，也以装大块的肉为主。故《考工记·梓人篇》有：“食一豆肉，饮一豆酒，中人之食也。”而且豆有高足，显然也不是为捧在手中而设计的。到了西汉初期，出现没有支脚的或圈足的平底小圆碗，显然是配合以筷子吃饭的新风气而设计的新形式。湖南长沙马王堆西汉初期墓葬出土的成套漆制食器，筷子与卮碗同出，我们大概可以肯定那是以筷子送饭了。

从以上推论，得知中国人以筷子吃饭的习惯，最可能起于西汉初年。

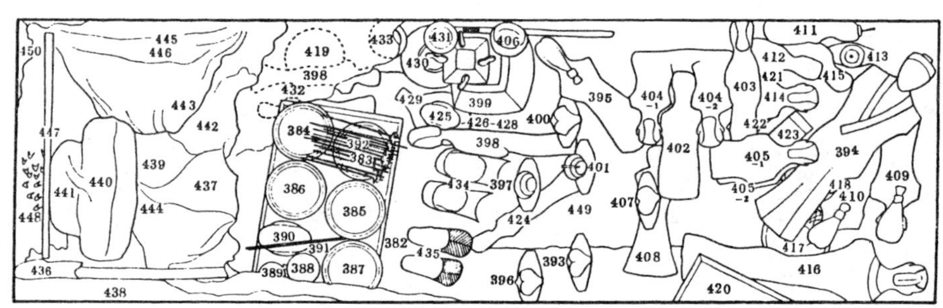

图 2　湖南长沙马王堆西汉初期墓葬，边箱出土的碗、筷、卮、案等成套漆食具

酒的历史

酒的主要成分是水，古时它被用作祭神、待客、养病的物品，是饮料中之最高贵者，故清淡的水也被雅称为玄酒。

中国古代的酒主要以谷物黍或稻米酿成，后来才以高粱。酒不能取代食物充饥，所以要有相当的农业生产，并有多余粮食的先决条件之下，才能充分发展酿酒的事业。如果一个社会所生产的粮食无法充分提供果腹的要求，则人们不太可能把维生的东西大量酿酒以供享乐。因此，某个社会有大量饮酒的习惯，就表示该社会有充分的粮食生产，农业有长足的进步。

酒是果实或谷类中的糖分经过发酵而成。水果的糖分比谷物高，水果久泡于水中而自然发酵成酒的机会比谷物发酵的机会多而且容易，因此人们也可能因之而领悟其酿法。酒在中国，以水果酿造发展得相当迟，可能迟至东汉，故其契机较可能起于遗忘的饭。

我国什么时候开始酿酒很难从实物得到直接的证据，因为酒会蒸发，如果不装在密封的容器里，根本不可能让我们于几千年后测知其痕迹，故只能间接从古人使用的容器加以推测。

酒虽然可以装在陶器以外的东西，如皮囊或竹筒中，但主要储存于陶器。盛水的容器虽然也可以用来盛酒，但为了保持酒的醇味不逸失，其设计应与水器有所不同；故从陶器的造型变化，也可大致推知开始酿酒的时代。

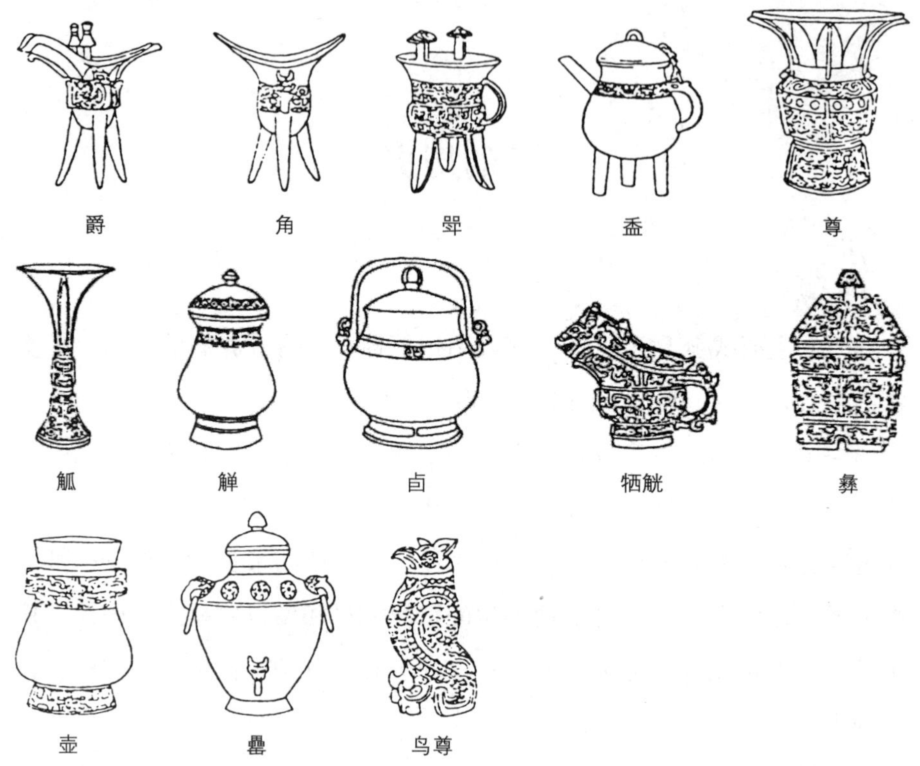

图 1　商周时代的青铜酒器型：盛酒的有尊、彝、卣、壶、罍；温酒的有爵、角、斝；调酒的有盉；饮酒的有觚、觥、觯

六千多年前仰韶文化及其前的陶器，主要造型是盆、钵、罐、瓮、瓶、釜、甑等大口的容器，没有防止酒味逸失的设计，这些可说都是水器和食器。到了约三千八百年前的龙山文化的晚期，就出现了不少显然是为了保持酒味醇永而设计的小口大腹，以及尊、盉、高足杯等和后世酒器同形的陶器，这些应该就是当时的人们已普遍酿酒、饮酒的具体反映。有人以为一万年前的旧石器时代，或至少六千年前，人们就因水果浸泡于水中的自然发酵成酒而领悟其酿造法。但自然发酵的酒毕竟与有意酿造的意义不同，而且水果酿酒也是后来受西方的影响，不是中国传统的

方法。先秦文献都没有提及果酒，故不宜把中国酿酒的时代推得过早。

东汉许慎的《说文解字》说：“古者仪狄作酒醪，禹尝之而美，遂疏仪狄，杜康作秫酒。”醪是带渣的酒，秫酒应是滤过的清酒。夏禹的时代恰属龙山文化的晚期，与陶器反映的现象一致，应是较实际的意见。

商代的酿造业已相当发达。河北藁城台西村一早商遗址中，在一容器内发现有 8.5 公斤的酵母。当时的墓葬重酒器，出土了众多的储酒、温酒、调酒、饮酒等专门酒器。商代酿酒业发达的最直接证据应是几次西周文献提到的商人沉溺于群饮酗酒的恶习，以致《尚书 · 酒诰》中，周公谆谆告诫新封国的康叔，要严厉查禁，不怜悯地处罚犯戒群饮的周人，以免步商人因酒亡国的后尘。因此周代的墓葬，也改以食器为主，酒器的分量越来越小。

过量饮酒虽然能使人精神失常，做出超逸礼仪容许的行为，以致周之当政者要严禁周人群饮。但适量饮酒却能增加食欲，使精神欢畅，宾主尽欢，有他种食物所难达到的效果，故成为祭祀、宴饮的最重要食品及贡献。《礼记 · 祭统篇》：“夫祭有三重焉，献之属莫重于裸，声莫重于升歌，舞莫重于《武宿夜》，此周道也。”裸就是酒献。《仪礼》所载东周时代各种礼仪，也都伴有饮酒的节目。故于文字，甲骨文的“召”◎字，作两手拿着酒杯及勺子于温酒器之上，温酒器之上有时还放着一个酒樽，表示从酒樽挹取温酒以招待客人的意思。当时的宴会，大抵先进酒以增进食欲、培养气氛，次上鱼肉、菜蔬以品味，最后上饭以饱腹，饭后再以酒叙欢。人们进食的次第如此，礼神大概也不例外。

◎召

图 2　汉画像砖上的酒肆及装酒的羊尊图

商代饭前与饭后所饮的酒是否有不同，已难考证。从文字知商代的酒有几种，最粗的是有滓的，其次是滤去其滓的清酒，最高级的是加香料的鬯。甲骨文的“茜”◎字，后来写作“缩”，作双手拿一束茅草于酒樽之旁，表示以之滤酒的意思。《左传》鲁僖公四年，管仲伐楚，数说楚的罪状，就有“尔贡苞茅不入，王祭不供，无以缩酒”。可以想见滤酒的材料难得，清酒不是人人喝得起的。

“曹”◎字作容器之上有两束茅草之状，应是表现大规模滤酒的作业。后来发展成三个字，过滤下来的滓粒为“糟”，滤酒的容器为“槽”，管理滤酒工作的机构为“曹”。好的酒更是要加香料的，那就是祭祀用的最高贵的鬯。后代用椒、柏、桂、兰、菊的花叶为酿鬯的香料，想来商代也不外这几种。

古代酿酒的成酒率高，有时十分之三，即酿一斗酒只需三升粗米，故酒精度很低，容易变酸。用蒸馏的方法以提高酒精度是六朝人士因炼丹而发现的。酒精度既低，再加上有滓，故可以饮得相当多量。《史记》记淳于髡回答齐王的话，如赐饮于王之前，战战兢兢不敢失礼，只能饮

◎茜 

◎曹 

一斗；但若男女同席，心最欢爽，可饮一石。战国时候的一斗约等于现在的两升，一石为二十升。可以想见，那时的酒精度一定不比啤酒高，才有办法喝得这么多。

古时的酒，酒精度虽低，甜度却高，即含糖量多。故酒于医疗，除了作为麻醉、消毒、加速药力及激励心情的药剂外，还作为养老、养病的药方；也就是说，古时的人已认识到酒中的高糖量有提供热量、增强体力的效果，如公孙弘年老有病，汉武帝因赐牛酒杂帛，数月后还能再行视事。甚至是服丧期间，要求不乐而哀戚，睡最简陋的地方，吃最粗糙的食物，是古代一种很严厉的社会规制；但是曾子在《礼记》的《曲礼》和《檀弓》篇都说过："丧有疾，食肉饮酒，必有草木之滋焉。"服丧期间反而要强制饮酒，为的是借酒中的糖分提供热能，维持体力。

爵

——鸟形的酒器

加官晋爵是我国民间图画常见的题材，很多电影于处理古代的酒宴时，也以爵为饮酒的器具。本文想略为介绍，到底爵是个什么样的酒器，使用于什么朝代。

爵是某种特定形式的酒器名称，在古文献里，它也被用作一般行礼时酒器的通称，并且用以表达其拥有高贵身份的爵位。

三千多年前的商代甲骨文，很容易看出“爵”◎字是个容器的象形。“爵”的字形虽有多样，但主要都在表现此种容器的几个特征：有流，流上有柱，空腹，腹旁有耳或把手，腹下有支脚。虽然我们尚未发现商代的铜器有自铭为爵的，但从字形本身看，无疑它就是指商代常见的而被我们称为“爵”的酒器。

爵的形状非常奇特而不自然，为中国所独有，不见于其他的文化。它在古代行礼所用的诸种容器中占有特殊而崇高的地位，可见其成型定有某些特别的意义。

器物的成型，一般会受制作材料或特定使用目的的影响。爵的形状

◎爵

很不规整，应该不会是模仿用转轮成型的日常陶器型；换句话说，其创意可能是基于某种要先塑造模型的特别需要。爵的成型与铸造，要较觚或尊等规整的圆筒形的酒器困难得多；觚或尊只要三块外范就可以成形，没有柱的爵就需要八九块范，有柱的还得再多加两片范。从铸造技术的层次看，爵是一种复杂的器型，要求的技巧高，应是容器中发展较迟的器型。但是根据目前地下发掘的材料，可以说爵几乎就是在能铸造立体的容器之后，马上就被铸造出来的东西。

爵的造型作为酒器，有不少并没有实用上的需要；它被铸成有长尾的样子，显然是为了与其长流取得平衡，不易倾倒。但是注酒的流，亦无必要造得那么宽长，甚至是可以不要的，如觚、觯等饮器就没有流。爵的流上的两个立柱好像也没有实用上的必要，反倒会增加很多铸造上的麻烦和费用。立柱是在有了爵之后，就立刻出现的形式，难于解说那只是装饰，而没有使用或铸造上的要求；它很可能是当时的人基于某种信仰，特意铸造出这种不见于其他文化的异常形状。爵的另一意义是雀鸟，虽可解释为起于同音上的假借，但爵的形象确实像极了许慎《说文解字》所解释的像雀鸟之形。商朝有其始祖为吞玄鸟之卵而生的传说，鸟图腾是东方氏族的共同信仰，商也是发源于东方的氏族，它们之间应该有某些关联。

从爵腹下有三个高支脚，出土时不少爵的腹部下有烟炱痕，可以推知爵是温酒器。而酒是商人祭祀最重要的品物，商人也喜欢饮酒，随葬可以没有食器，但不能没有酒器。商代有青铜器的墓葬，爵与觚经常相伴出土，大概是以爵温酒后再倾倒入觚中饮用；很可能铜爵受火烧烤后太烫热，不便用手把它从火上移开，因此铸成流上有根两立柱，以便用布提起。后来立柱被铸成下平的半圆锥形，也许是为了方便利用竹箸夹持。不过，商爵铸有立柱的真正原因，恐怕永远是个难解的谜了。

酒爵的容量，汉代的注释说是可容一升，即不到今日的五分之一升，

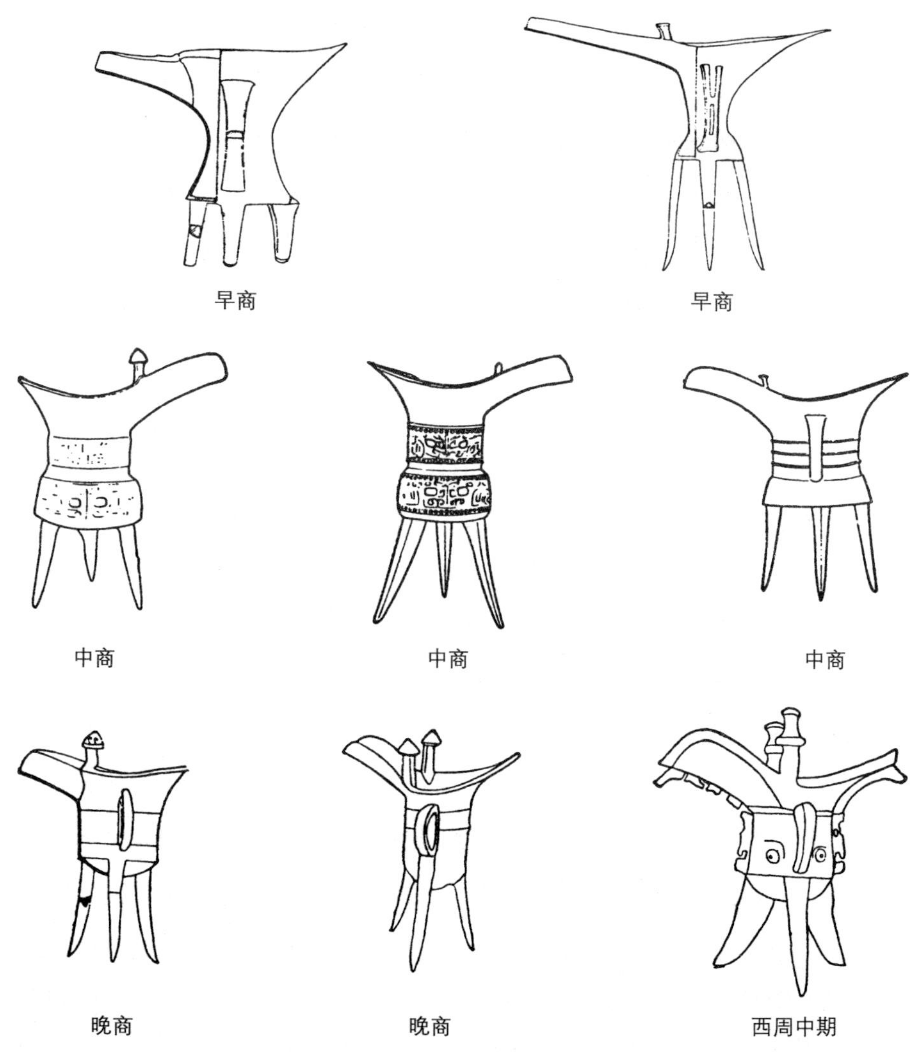

图 1　自早商至西周中期酒爵形制的大致演变

我们可以理解那只是举整数而言。从发掘及传世品来看，商代的爵都很小，容量有限，小的恐怕还装不了 100 毫升，大的也不过是 200 毫升。商代的另一种温酒器是三足有柱无流的斝，一般容量都比爵大得多，有的竟达七八升的容量，很容易用勺子从腹中挹出酒来。商代酒的酒精度很低，爵所装的酒只够喝一两口而已，不足作为宴席中宾主尽欢，或日常舒畅心情的多量饮酒。它不但不足以温酒，甚至也不便作为酒杯使用；因此爵比较可能是为了礼仪的需要，只温少量的酒以供行礼时做个样子，如要尽情地饮酒，就得使用觚或他种容器了。

“爵”字在商代已被用为以爵位加于人之意，大概使用酒爵的人要具有一定的身份。加人以爵位时，大概也要以爵赐饮。爵是作为贵族必备的器具，故在商代的墓葬，稍为丰盛者都有铜爵或陶爵随葬。因此，爵较之其他的铜器具有特殊的地位。如《左传》庄公二十一年记载：“郑伯之享王也，王以后之鞶鉴予之。虢公请器，王予之爵。郑伯由是始恶于王。”显然鉴（镜子）在社会意义上的价值要较爵差，故郑伯觉得颜面有损，心生怨恨，后来加以报复。

大概是由于铸造的技术原因，郑州二里头先商和早商期的铜爵都是平底的，后来才出现弧底。到了商代中期已是弧底多于平底，晚期就不见平底的了。为了礼仪的需要，还有不少是陶或铅的仿制品。

西周时候为了纠正商代耽酒风气，墓葬渐重食器。但酒为祭祀和礼仪所不可少的，故西周早期也出了不少铜爵，但以后就几乎不再铸造爵了。然而先秦的文献也提到以爵饮酒，如《诗经·小雅·宾之初筵》：“酌彼康爵，以奏尔时。”在一个西周遗址发现一个自铭为爵的有长把的圆筒形铜器，但考古学者称之为“瓒”。由此可知西周中期以后，不再铸造商人名之为爵的酒器，但是它的名称已被移用至其他形状的行礼用酒器了。

西周礼仪用具的形状大都承继商代，却在铜爵上有所不同。也许是周的始祖为履大人之迹所生，没有鸟的信仰，不必把酒器铸成礼仪或信仰所需的复杂形状，故改用形体合理而易于制作的筒形杯子。宋代以后慕古之风兴起，加以古代的铜器屡有出土，文人雅士方能使工匠依之以各种材料制作，以为摆设、观赏或礼仪行用。

爵字字形的演变

商 甲骨文	周 金文	秦 小篆	汉 隶书	现代 汉书
				爵 像有流之圆腹支足温酒器形。

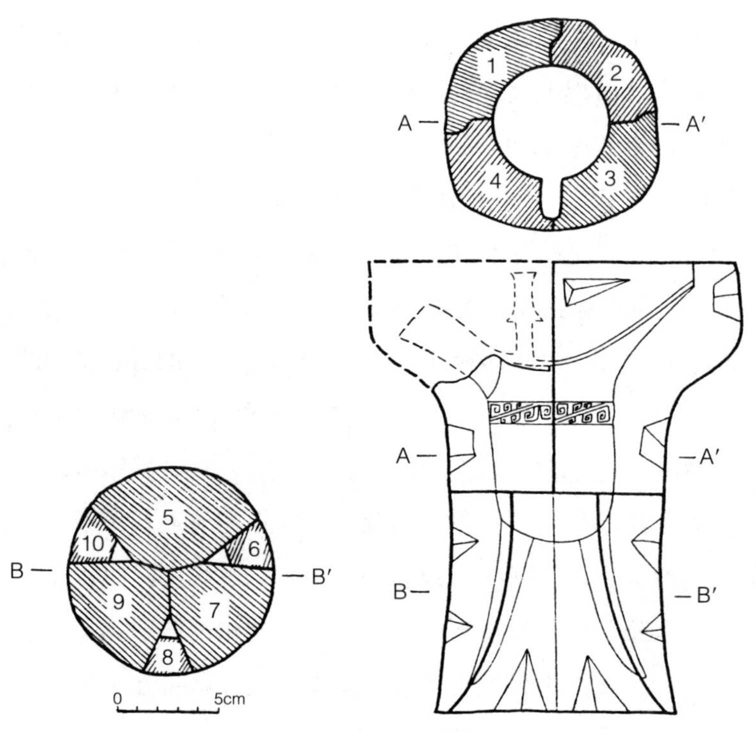

图 2　爵的外范分型复原图

一日三餐始自何时

吃东西是生物维持生存的一个最基本条件，所以寻找食物一直是人们最重要的活动。但是一个社会的饮食习惯，颇受其所处的地理环境、所拥有的生产技术以及所达到的文明程度等因素的限制，不是完全依人们的主观意愿决定的。

农业未建立前，人们以采集捕猎为生。然而野兽的繁殖、植物的生长，都有一定的地域与季节，不能终年适时地满足人们的需要，尤其是狩猎，并不能保证有所擒获。可以想见那时的人们捕得猎物时就大吃一顿，运气不佳时，多日不能饱餐是常事。因此那时的社会，一天要吃几餐都由不得自己决定，更不用谈定时吃饭及吃些什么东西了。

而且自然界的资源有限，人口数量越来越多，迫使人们改变生活的方式，不是单向地消费自然的资源，而是发展畜牧、农耕，利用资源再造资源。虽然农业是比较可以预期成果的生产方式，而谷物也可以保存相当长久的时间，以应不时之需，但是根据研究，就是到了人们开始定居，农业发展的程度不错时，还是有相当分量的食物必须取自野生植物和野兽。如果人们能够完全依自己的意志去决定一天吃几餐，就表示人们能控制食物的供应，且社会已进展到相当的程度，不必费心地到处寻找食物。如果能定时进食，更表示社会的规制已颇强化，人们的生活已有一定的规律。今日我们的社会有吃三餐的习惯，但是它到底有多长的历史，相信是很多人有兴趣知道的。

人们有没有定时用餐的习惯，颇难从出土的器物去推断，而有待文献的记载。一个从事采集或初级农业的社会，只要略知季节就可以了。但对于一个组织严密的社会，就会重视节候对于工作效率的影响，而需要有更精细而明确的表示时间的措施。我们可以从此种时间的划分，测知用餐的情形。

从商代到汉代，中国已有根据以太阳在天空的位置来表示白天期间某特定时间的习惯。这是有效而易行的办法，也正好能解答我们的问题。对于一日时间的分段，有商一代虽递有改变，但几个定点倒是不变的。例如，太阳刚从地平线升上来的时候叫“旦”；次一阶段叫“大采”，意即大放光明；接着是“大食”，即吃一顿丰盛的饭；然后是“日中”或“中日”，是太阳高悬天空的中午时候；接着是“昃”，太阳开始西下，照得人有斜长的影子；过后便是“小食”，吃简单的饭；然后叫“暮”“小采”或“昏”，表示光线已趋微弱；不久就是夕与夙，都是没有阳光的夜晚了。

白天的分段，每段约两小时。从白天插入吃饭的时间而晚上没有，可推知他们平时只用两餐饭。早上的“大食”约在七到九时，下午的“小食”约在三到五时。从命名可以看出早上的饭量多而丰富，下午的饭量少而简单。

商代用餐的习惯反映了农业社会的生活方式。后来被用以表示清早的“晨”◎字，甲骨文便作双手拿着蚌刀的样子，表示拿蚌刀去除草是一清早就得从事的工作。农业生产是商代人主要的维生方式，而且庄稼颇为耗费体力，需要好好吃一顿饭以补充。至于下午的饭，因为不久太

◎晨

阳就要西下，天地昏暗，无法再去田地工作，莫若早睡早起，故不必吃得多。这种早饭吃得多的习惯，是农业社会习见的现象。譬如，韩国人现在虽也一日吃三餐，但不久前还保存着早餐最丰盛的习俗，故常见在早上请客吃饭。

《史记·殷本纪》说商纣："县肉为林，使男女倮，相逐其间，为长夜之饮。"好像有吃晚饭的样子。这应该是个别事件，商纣也因此背上荒淫无道的恶名。商代人没有吃晚饭的习惯也可以从另一个现象看出。如果一个社会普遍有夜间的活动，就应当有室内照明的专用器具。从考古发掘得知，专用的灯具始自战国时代。商代虽肯定已使用燃油照明，但只限少数贵族，且是在有限的时机，临时借用他种器物为之而已，所以，一般人并没有夜间活动的习惯。

春秋晚期以来，随着牛耕铁犁的广泛使用，尤其是战国时代铁器的大量使用，生产力大大提高，整个社会面貌起了很大的变化，人们的生活内容渐渐丰富起来，开始有许多人从事非生产性的工作，富裕人家还经常有夜间的娱乐活动。而且，在一旁服侍的人员也不能不跟着滞留很晚，这时，便有必要增加一餐以补充体力。战国时代专用灯具的大量出现，也许可以看作人们已经常吃三餐饭的反映，但最确实的证据，还得靠时间

图 1　商代的甲骨贞辞
中间的最右一条贞辞作："癸丑卜贞：旬？甲（寅），大食雨（自）北。乙卯，小食大启。丙辰，中日亦雨自南。"以大食、小食、中日记时；此版其他贞辞还提及大采和昃。

分段的名称去判断。

战国时秦国民间使用的《日书》采用十六时制，于昏与夜暮之间有“暮食”之时刻。而西汉初年的时间分段，早上的已改叫“早食”，午后的餐叫“晡时”或“下晡”，而晚上约十时叫“暮食”或“夜食”；不但明显已用三餐，而且从新的名称也暗示早上的饭可能不是最丰盛的了。

人们既然睡得迟，早上自然起得晚，早上工作的时间减短，饭量也相对会减少。当吃三餐的人数增多后，用餐的时间也慢慢起了相应的变化，与农民的生活习惯大有不同。不过到了唐代，从一个银盒的题榜作

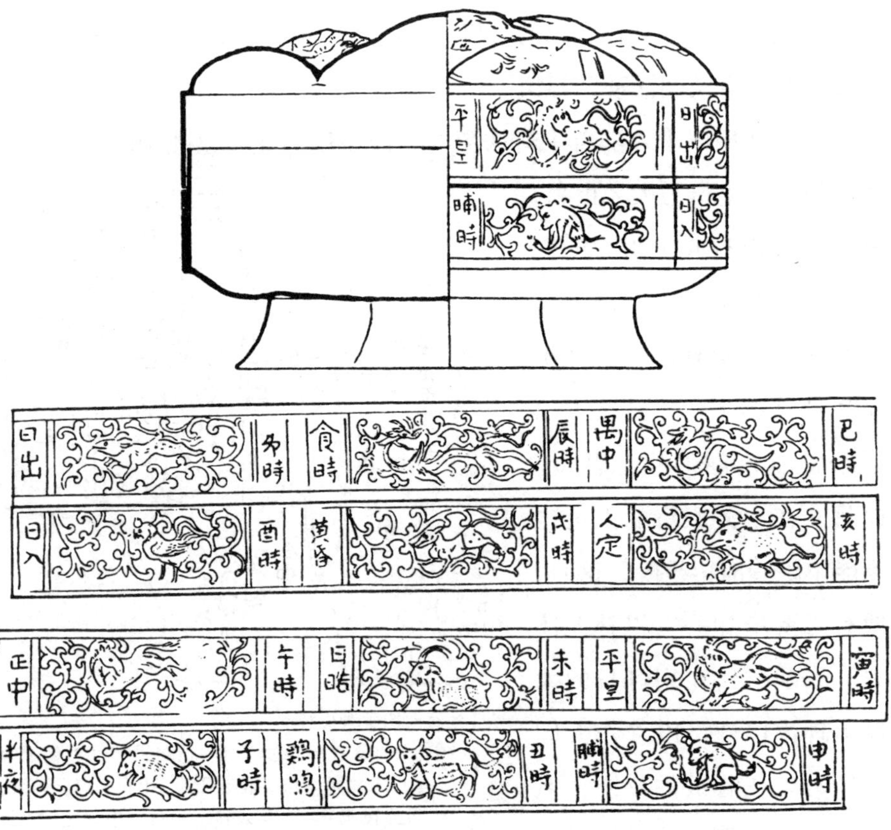

图 2　西安出土的唐代都管七国六瓣银盒上的十二生肖及时辰题榜

“辰时食时、申时脯时”，知一般人早餐与午餐还是相隔八小时，早饭如果不吃得多，就不能支持那么久。可知要到甚晚的时代，或甚至进入工商的社会，才能普遍改变早饭量最大的习惯。

以上从一天时间分段的名称变化，以及专用灯具出现的时代推测，中国人吃三餐饭的习惯应该建立于战国时代。

灶

“民以食为天”，人们日常的行事，尤其是古时候，没有比吃更重要、更花时间的了。烧煮食物的灶也就成为家里缺不了的设施，与人们的生活关系最为密切，所以有每年阴历十二月廿三日家家送灶神上天的习俗。《论语·八佾篇》中有：

王孙贾问曰：“与其媚于奥，宁媚于灶，何谓？”

从中可知其俗起码可上溯至春秋时代。虽然我们送灶君是希望他向玉皇大帝说好话，不报告日常生活的小错失，但如果灶君不合作，让饭烧不好，相信生活也一定很难受。

当说到灶时，脑中就会浮起一座大型立体的形象。其实广义的灶是指烧食的任何架构。当人们越来越倚重火食时，烧食可以说就成为主妇日常的最重要工作。烧食一定会留下炭屑灰烬，与其到处都是灰烬，不如只让一个地方弄脏，而且古时生火不易，莫若有个地方保持火种，随时可以引火，故灶很可能就是人们有关家居的最先构筑。只要在某一个地点停留的时间稍为长些，就会有固定的烧食地点。起码从几十万年前的北京猿人，起居的地点都有固定的烧火的灶。当人们从山洞移居平地而构筑住家时，如躺卧休息的地方外尚有空间时，便会加工，好好地架构一个灶以方便煮食，并使灰烬集中在一小片地方而不扩散，因此灶直径也约略是一米。

早期的房子是地穴式的，主要作用是睡觉和吃饭。由于人们习惯在隐蔽的地点睡觉，灶自然就构筑在进门的地点。一来从经验得知如此比较容易生火，因为其处通风，易得氧气的助燃；二来也可以防止野兽的窜入。但是灶在进门口的地方，对进出多少会带来不便，所以当家居的构筑技术越来越进步、房子离地面越来越近而面积也增大时，灶的地点就被移后而接近房子的中央。一旦房子完全建筑在地面，为通风排气的方便，灶就被移到角落，春秋时代以来灶的构筑地点就被固定在角落了。

初期的灶，因构筑的便利，几乎都是圆形的，在稍低或稍高于地面的一定范围，使表面坚硬以便立脚架和锅盆就行了。但是火在空旷的地点燃烧，热量容易流失，浪费薪柴；人们从建窑烧造陶器的实践中知道，

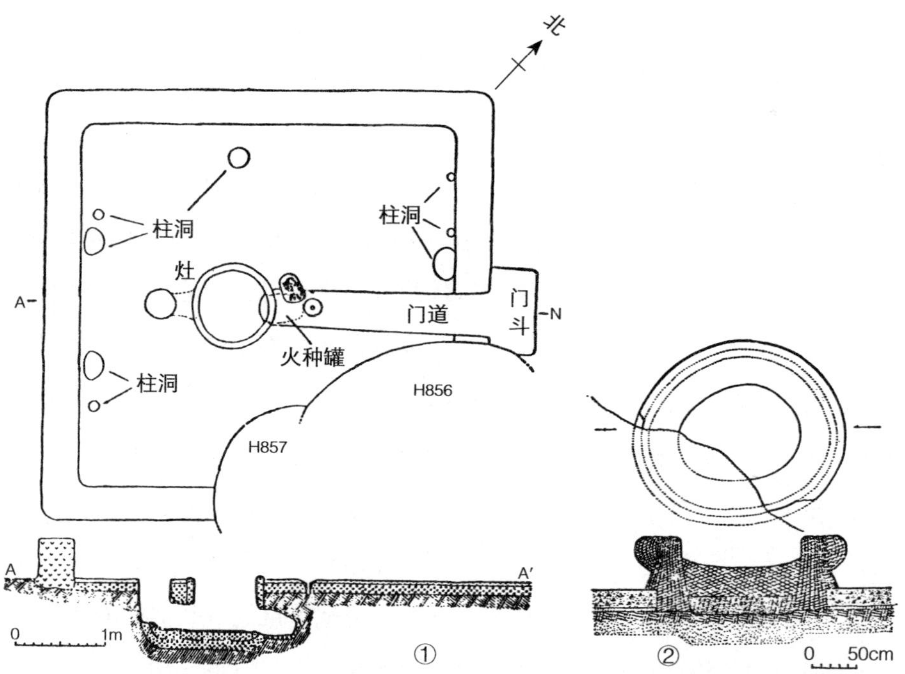

图 1　①甘肃秦安大地湾五千年前的房址有窑式的灶，是商代以前罕见的形式
②大地湾遗址另一形式的灶台

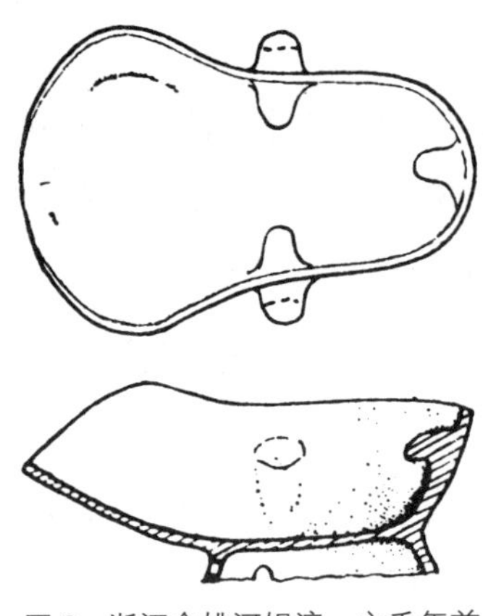

图 2　浙江余姚河姆渡，六千年前可在干栏建筑上烧食的陶灶

火在洞窑里燃烧，不但可省薪柴，也可以增高温度，故陶器从露天烧造改进为建窑，从有长火道而改良为火道直接在窑体之下。最理想的灶也应该依此原理建造，五千多年前在甘肃秦安大地湾的房子就有这种形式的灶；在房子中央偏后处有两个圆形的灶洞，大的圆径 85 厘米，小的 35 厘米，两洞底部相通，深达 60 厘米，其构造与陶窑相同，只是没有中间的土箅。大的洞太大，不是架锅用的。古代没有那么大的锅，而且日常家用也不需要那么大锅；它容纳一个人还有余，应该就是烧柴的地点，而小洞才是放锅子用的。也许烧饭时要上下攀爬，很不方便。而且屋中有个大深洞，也有掉落进去的危险，所以还不实用。后来出现了按这种原理竖建在地上的灶，这就很理想了，故汉代以后大大流行，成为唯一的方式。

中国华北气候比较干燥，房子是半地下穴式或在地面建筑的，可以在地面烧食，但华南地区颇为潮湿，新石器时代人们以干栏式建筑适应之。它是于地面架台，然后在台上架屋以隔绝潮气。这种构架的房子，烧食当然可以一如华北地区，在架台之下任何地点设永久性的炉灶。但是如果下雨则不便在地面烧饭，而比较方便在木台上烧食，这种情况就得烧造可移动的炉灶。浙江余姚河姆渡六千年前的遗址出土一件陶灶，长 55 厘米，高 25 厘米，壁上有三个突出，围成 37 厘米的圆径，正是一般锅子的尺寸；前端还有个斜坡可供送薪柴并保持灰烬之用。这种陶灶不太重，可移来移去，华南应该有很多人使用。华北的仰韶文化遗址也发现类似的陶灶。

西周以后房子的规模扩大，有许多分间，各有固定的用途，大概也开始有厨房，可能对灶的建筑也有所改良。火的另一用途是取暖，相信

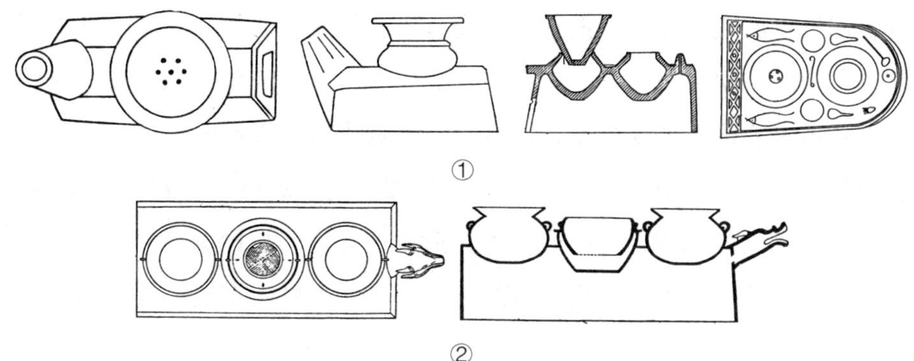

图 3　汉代灶三模型
①陶制　②铜铸
灶以容两个或三个锅的较多，其中常有一个专为蒸食

取暖是火一被利用就有的经验。灶是不能移动的，但把炭火放在陶盆就可以在没有火膛的地方取暖。商代的“召”◎字作自温酒盆中的酒樽挹酒，有招待客人的意思，从这个字形推断，当时的人应该也懂得以装火取暖，也可能在其上架锅煮食，具有灶的功能。甲骨文的“炉”◎字是个有支架的炼炉，有的还装鼓风橐，它也可以用来烧饭。不过从各方面看，还不到普遍使用炉灶的阶段。

灶需要用耐烧且能保温的材料制作，土最适宜，也节省费用。但是春秋以前，瓦的使用不多，想是烧造费用昂贵。春秋时不但有暖炉，而且有炕床的措施。《吕氏春秋·分职篇》有：“公衣狐裘，坐熊席，陬隅有灶，是以不寒。”《左传》襄公廿一年有：“阙地下，冰而床焉。”可知烧火通过管道取暖或装冰取凉是常见的装置。只要在管道上开孔，就可

◎召 

◎炉 

以容锅烧食而成为灶了，把它建得高些，就是后世的灶了，而此种火管道也名为灶，说明两者一体。大型灶的高度可以让烧菜的人立着，要较旧式的蹲踞或跪着舒服得多，而且只起一处火就可以同时烧多道菜，节省时间，所以一旦财力不匮，就会选择使用它。灶体大，容受柴火多，就要有导烟火的孔道，否则容易失火造成灾害。一战国铜鉴上有厨房烧食的纹饰，其屋顶就有曲折的排烟管，很多明器灶也把这一要点表现出来。

汉代流行大型立体灶的事实大致可从两个现象看出：一是支脚鼎形烧食器的消失，或只有形式上的短脚，鼎下没有填柴的空间。因为以前的灶只是一处烧火的地方，没有什么特别的构筑。烧食要用有支脚的容器，一旦改变用窑式的灶，烧火在灶腔体内，就不需要支脚而只需锅子了。二是大量各类随葬陶灶模型明器的出现，以及地面大面积烧土痕迹的消失。

衣服的穿用

定居的生活是文明能较快发展的重要因素。一般地说，除非气候条件极端，否则只要食物和水的来源不缺，人类能在地球的任何一个地区生活。人不像动物，多少都要受气候的限制，不得不分布在某特定的地区，因为人们晓得利用动物的皮毛或植物的纤维以缝制衣服，还可以利用材料建造栖身的地方，以适应不同季节的气候变化。一万八千年前的山顶洞人遗址发现有骨针，说明起码从那时起，中国人就晓得缝制遮身的衣物了。

人类制作衣服的目的是多样的，有些地区是为了御寒，有些地方则可能起于以动物皮毛伪装来捕猎，有些地区是为了保护性器官在工作时不受到伤害，还有可能为防避荆棘、昆虫、雨露的伤害，甚至希望借助穿某种动物皮毛制成的衣服而期具有此种动物的特殊能力。在酷热的地区，衣服甚至是种累赘。但几乎所有的早期社会，不管穿得如何少或者只是象征性地穿，都会要求穿某些衣物，这大概是基于后来才发展的爱美、遮羞或区分阶级等文明观念了。有时为了达到这些目的，人们还过分装饰，不但不方便行动，甚至危害身体的健康。

农业发达的地区，社会里少数人积聚的财富比他人多，身份的差异自然慢慢建立起来，这时衣服就取得了新的用场：用罕见的或远地交换而来的材料，诸如动物的皮毛、骨角、爪牙、羽毛或金银、珠宝、贝壳等，以标志和识别渐渐明显的社会地位差别。当社会的结构扩大，衣服也跟着起了政治的作用，只有具某种特别身份的人才允许穿用某种颜色或形式的衣服，包括与衣服配合的各种装饰，所谓黄帝始创衣制，就是这一类的表现。中国后来儒家的丧制中，用粗陋的麻衣表现对死者的哀思，无心为美，也属于这一类的社会功能。

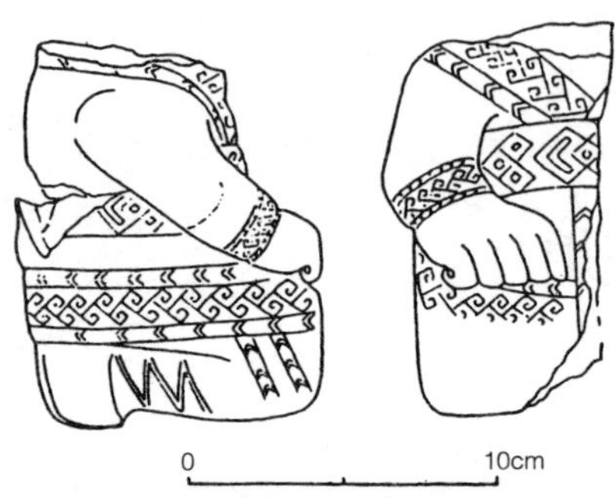

图 1　晚商的石雕跪坐人像；衣纯、袖缘、大带都施有刺绣

衣服裁剪的形式颇受生活习惯和衣服材质的限制与影响。游牧民族为了骑马奔驰，照顾牲畜，就得选择经得起摩擦的材料，因而选用他们易得的坚韧毛皮材料。他们也要求裁剪合身以利行动。因兽皮形状不方正，加之兽类也大小不一，不得不把兽皮割成多块再加以缝合，故因势随身材的曲线裁成紧束窄短风格的衣物。至于农耕社会，桑麻是较易得的材料，而且工作的性质也不磨损衣服。为了省工，就尽量保持机织原来的布幅，不多作曲线的裁剪以求合身，故形成宽松修长的风格，同时有一定的布幅，可适合各类高矮、胖瘦的身材。

古代汉族的生活形式是农业定居，故服式是基于纺织一类的传统，即属于宽松修长的风格。一般是用粗细不等的麻类纤维裁制，贵族们还选用蚕丝。证据显示中国早在六千多年前就懂得养蚕纺丝，东周时代就成为市场常见货物。为了防止纺成的布幅边缘松散，就用窄长布幅加以缝边，由胸前经肩，绕过颈部而回转至腋下，形成交领右衽的形式。此边纯也发展成刺绣不同花纹以表示不同的身份，是上级赏赐下僚，以志荣庆和威权的东西，不是可随意穿用的。

图 2 汉代劳动者之服装

商以来，华夏定居农业民族的衣式与边裔的游牧民族已有显著的分别，并有着强烈的种族意识。因为那是形之于外的东西，一眼即可辨识，较之体型、肤色都容易辨识得多，故采用异族的衣式也就成为屈服及认同的表示。春秋时代，服饰已普遍被用为政治的手段，夷狄能改行华夏的服制和习惯就以华夏视之，吸收了大量的同化者。孔子赞美管仲驱除夷狄而保存华夏的文化时，也强调："微管仲，吾其披发左衽矣！"

中国的宽松长衣对于劳动者来说并不是非常便利的，尤其是采用较机动性的跨马骑射战术后，长衣就大大不如窄短的胡服便于作战。春秋时代的劳动者和戎装大概有采用胡式的趋势，以致孔子深恐中国文化也跟着陵夷，就强调长衣的功用，以期保存固有文化。《礼记·深衣篇》说它："可以为文，可以为武，可以摈相，可以治军旅，完全弗费。"是不分男女、贵贱、婚丧、喜庆都合宜的服式。汉代重儒术，故文士基本上采用深衣之制，此习俗直至明代。

满人入关前是游牧族群，其服式自然属于窄束一类的风格，成为统治者后，鉴于其他游牧族群被中华文化融合，连传统服饰也消失了，为了表现其统治者的尊严，虽然缝制的材料已改为丝麻，生活也是农耕定居了，但服饰仍然保持其传统的式样。但是汉人过农业定居的生活已有几千年的历史，传统根深蒂固，很难接受这种新形式的着装，故形成官家采用偏重窄袖短衣的游牧风格，而民间依然盛行宽袖长衣的定居特色。

封建社会，处处都要表现其阶级性，衣服是天天要穿的，故附着在衣服上的阶级性被应用得最早。传说黄帝创衣制，其表现的方式不外是色彩、图案以及佩戴的装饰物。《尚书·益稷篇》说帝舜时代：“日、月、星辰、山、龙、华虫、作会；宗彝、藻、火、粉米、黼、黻、绨绣，以五彩彰施于五色，作服。”这些染色，涂绘和刺绣的装饰虽不一定是帝舜时代的实况，至少应是周人根据自己的经验以猜测千年前的现象。周代

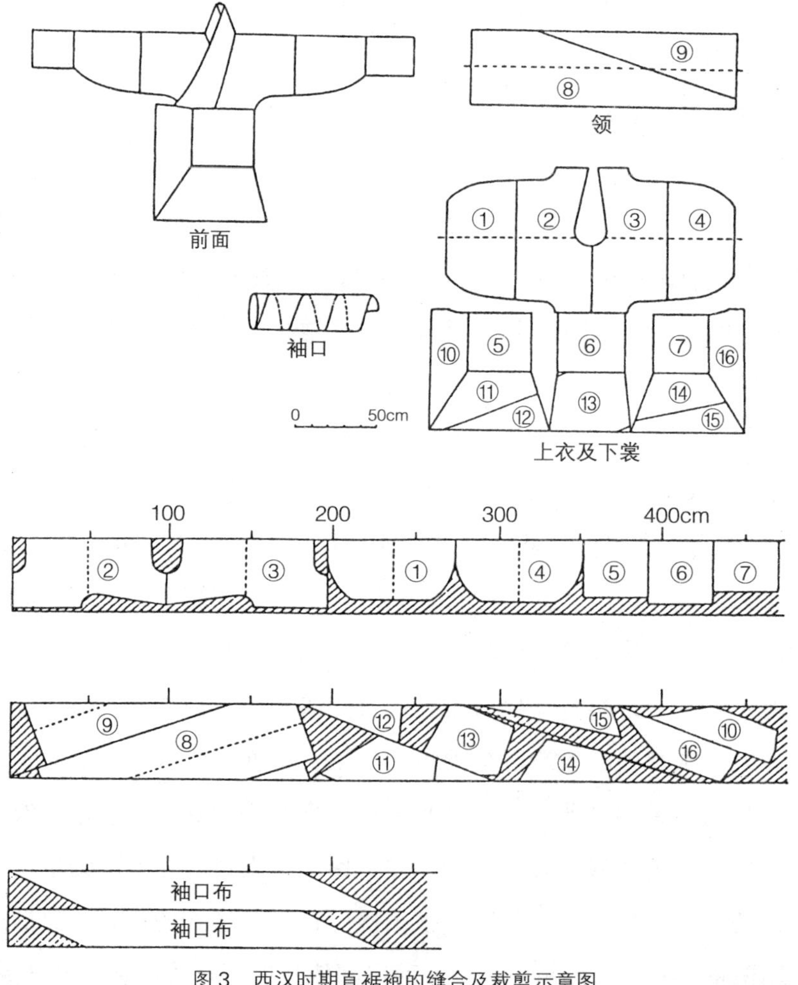

图 3　西汉时期直裾袍的缝合及裁剪示意图

的颜料主要取自矿物，有红、赭、褐、绿、青、蓝、黄、橙等多种颜色，汉代将其改良为不易褪色的植物色素染法。

汉以前的服色，朱最为尊贵。汉以来，由于阴阳五行学说的兴盛，代表中央的黄色成为皇家的象征，东方的青色是士子的常服，南方的红色为喜庆，西方的白色为丧葬，北方的黑为老人的服色。一般来说，一直到清代，黄及朱紫都是只有少数人才能穿戴的。

承继周以来以图案表阶级的传统，明代特颁布律令，严禁官民衣服用蟒龙、飞鱼、斗牛、大鹏、像生狮子、四宝相花、大西番莲、大云花样等图案。清代虽然特别强调要保持其祖先的服制，但对于服色及刺绣的限制，也大致沿用明的旧制。如皇帝龙袍上六下六的十二章制度，是明初依上引《尚书》的记载而确立的。又如官吏的补服刺绣，其一至九品文官与武官的纹样与明代的规定也是一致的。

丝织品

丝绸与瓷器是中国早期外销的最重要的两种商品，都是中国人首先发现或发明的。丝在汉代主要经由中亚销到欧洲，形成著名的丝绸之路，各国为了控制丝路，不停发生激烈的战争。宋代以后又加上瓷器，主要通过海路外销，博得瓷器国的名声。美洲新大陆的发现多少也与此两种商品的贸易有关。接触是人类文明提高的重要因素，中国的丝与瓷，无疑促进了东西文化交融的速度。

蚕丝是蚕体内不同腺体分泌的丝液，遇空气后凝固，形成由两根天然蛋白质组成而胶合的一股细线；它细致、柔软、耐热、吸湿性良好，富光泽而又易于染色，不论如何纤细的植物纤维一与之相比，优劣立见。故丝织品一销到欧洲，就令贵族们倾倒，有人因之破产，以致罗马帝国的上议院于公元前 14 年要发布禁令禁止穿丝绸，以阻止奢靡的风气。

丝与植物纤维看着相似，却是完全不一样的东西。不晓得其中奥秘的人，很难猜到它是虫子吐出来的东西，就是知道了也无从仿造。不像陶和瓷是同一类物质，主要区别不过是土质的好坏，烧结温度的高低而已。中国制丝的秘密，几千年后，直到公元 6 世纪才被西方所窥破。蚕卵被偷带到巴尔干半岛繁殖，并扩及欧洲大陆。但是他们生产的丝无论是质还是量一直都比不上东方诸国。

能吐丝的昆虫有多种，到底是因为只有中国地区原生这种具有经济价值的桑蚕呢，还是什么特殊的机遇，才使中国人发现这种有用的物质，大概已无法考究。蜘蛛吐丝布网应是古人常见的景象，大概古人由之得到灵感，试验各种昆虫所做的茧，终于发现桑蚕的茧可资利用。当欧洲人初次接触丝织品时，也有少数人猜测它取自蜘蛛一类昆虫所吐的丝。

中国对于首先使用蚕丝的传说，记载都相当晚；有归功于伏羲氏，或说黄帝斩蚩尤，蚕神献丝，但最普遍的则是黄帝的妃子西陵氏嫘祖发明养蚕。公元前 4300 年河姆渡遗址出土的象牙雕上已见蚕的图案。约为公元前 3400 年的河北正定南杨庄遗址出土陶蚕俑，而公元前 3000 到 2500 年的仰韶文化晚期，则发现切割过的蚕茧。吴兴钱山漾遗址更发现每平方厘米经纬各 47 根线的家蚕丝织品；这些遗址都早于传说 4700 年前的黄帝和嫘祖时代，因此嫘祖应该是对养蚕技术有所改进的人。到了汉代，《说苑 · 君道篇》还提及驱鸟维护桑叶及野蚕，可想见黄帝时代大多利用野柞蚕丝。

蚕丝业的发展决定于几个因素，必要有适宜的气候和土质以养殖蚕虫和栽植桑叶，同时也要有高明的缫丝技术。

图 1　战国时代铜器上的采桑图纹

桑喜湿热，其叶的收获次数因气候而异，蚕卵自孵化到结茧的时间长短，也与气候和蚕种有关。结茧时间，快者自十七至二十二日，慢者则要三十三至四十日。今日中国产丝区主要是浙江、广东、江苏等省，次要省分为四川、山东和安徽，都是河流灌溉方便、气候较温湿的地区。古代气温较现在温湿，因此桑的主要种植区一定要较今日为北。春秋时代撰写的《尚书·禹贡篇》，言河南、河北、山东三省交界的兖州地区，“桑土既蚕，厥贡漆丝，厥篚织文”。而今日主要产丝区的徐州和扬州，虽也言及贡玄织缟、织贝，却并没有特别提到桑叶。这反映出古时的桑叶可能以华北的品种较优良，丝业兴盛于华北。

桑叶在商代应是华北常见之物。甲骨文“丧”◎字的创意来自采摘桑叶的作业，作桑树枝干中悬挂许多篮筐之状。有些桑树的品种长得不高，可以站着摘，但很多是高大的品种，要爬梯上树才能采摘到。有几件战国时代的铜器，其花纹作妇女坐于树上枝丫间，树枝悬挂着篮筐的采桑景象。

纺织是很专门的职业，从养蚕到织成绢帛，每一步骤都需要专门的技术。桑树的栽培，采摘的次数，蚕虫的品种，喂食的次数、分量和时间，养育的温度，都与成品的品质有密切的关系。成茧后的拣茧、杀茧、抽丝、缫丝、织丝，每一过程都需要专门的训练。《左传》记载公元前589年，楚师伐卫而侵及鲁，鲁以执斫、执针、织纴的熟练工人各百人请盟，才解除楚师的侵犯。鲁是当时的产丝区，也许楚国因此得到北地先进的技术，配合良好的地理环境，次第发展其丝织业，战国时期楚墓出土了较多量的丝绢大概即为此。丝织业可能也反映中国人口分布的历史因素。养蚕需要众多的人力，要在人口密集区才能发展起来，但是华南地区在有史初期的人口还是比较疏散的，要等到利用铁器，次第开发以后，才会产生高度的灿烂文明。

丝织手工业在商代应已有相当规模。卜辞有省视其作业及祭祀其蚕

◎丧

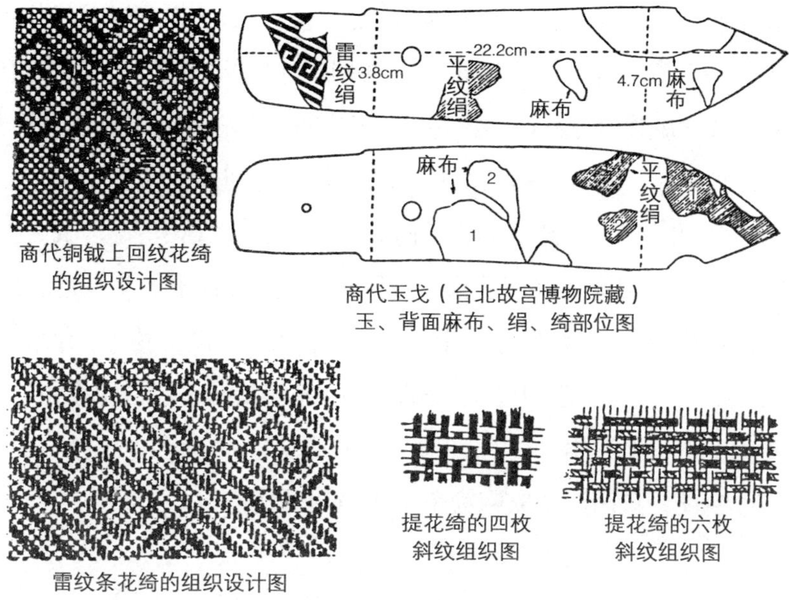

商代铜钺上回纹花绮的组织设计图

商代玉戈（台北故宫博物院藏）玉、背面麻布、绢、绮部位图

雷纹条花绮的组织设计图

图 2　商代兵器上残留的纺织图案

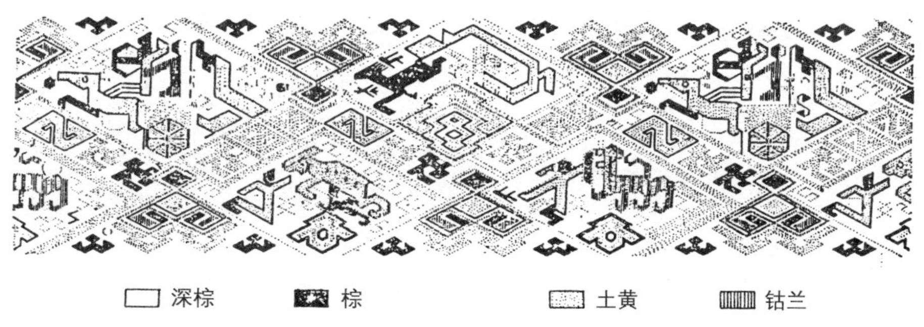

图 3　湖北江陵战国墓葬里的四色纬线起花田猎纹样

神的占问。青铜器上还有不少为铜酸所保存下来的丝绢痕迹，从痕迹可知当时已达到绫织的阶段，也有斜纹提花的丝织物。甲骨文与纺织业有关的字比其他行业的字多，亦是丝织业在商代有相当规模的具体表现。河北正定遗址五千四百年前的陶茧，平均长 1.52 厘米、宽 0.71 厘米；唐代已改良成长 3.18 厘米、宽 1.53 厘米，与现代的品种差不多了。茧大则

抽丝多，现在一个茧可抽 600 到 900 米的丝。估计商代的茧大半介于两者之间，一个茧可抽丝三四百米。玉蚕屡见于商周墓葬，在山东刘台一西周早期墓，就发现 22 个大小不一、形态各异的玉蚕；想来古人对蚕的生活过程必甚有了解，从蚕几次蜕皮的过程联想到再生的信仰。

到了西周时代，丝已是重要的商品，《诗经 · 氓篇》有："氓之蚩蚩，抱布贸丝，匪来贸丝，来即我谋。"战国时代的《管子》有："民之通于蚕桑，使蚕不疾病者，皆置之黄金一斤，直食八石，谨听其言，存之于官，使师旅之事无所从。"说明丝织品对国家的经济具有决定性的作用，所以桑田要比良田贵上一倍。《史记 · 吴世家》记载，公元前 519 年，吴楚两国曾打过一仗，只因两个家庭为争边界桑树的所有权。

麻

——纺织、食用、造纸的重要经济作物

除粮食作物，与人们生活关系最大的应是纺织作物，因为人们穿用的衣服，绝大部分是用纺织的丝帛缝制的。丝绢主要由蚕所吐的丝纺织而成，布帛则由植物的纤维制成。蚕丝虽是中国首先发现，也是一千多年来重要的输出品，但丝织品的价格一直很昂贵，不是一般人用得起的，大众化日常穿用的则是布帛。作为纺织布帛最重要的材料麻，是古人颇为熟悉的植物。现今化学合成纤维非常发达，丝还可以被用以缝制高级的服饰，麻作为纺织一般衣物的天然植物纤维就没落了。

穿衣服的目的多端，因地区而异。但人们最先利用的应是现成的材料，通过钩织的过程做成布帛肯定是很久以后才发明的。那么最早利用植物纤维编织东西始自何时呢？由于纺织品不能长期埋藏于地下，只能间接加以推测。

纺织之前首先要对植物的纤维有所认识。十几万年前人类已有用石弹打猎，有人认为当时已可能用麻类纤维编缀搓成的绳索来抛掷。但皮带也可用来抛掷，不必用绳索。人类确实懂得用细线缝东西可推到三万年前。中国发现最早的骨针是一万八千年前的山顶洞人遗址，残长 8.2 厘米，针眼已残，看不出有多大。但该针只有火柴棒粗，以当时的工具，恐怕无法把皮条切割细得足以穿过针眼，推测应已知利用植物的纤维了。一万年前常见于华南的绳文陶器，表面的纹饰是用绳子捺印的，已能把

几条线纠合成股以捆缚东西，更接近纺织必要的技术了。

七千多年前河南密县的裴李岗型遗址，发现好些夹砂红陶三足器，其底部钻有7或9个小孔，有的于腹壁钻二孔，可知那些小孔不是作为过滤液体用的，而是如后世的甑作为蒸煮食物用的。它要在内腹底部铺上一块透气的东西，不使谷粒掉进下面盛水的容器，同时让水蒸气上升将米粒蒸成饭，而这块透气的东西应该就是布。由此可推断七千多年前人们已织布做衣了。麻布的痕迹见于六千多年前仰韶文化的陶器底印痕，实物则见于五千年前的浙江吴兴钱山漾遗址。

具有织布经济价值的植物纤维有好几种，分属不同的种类而有不同的性质，但因麻最为重要，所以一般总称有强韧纤维的植物而可织布的为麻。麻是荨麻科的一年生草本植物。但另一文献常见的葛，如《诗经·周南·葛覃》："葛之覃兮，施于中谷，唯叶莫莫，是刈是濩，为絺为绤，服之无斁。"絺是葛织细布，绤是粗布，却是藤本豆科的植物。大麻则是桑科的植物。

纤维良好之麻宜种于温润气候的沃土上，关于其原生地，研究者有不同的意见，有以为是中亚，有以为是中国。麻虽有多种用途，但栽培的最初目的应为其纤维。"麻"◎字尚不见于商代的甲骨贞辞，金文的字形作屋中或遮盖物之下有两株皮已被剖开的麻形。麻于春天栽种，夏天收割，茎割下后干燥几星期，剖皮而久浸于水中以去除杂质，然后捶打以分析纤维，浸泡的水越热，浸泡的时间就越短，故一般用水煮以加速分析纤维所需的时间。大概这种植物多在家中处理，而其他常见植物，主要是食用谷物的

◎麻

脱粒、去壳，多在户外处理，因此造字时强调其株形见于屋中。

商代以后麻应是家喻户晓的植物，其株直，栽种密集，故有“蓬生麻中，不扶自直”的谚语，以比喻环境对塑造人品的影响。麻可高达四五米，茎四角，附有细毛，雌雄异株，雄花淡黄绿色，雌花绿色；雄株纤维的质量较高，较具商业价值，其纤维柔而韧壮，长至三厘米。麻的种类多，纤维的粗细和色泽有差别，再加上加工程度的不同，可织成精粗悬殊的麻布。仰韶文化陶器底的麻布纹理粗而疏，每平方厘米才有经纬线各10根。到了近五千年前钱山漾遗址的时代，已有经纬各20根、16根，或经30、纬20根的三种苎麻布。稍迟的齐家文化，其麻布的细密程度几乎可与现代麻布相比，大致经纬各有四十几根线了。不过从文献的记载可知，先秦的布帛，二十几根经纬的布已被认为是细布了。《礼记·杂记上篇》：“朝服十五升。”根据注释，一升为80缕，即在汉二尺二寸的标准布幅内有线1200根，换算现今的尺寸，每厘米约有26根半。而《晏子春秋》记晏婴相齐，穿着朴素的十升之衣；换算之，每厘米才18根经纬，大致是一般市民的布料。最粗陋则为服父母之丧的斩衰麻布。《礼记·间传》说：“斩衰三升，齐衰四升、

图1　苎麻（上）与大麻（下）的株形

五升、六升，大功七升、八升、九升，小功十升、十一升、十二升，缌麻十五升。”三升的才五根多，一定是线粗而疏。“衰”字于小篆作衣服的边缘绽散不齐的样子，丧服用不缝边纯的粗麻布以示无心为美的哀戚心意；又服丧期间无心茶饭，体力自然羸弱，故引申有衰弱不强的意思。

麻的主要用途虽是纺织大众穿着的布料，在不少地区，它是比黍、稷、稻、麦、菽中的某种谷物还重要的经济作物，又有可吃的部分，故有人也将之归于五谷之列。麻的毛、根、叶和花果有清热、止血、利尿等药效。麻叶味道强，吃食或吸嗅能使人生幻觉，大麻就是其中的一种，故古代常被施用于巫术的治病或宗教目的。但对一般人说，最常利用的部分是其籽仁，可生吃和榨油。五千年前的钱山漾和杭州水田畈遗址都见芝麻的实物。

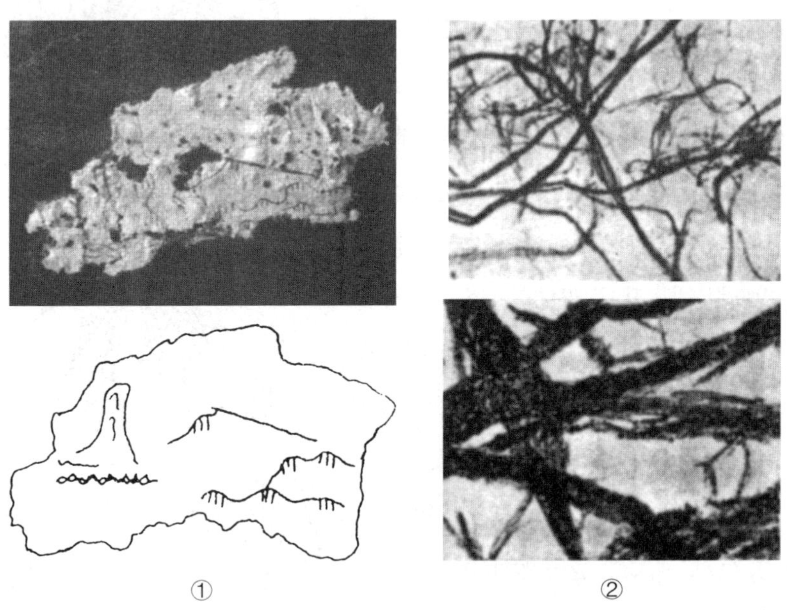

①　　②

图 2　①甘肃天水出土的西汉初期纸质地图及摹本；②西汉麻纸的纤维放大形态（右上，放大 70 倍；右下，放大 80 倍），尚粗糙不便书写

纸是利用植物纤维制成的，灵感可能来自装于袋中、浸泡于河水的漂絮作业。但滤下的丝絮薄纸片产量太少，又价格高，不能普及。近日在甘肃天水出土一块西汉初纸质地图，薄软而平整光滑，可能是此种纸。其他同时代麻纤维制成的原始纸就太过粗糙，不易书写。公元 2 世纪初，蔡伦大概通过高温烧煮和捶打的方法，利用树皮、麻头、破布、破网等廉价的植物纤维，改良制成易于书写的价廉纸，使文学的创作和传播都急速发展开来。

铜　镜

爱美是人的天性，人们装扮时，当然希望看到自己美丽的样子。一般说来，只要是能反射的平面东西，就可以映出画面来，而静止的水面便是很好的反射体。相信远古的人到河岸汲水捕鱼时，就已经发现这种光线反射的现象可以用来映照容颜。陶器发明后，以水盆盛水就近照容，就不用再出门到河边去，而且效果也比有波纹的溪流水面来得好。所以原先镜子的名字是“鉴”，鉴的字源作“监”◎，监的甲骨文字形就作一人弯腰向盆里观看映像之状。

以水盆照面容虽是不需花费的方法，但它的反射效果不佳，而且也不能随身携带以备不时之需。因此有较好的映像材料出现后，这种原始的方法就慢慢被淘汰了。比如表面摩擦得光亮平滑的金属平面就可以映像，所以中外都是在能熔铸金属后不久，就尝试铸造镜子。例如埃及在四千五百年前已有金、银、青铜等材料的镜子，而据目前的考古证据，中国在四千多年前的齐家文化也有铜镜，其直径为 9 厘米，厚约 0.5 厘米，表面平滑，背部有图案装饰，且有钮可穿绳持拿，与后世镜子的形状一样。

◎监

早期的金属中，反射效果最好的是银，但考古发掘尚不见商代以前有银的器物，现今存世的也只有一两件嵌银的铜器，由此可知中国古代缺少自然银的生产。至于黄金的器物也只见少数的小件首饰，因此适合做反射之用的金属材料便只剩青铜了。但铜在冶铸的初期是昂贵的材料，主要为关系到国家生存的“祀与戎”服务。镜子不是维持生存所必需的，故铸造的数量非常少，到了战国时代冶铁兴盛，才见大量铜镜出土。

青铜的合金成分与其呈色和性能有一定的关系。当锡的成分递增至十分之四时，其呈色就由赤铜、赤黄、橙黄、淡黄而呈灰白。白的反光效果虽最好，但锡的价格高，而且锡若占四成以上，则质量太脆，不禁久用，故铸造铜镜时，锡的成分一般是三成左右，可使质料坚韧而呈色近灰。但为了增加白的呈色，以增强光线的反射效果，在铸成之后，更用锡与水银的溶剂（即玄锡）摩擦镜面，使其光亮以增加影像的效果。《淮南子·修务训》：“明镜之始下型，朦然未见形容。及其粉以玄锡，摩以白旃，鬓眉微毫，可得而察。”铜镜一旦制成，以后每年都要再施以同样加工，磨镜一次，否则映像就会模糊，故古时有磨镜的行业。

秦汉时代也有用铁铸镜的，往往又以金银嵌镶，因此应不是为了省材料费，而是因为铸铁呈色较白，有较好的映像效果。不过，铸铁太脆，跌落时易于破碎，而且也会氧化生锈，故被淘汰。

镜子是种近距离观看的器物，镜面平则映像与物同大，镜面凹则映像比物大，凸面则相反，映像要比物形小。铜不但价昂，也是量重的物质，所以为了使用方便与经济起见，最好铸得小些，即要铸成凸面，才能在较小面积内把整个脸照进去。从文献得知，这种球面与映像之间的关系，战国时期的人已有所了解，但要到汉代，镜面才普遍铸成凸面，可知那时人们才普遍领会球面映像的原理。西方则迟至 13 世纪才有凸面的镜子。

图 1　安徽马鞍山东吴墓出土贵族生活图漆盘，上有妇女面对镜架装扮之像

镜子的形状，从存世的作品来看，唐代以前的，除偶尔铸成正方形外，其他都作圆形。镜子之铸成圆形不外几个原因：或因源自水盆照容的传统，水盆绝大多数作圆形，故因之铸成圆形；或因人的脸形基本是圆形，不必浪费材料铸成方形；再者，就铸造工艺的角度看，圆的容易铸得完美，没有棱角的器物也较方便携带使用。但文献提及魏武帝曹操时有菱花镜，可能是镜呈六角形，或是镜背有菱花的纹饰。但是人们总会厌烦一成不变的形状，故唐代以来，就有很多镜子铸成多角棱或花瓣形，甚至是不规则外形。镜子本来于背部都铸有一钮可穿绳持拿，大概唐宋时代开始，铸成的镜子不再是穿绳而是可持拿的长柄了，后来有柄镜子就成为主要的形式。

镜子的大小，一般是直径十几厘米，可以拿在手中，也可以倚靠在架上。但铜质量重，女士们又希望能随时顾盼整妆，故有超小型的不到三厘米而可放在钱包中的。《左传》庄公二十一年："郑伯之享王也，王以后之鞶鉴予之。"鞶鉴就是这一类的小镜子。至于大的，有直径超过三十厘米的。文献还记载洛阳仁寿殿前有方镜高五尺，向之立写人形，大概是让上朝的官员们整装用的。

除了照颜，镜子还有装饰、游戏甚至避邪等附带的作用。除极少数外，古镜的背部大都铸有各种繁简不等的花纹。花纹能反映时代的风尚，可作断代的依据。战国时代的花纹与同时代的青铜礼器相似，以简化的神异禽兽、几何图形和线条为多。汉代出现源自日晷兼可作六博棋盘的规矩纹，以及四灵、东王公、西王母、黄帝等与神道有关的形象和祓除不祥等吉祥文句。

至迟开始于汉代，大概是认为镜子可使邪物不能隐形，妖邪必要回避，因此有铜镜可避不祥的迷信。《抱朴子》说：“道士以明镜九寸悬于背，老魅不敢近，若有鸟兽邪物照之，其本性皆见镜中。”“昔张、盖二人并精思于云台山石室中，忽有一人黄练衣葛巾到其前曰：‘劳乎，道士辛苦幽隐。’于是二人顾镜中，乃鹿也。”后来人们又以之与八卦符号配合，悬于门前，以驱鬼魅。

铜镜背的花纹到六朝时，经常铸有十二生肖的图案。隋唐时代除反映佛道教思想，及传统的鸾凤云草等祥瑞图案外，

图 2　汉代画像石上的博局游戏图及汉代铜镜上的规矩纹，其纹与日晷上的刻度相同

图 3　山东嘉祥武梁祠东汉画像石上的列女传故事，描写梁高行援镜操刀割鼻以拒梁王之婚聘

还出现大量外来的新事物，如海兽、葡萄、狮子等图案。唐以后以铜镜陪葬的风气似乎不盛，纹饰也不若前代的繁缛，有时甚至是素白的。

西方的玻璃镜子16世纪在威尼斯大量生产，它用锡及水银溶剂涂背以反射光线，映像效果比铜镜好多了，且不必年年磨光。中国于十八九世纪才知制作玻璃镜的技术，从此以后，就再也没人制作和使用青铜镜了。

古人怎样系腰带

带钩是东周时代常见的衣饰用品。它的基本造型是由钩首、钩体和钩钮三部分组成，用以束紧衣服或悬挂日常用品及装饰物。钩首是个钩，钩住衣带一端的环以束紧衣服。由于钩首的形体小，不是展示美观的主要部位，所以大都因势铸成简单的动物头形，有时则素白无饰。钩钮是钩体后的突出圆钮，用于把带钩固定在革带或丝带上，因为它被隐藏于带内，不显露于外，故不必有任何的装饰。钩体是带钩的主要部分，显示于外，是装饰炫美的所在，故带钩的各式各样变化都在这一部分。有些钩没有钩体部分，大半只用以悬挂日常小用具。

从带钩在墓葬中被发现的情况，可以确定它有两个用途：一是用以束紧衣服，一是悬挂剑、弩、刀、削、钱囊、镜、印章、佩饰等物。带钩是日常也是军事的装备。它的尺寸颇为悬殊，没有钩体的小至 2 厘米以下，长的达 46 厘米，不过一般长 10 厘米上下。钩体具有弧度，以适合腹部的弯度，故用以束衣的功用至为明显。

几乎所有固体的材料都可以制作带钩，但因它是身上很显眼的东西，可以达到夸示财富与地位的目的，所以有钱的人往往以最昂贵的金、银、玉、玻璃等材料来制作，家境不富裕的则大多采用铁、石、骨、木、陶等材料，目前存世最多的带钩是青铜铸品。

钩体的造型，基本形状有宽板、窄带、一端膨大及不规矩的仿生形状等几大类。每一种都于形体的变化外，加上几何线条、各种动物、人物等平面、浮雕或立雕的纹饰，还有加上鎏金、嵌镶金、银、绿松石、水晶、玻璃、玉等不同颜色的珍物，花样繁多。

从成千出土的带钩来看，可知中国最早使用带钩的时间是春秋中期，战国时最盛，汉以后就衰微了。文献《史记·齐世家》有："而使管仲别将兵遮莒道，射中小白带钩。"小白即后来的齐桓公，时代属春秋早期，说明春秋时期带钩已被应用于戎服。

使用带钩以前，中国人以布帛的带子束紧衣服，并在其上悬挂日常用具。高贵者的带子也有繁缛的刺绣装饰，炫耀的目的与带钩并无不同。那为什么到春秋时代才突然兴起服佩带钩的风尚呢？

有些人以为带钩是因使用革带而发展起来的服饰。皮革是游牧骑马民族比较熟悉的材料，加上带钩又有犀比、犀毗、胥纰、私纰头等显然是外来译音的名称，因此以为它是骑马民族引进的服饰。但是几十年来的考古工作发现，带钩的传播是从三晋与关中的中原地区逐渐向四周扩散的，而同时的游牧地区反而少发现这一类的服饰，可知它应是中国自己发明的东西。而且，在西周初期就已有以革带系芾的衣制，其时并没有使用带钩，可知带钩不会单纯起于革带的使用。

带钩与带扣都是革带上的零件，都用以束衣。带扣很早就被用为马匹的束带，因此推测它被转用为腰带而发展成带钩，但是用带扣束衣要晚于带钩，而且从早期带钩的形制看，似乎也不是如此发展的。春秋期的钩以小型的居多，不少是没有钩体甚至没有钮的，显然其作用是悬挂物品而非束衣。古时的带钩虽可在腰际插大件的工具，但如像刀、削一类有角棱的小件东西，就不便插于腰际而宜悬吊于衣带。很可能用以悬挂小件就是钩的最初用途，后来才转用以束衣的。

带钩之出现于春秋时代，该有时间上的因素。以带钩束衣的好处是带上和卸下方便，不像宽带要捆绕折叠，颇为费时。虽然绅士们讲究雍和从容的气度，不嫌费时，但这种带子不便携带量重的东西；所以万一携带某种不常用而量重的东西时，便需要有种特别用途的腰带，而带钩很可能就是这样发展出来的。

图 1　公元前 5 世纪至公元前 3 世纪，一些战国时代系铜革带钩的铜造像

《左传》桓公二年记载："衮冕黻珽，带裳幅舄，衡紞纮綎，昭其度也。藻率鞞鞛，鞶厉游缨，昭其数也。火龙黼黻，昭其文也。"明示身上穿有丝带与鞶带。河北平山战国初期中山王墓出土的佩剑男子持灯灯座，男子的宽幅腰带上也系有带钩，这也启示我们使用带钩的契机。

图 2　在宽带上加佩剑的革带钩的图像；左为汉代空心砖上的印纹，右为战国时代的铜造像

春秋时携带量重而不常用的新事物最可能的是剑。剑是由短兵刃发展起来的，初为乘战车者的护身武器，它开始发展于商代晚期，以刺杀心脏部位为目标。早先只有二三十厘米长，随着冶金技术的发达，春秋时骑兵对剑的应用日盛，对剑的使用越来越迫切，所以剑的长度越铸越长，经常达到 50 厘米，剑重量自然也跟着增加。同时，春秋以来诸国交锋频繁，卿士多参与军事，本为格斗武器的剑，渐变为装饰的用具，成为一种身份的象征；它可能悬挂于有带钩的革带上，平时闲置于家中，一旦有需要佩挂时，才临时加到丝带上，因此才成带上有鞶带钩的现象。

早期的带钩可能只是带剑的用具，还不被视为装饰的器具，故早期的带钩都短小且制作粗陋。因为它易服易卸，春秋晚期普遍用以束衣，为了显示威仪的目的，才开始制作精美而大型的带钩。

束衣的带子本来都以纺织品做成，后来大半是基于上述军事上的用途，男子的带子才改以革制带钩，妇女则仍保持丝制，故东汉《说文解字》对“带”字的解释是：“绅也。男子鞶带，妇人带丝。”

大概源自骑马民族的带扣在束衣的功能上更为稳牢，加上人们又不时兴带剑，不必时卸时带，故西晋以后带钩就逐渐被带扣取代了。

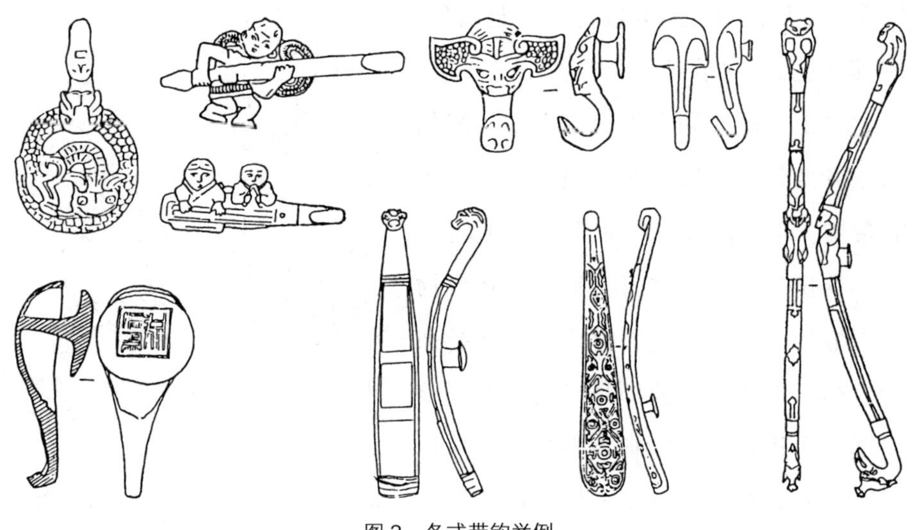

图3　各式带钩举例

黄帝为什么佩玉

谈到远古的人物，没有比黄帝的传说更为详细的了。他生于四千七年前，被视为中国人的共同祖先，后世的姓氏几乎都可以在他的朝廷找到渊源，故《史记》以他为中国历史的开始。黄帝是中国第一个建立人为制度王朝的人，较重要的创制有衣裳、旃冕、历数、律吕、文字等。在历史学家的眼中，他与以前的圣人如开天辟地的盘古氏、构木巢居的有巢氏、钻木取火的燧人氏、网罟渔猎的伏羲氏、种植谷物的神农氏等有极大的不同。那些圣人虽然次第发明改善人们生活的劳动方法和器物，为文明的进展、国家的建立提供必需的物质基础，但都未触及政治措施的种种人为制度。班固的《白虎通》就特别推许“黄帝始作制度”。因此在古籍记载中，黄帝以前的创物圣人被描写成半人半兽的神物，或穿着树叶或穿着兽皮，是尚处于野蛮状况的人物，而黄帝以下的帝王则穿戴着文明人的衣冠，服佩着玉佩。

历来以为黄帝的取名来自其顺应土德而崇尚黄色。西周时代，人们开始想象宇宙是由木、火、土、金、水五种物质构成。发展到战国晚期，邹衍把这五种物质，配合东、南、中、西、北五个方向，青、赤、黄、白、黑五种颜色，春、夏（孟夏、季夏）、秋、冬四个季节，认为这些东西很有系统，依次序轮番主宰宇宙，从而影响人间政治的更革。王者需要当运才能成功，否则就会遭遇败亡。根据这种阴阳五行学说，黄是最尊贵的颜色，土是五谷生长所最倚重的物质，中央是临制四方最适中的位置。

黄帝既然是五帝中最伟大的，当然要应土德之运，坐领中央而穿黄色的衣裳，故以为黄帝是以黄色之德命名的。

但五帝中，只有黄帝是以颜色命名的，在邹衍创演五德相胜学说之前，其名字已出现于铜器铭文，而且战国晚期以前，中国也不见有尚黄的习俗。因为根据考古资料，中国自新石器时代以来，就普遍喜爱鲜明的红色及黑色，并以之为尊贵者的装饰色。战国时代的人大概根据周代尚赤的事实，应用五行相生相胜的新理论，附会黄帝的名字，推算上古各帝王所应崇尚的颜色，才得出黄帝应土德的这种不正确结论。

商代的甲骨文显示，“黄”◎是一组玉佩的象形字，中间是主体的圆环，环下则为垂饰的衡牙及双璜，所以黄帝很可能便是以璜佩来取名的。

现今可知，七千多年前中国已有“炊蒸”的烧食法，这种方法需要一块布来隔开谷粒与水，并让水蒸气透过孔隙将食物蒸熟。而地下发掘的材料也证实，起码六千多年前便已有麻布。所以黄帝的创制衣裳，其意义应不只是裁剪衣帛缝制衣服，主要还是在规定不同形式的衣裳来区分阶级，以达到某种政治目的。传说黄帝始作带以束紧衣服，并以之作为代表阶级的标记。《礼记·玉藻》说：“凡带必有佩玉。”玉佩是带上的悬挂物，很可能黄帝所创衣制就是以璜佩增饰并用以表示阶级。

以渔猎采集为主要生活方式的远古时代是个平等的社会，人们向自然撷取资源，没有产权及领域的概念，也不会产生贫富的差距。当时所谓的领袖是人们自动的依附，不能强制执行权威，所以没有必要强调某个人的特殊地位；但是到了以园艺农业维生的时代，开始有产权及领域的概念，

◎黄

由于对环境的投资程度不同，个人的财富渐有差别而形成有阶级的社会。一旦有了阶级的区分，就普遍产生以穿戴某些难取得的动物皮毛、爪牙或装饰金玉、贝羽等东西来显示权威及特殊身份的现象。

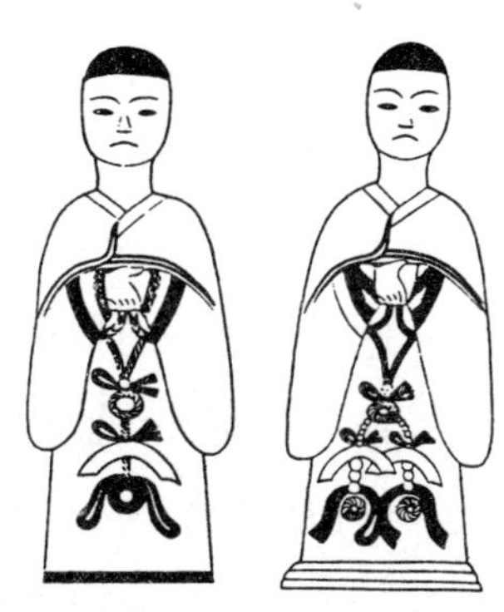
图 1　战国时期彩绘服带玉佩的木俑

在当时，玉即属于难取得的贵重物质，是贵族阶级才有能力拥有的，他们以玉为材料来磨制礼仪及装饰用具。一般说来，玉的色彩美丽、表面温润光泽、质地坚实，若磨成薄片将之串联成组，行走移动之际便会相互撞击，发出清爽悦耳的声音。作为璜佩，还有节制步伐、增加肃穆气氛的效用，很能表现统治阶级不事生产、悠闲儒雅的形象。

至于佩玉之制到底是基于什么动机创制的，已难考究。不过，礼器大半源自实用的器具，例如《后汉书·舆服志》就曾说："威仪之制，三代同之。五霸迭兴，战兵不息。佩非战器，韨非兵旗。于是解去韨佩，留其系璲，以为章表。"猜测佩玉源自战器很可能是正确的，其过程大概是从可携带于腰际的石制武器发展到圭璋，再从圭璋变成玉佩。

悬挂贵重的成组玉佩于腰际，显然会妨害劳动的进行，也不利于军事行动，是只有不事劳动、悠闲的人才用得着的装饰。而把兵器改变为礼器，个人以为最重要的目的就是在示人以不战的用心。《史记·周本纪》说周武王于克殷后，"纵马于华山之阳，放牛于桃山之虚，偃干戈，振兵释旅，示天下不复用也"。可见在安邦定土、天下一统之后，表示不再用兵的举动是种很重要的政治技巧。起码在很多人的心目中，仁慈的君王就该如此。譬如《孔子家语》有："黄帝与炎帝战，克之，始垂衣裳作黼黻。"即强调创制不便于作战跳跃的垂地长衣裳和表现高阶级的费工刺绣，其时机就是在战后，亦即人民亟须和平以生产养息的时候。

玉佩的重要零件璜，是龙山文化早期才开始出现的，而龙山时代正是社会阶级从开始分化进而确立的时期，其时约在四千八百年前，与传说黄帝的时代约略一致。黄帝于战后创衣制，于带上悬吊玉佩增饰，以显示悠闲与地位的举动，也很符合那个时代的背景。因此我们可以肯定，后人认为创建人为制度的君王为黄帝，是因为他以璜佩来表示不战的用心，并以之区分阶级，强固社会秩序。由于显示君王悠闲的形象有重要的政治动机，故演变成君王除了遭遇丧事都要玉不离身的风气。

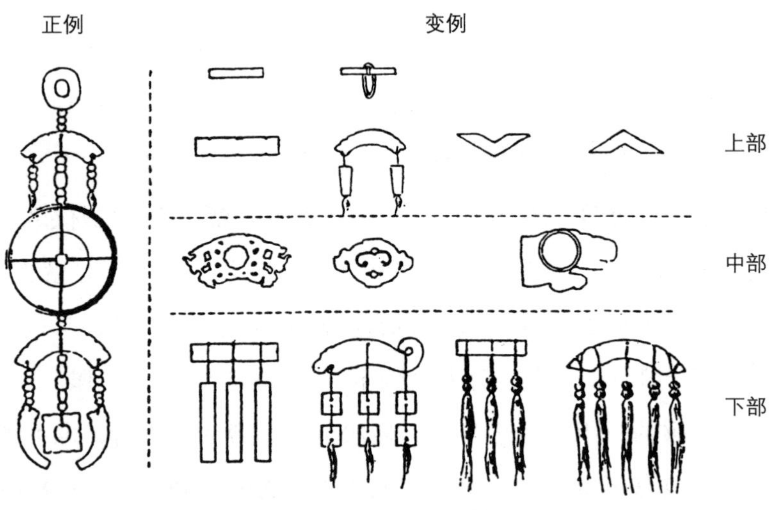

图 2　璜佩的组合形状

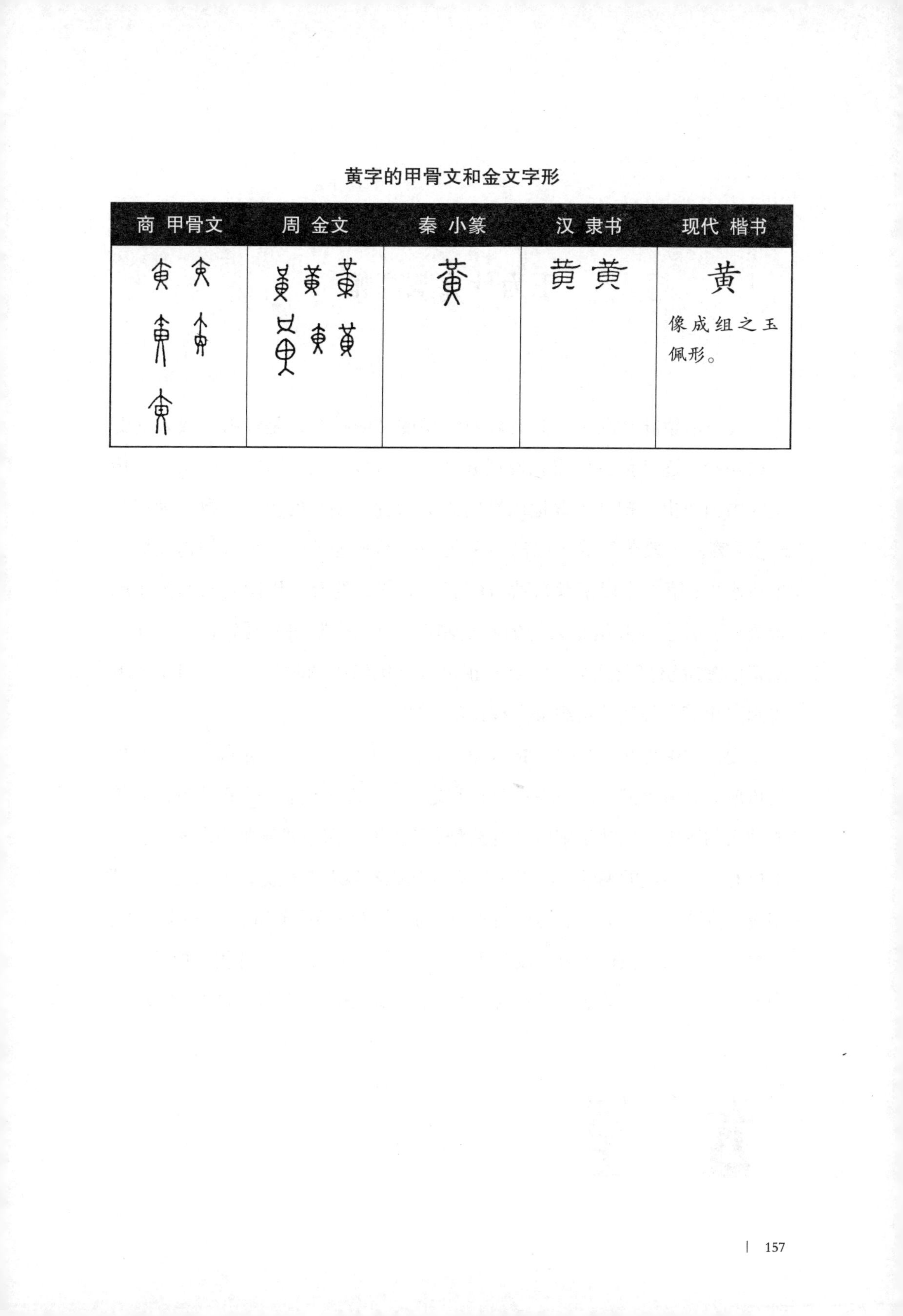

黄字的甲骨文和金文字形

商 甲骨文	周 金文	秦 小篆	汉 隶书	现代 楷书
			黄 黄	黄 像成组之玉佩形。

王为什么戴高帽

人类由蒙昧状况进化到有政府组织的文明社会，是经由无数人的劳力和经验，逐渐创造而累积发展起来的。自战国诸子百家争鸣而后，传统的中国历史，把开天辟地以来的人类历程和创建的历史大致分为三个阶段：第一个段落约等于以渔猎采集为生的平等社会，只有创物以提高生活水平；第二个段落起自黄帝的五帝时代，约等于以园艺农业为生的阶级分立社会，开始有人为的政治制度；第三个阶段是夏朝以后，建立王朝的多阶层复杂社会，它是真正进入国家组织的时代，社会对个人的规制强化，掌握政治组织最高权位的人叫“王”。

商代的甲骨文，“王”◎的较早字形是“皇”◎字的下半部，作高窄的三角形上有一短横。在一块晚商的雕花骨版上发现刻有一个戴头饰的贵族或神人的图案，反映皇字取像的造型；其头饰有像角状弯曲的东西，在正中插有一支高翘的羽毛，羽毛上端有孔雀眼花纹及三簇分歧的末梢。“王”字应是少掉“皇”字上半的羽毛装饰，为装饰较简单的帽子形。在文字上，高窄的三角形常被作为有结发的人所戴的穹顶帽子，现今有些人把扑克牌中的A称作帽子，是基于同样的心理。也许是巧合，苏美尔人的楔形文字，

◎王

◎皇

君王也作和甲骨文较晚的“王”字同形，三角形之上有两短横。王权是一个有组织的社会所必须有的制度，为什么古代的人会以帽子去表示？这也应是值得探寻的。

过去没有在商代以前的遗址发现有装饰羽毛或高耸形象的头盔或帽子的图案，近年在一些四千到四千五百年前的大汶口遗址的陶器发现羽冠的图案。在一个四千八百至五千年前的良渚文化遗址，发现神人戴羽冠的纹饰，以及作为插羽毛的冠饰玉片，都与传说的四千七百年前的黄帝时代相近；中国传说创立冠冕之制的是黄帝，看来此传说似有相当的可信度。

图1　商代骨器上作头戴装饰羽毛之皇字形冠图像

帽子的效用，我们可以想象，第一是增加美感；因此甲骨文的“美”◎字就作一人的头上装饰高耸弯曲的羽毛状。自旧石器晚期以来，人们就晓得借用他种东西来装扮自己，到了贫富有差距、阶级有区分的时代，人们就以罕见、难得的饰物表现其高人一等的身份，因此帽子也很自然会演变为地位的表征之一。中国云南发现一处少数民族的崖画，所画的人物，身子越大，其头上的羽毛装饰也越丰盛，绝大多数身子小的人，就没有任何头饰，这也充分表明头饰在社会中所代表的权威作用。

头戴高耸的帽子就非常不利于日常事务的操作，除非是庆会等有限的特别时机，一般的劳动者都不会去戴它，经常穿戴它的必是有闲的统

◎美

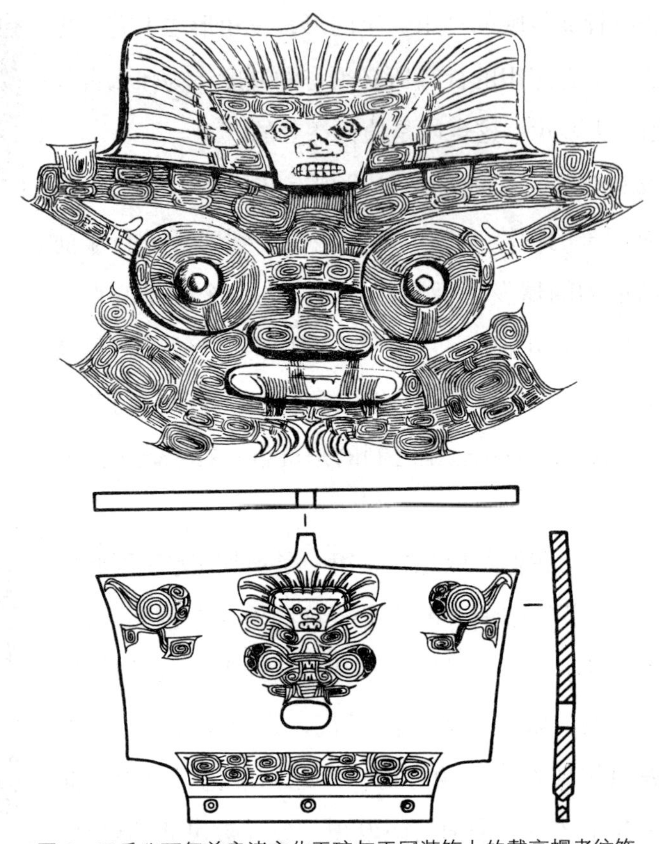

图2　四千八百年前良渚文化玉琮与玉冠装饰上的戴高帽者纹饰

治阶级。中国还传说黄帝创制衣服，强调其佩玉于带上的时机是战后，以表示不战的决心，以此显示悠闲的统治者形象，不利于劳动的帽子应也有类似的作用。

虽然黄帝时代已有帽子的创制，但到了有国家组织的多阶层社会的时代，才以帽子代表最高统治者。帽子应该于表示阶级权威、悠闲形象、示人不战的政治策略之外，可能还有应付新形势的更为重要的作用，在这里我试为猜测，推敲一二。

竞争是自然界为求生存所不能不采取的手段。在寻找必要的生活物资时，如果双方的利益不平衡而又不能回避时，为了保全自己，就只有通过各种可能的方法以达到压制对方的目的。武力一向是其中最有效的途径，尤其是到了经营定居的农业社会，不但有必要组织武力以保护自己辛劳耕耘的成果不被侵扰、掠夺，甚至为了取得肥沃的土地、占有温暖的地域、控制充分的水源，以保证粮食的生产，也得组织大规模的武力以从事经济性的掠夺或占有。

所以战争是进化到农业社会时所必经的过程，其规模由小而大。小规模的冲突不必有人指挥战斗，但是一旦发生大规模冲突，有成千上万的人参与时，就需要有人进行全盘性的统筹指挥，才能获得最佳的战斗效果。指挥者如希望他的指示及时被部下知晓，以应付战场即时的形势，就有必要让部下容易见到他所号令指示的措施。而同族人的身材大都相差不多，如果没有特别显眼的标志，就很难在人群中辨识其人；一般来说，指挥者只有站在较高的地点、穿着特殊的服饰，其举动才较易被人注意到。

高耸的帽子不利于行动，本来是悠闲的形象、不战的象征，原本不应在战场出现的；但是，如果指挥者在战场找不到人人可见的高地来传布命令，戴上高耸的帽子也可以达到提升身高、鹤立鸡群的效用，而战争时指挥官头戴高耸头饰的原因可能即为此。商代甲骨文的“令”◎字，就作一个跪坐的人头戴三角形帽子之状。

古时部族的行动不离旗帜，以旗帜表示部族的驻扎所在，并指示部族的聚散进退。故封邦建国时，旗帜、土地和人民往往一起被授给邦君。商汤克夏、周武王克商时，他们手里都拿着斧钺与旗帜。马车在使用的

◎令

初期并无冲锋陷阵之能，而商代的指挥者还是选择站在易于倾覆的车上，车上竖有指挥的大旗，这样做的目的很可能是让指挥者常处于可移动的居高位置，以易于被部下看到，从而可机动地指挥军队，这与高耸的帽子具有同样的作用。

古代的军事领袖就是政治上的掌权者。戴高帽本是庆会以外为指挥作战的临时设施，它慢慢演变为象征权威的常服，同时它也被改良成保护头部的盔胄。甲骨文的“免”◎字就作一人戴头盔之状。戴头盔本是武士的殊荣、作战的装备，后来非武士成员掌权后也可戴冠，于是再进一步改变为行礼时戴的各种冠冕了。

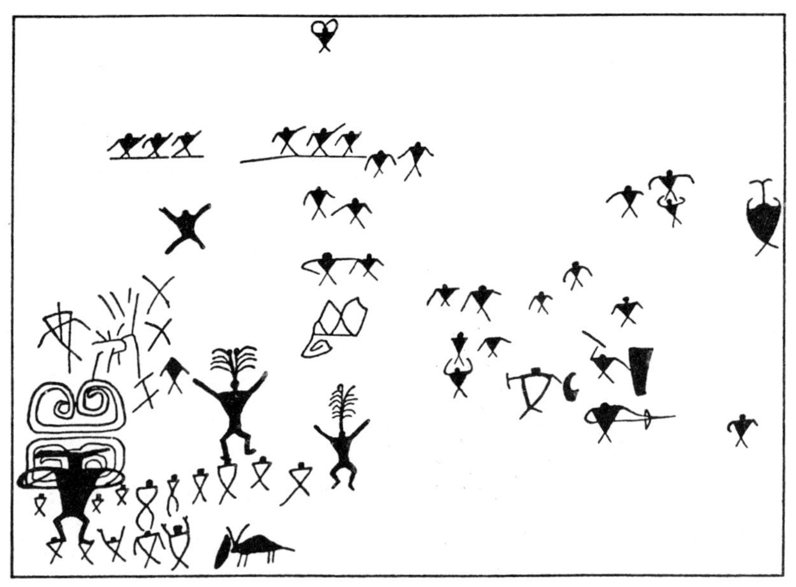

图3　云南沧源少数民族的崖画；身子越大，头饰也越丰盛，显然表示地位的差别

◎免

鞋 子

——地位的象征

鞋子是日常穿用的东西，人们一点也不觉得它有什么稀奇。但我们可能见过有穿衣服、戴帽子而没有穿鞋子的半开化部族，却从来不曾见过有穿鞋子而不穿衣服、戴帽子的社会，可见鞋子是有帽子以后，文明社会的产物。在中国，戴高耸羽冠或帽盔的风气，可能是为顺应大规模的战争，为指挥战斗的需要而发展起来的。最早有羽冠的图案见于良渚文化的石斧，鞋子的穿用既然在帽子之后，就不会早于公元前2800年了。

一般人想到的鞋子的最初功用，大概是可以保护脚不受到伤害。但事实上人和其他的动物一样，脚本为走路而生，皮肤自会硬化，不会轻易受路上石块的伤害。人类已经几百万年赤脚走路，不会突然为此目的而兴起穿鞋的念头，那么到底是基于什么需要，人们才开始制作鞋子的呢？相信很多人都有兴趣知道。

鞋子是衣饰之一。衣有美化的作用，是不是穿鞋子可以看起来漂亮些呢？但是鞋子穿在脚底下，地位非常不显著，尤其在人群中，根本看不到鞋子的样子。半开化民族对身体的各部位经常作种种的装饰与纹饰，就是少有把注意力放到脚下的。譬如留下很多雕像和图像的中南美洲玛雅文化，以及非洲北部的埃及，他们穿戴过分夸张的帽子、珠宝，就是不穿鞋子，可见鞋子并没有装饰方面的大用途，不会因之而创制。

图 1　殷墟妇好五号墓出土，晚商跪坐人像玉雕，人像穿有方头形鞋子

衣服还有政治上的作用，它可以作为某种地位的表征，鞋子似乎也可以达到此目的。但是鞋子在人体的位置太不显著，恐怕不会只为此需要而创造出来。

鞋子的另一个基本作用是保持脚的干净，很可能是为某种特殊场所的需要而发展起来的。这倒是适合古人的心态，而且也算是一种新的情况和要求，值得考虑。

很多商代的文字和雕刻作品，都反映中国人有跪坐的习惯。甲骨文有一字，作一人跪坐于草席之上，反映有跪坐于席上的风气。如果穿鞋子而坐上席子，就会脏污席子，给自己、对他人都会带来不便，因此有脱去鞋袜的要求。《礼记·曲礼》："侍坐于长者，屦不上于堂。解屦不敢当阶。"连上堂也有要脱鞋的情况。

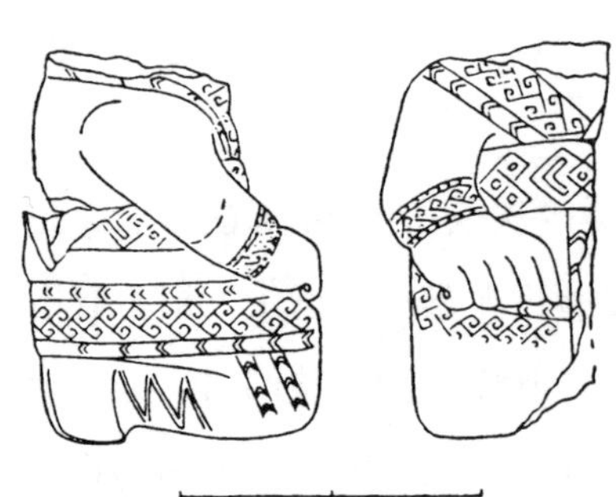

图 2　河南安阳侯家庄 1001 号大墓出土晚商跪坐人像残石雕，人像穿有方头形的鞋子

某些场所若不脱鞋袜，在当时会被认为是种大不敬的行为。如《春秋》哀公二十五年："卫侯为灵台于藉圃，与诸大夫饮酒焉。褚师声子袜而登席，公怒。辞曰：'臣有疾异于人，若见之，君将壳（吐）之，是以不敢。'公愈怒。大夫辞之，不可。褚师出，公戟其手，曰：'必

断而足’。”卫侯咬牙切齿，誓言要砍断褚师的脚，可见严重的程度。

《释名·释衣服》：“履，礼也。饰足所以为礼也。复其下曰舄。舄，腊也。行礼久立，地或泥湿，故复其末下，使干腊也。”在没有发明鞋以前，人们一向习惯行走于朝露之上，没有必要为了保护脚受潮湿的侵蚀才发明鞋。笔者小时候赤足上学，只有在开学仪式等有限场合才穿鞋。因此很可能行“礼”的目的才是创造鞋子的真正原因。其演进的经过，大概可作如下的假设。

保持庙堂等庄严所在的干净是很多社会都有的习惯，现今还有庙堂是要脱了鞋子才许进去的。很可能起自先人在进入庙堂之前，有洗去足上污秽，以免侮慢神灵的习俗。甲骨文的“前”◎及“湔”◎字，都作一只脚在盘中洗涤之状。“前”之有前进、先前等意义，可能来源于上堂行礼之前要洗脚的习惯。

临时洗脚恐怕有点匆促，为了方便起见，后来就先以皮革包裹已洗干净了的脚，于行礼时才拿去皮块，以保持脚的干净。为行礼的目的，避免污秽神圣的庙堂才是新的情况，需要新的应变措施，才有以皮块包裹脚的动机，此临时的皮块就慢慢发展成用不同的材料缝制的鞋子，至于在鞋子上增添装饰的花样，则又是更晚以后的发展了。

后来大概觉得赤足行礼不雅，就缝制袜子。故《礼记·少仪》有：“凡祭于室中堂上，无跣。燕则有之。”行礼要雅，故需要穿袜，宴会要求舒服，故脱去鞋袜。

在古代，参与礼仪是绅士们才有的资格，故穿用鞋子的也一定是有地

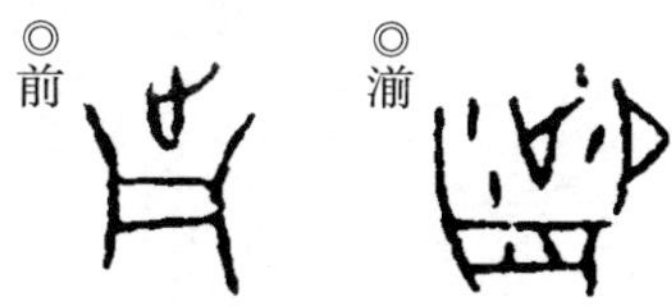

图3　春秋晚期的青铜铸像；此铜像可能是插灯盘用的架子，奴仆掌灯是古代常见的题材，可能在宴会场所故赤脚不穿鞋

位的贵族。图1、图2是商代的跪坐人像，穿着有刺绣的宽带，衣缘也都有缝边，显然是贵族的形象，两人都穿有鞋子。图3是春秋晚期的塑像，该人的衣服满是刺绣，且带有剑，虽然手持灯架，不应是贵族的形象，但绝不是低级的奴仆，却不穿鞋而作赤足，明显表现迟至春秋晚期，穿鞋还不是人人所能，而是具有相当身份的人。

从文字也可以看出穿鞋者要有相当的身份。古人称鞋子为履或屦，“履”◎字的西周字形作一人穿着一只如舟形之鞋子状。但是此人绝不是平民的形象，它特别强调穿鞋者具有眉与目细节的头部形状。鞋子穿在脚下，与高高在上的头根本扯不上关系，创字者不嫌麻烦地把头部的特征描画出来，一定是为了要表现穿鞋者是何种人的服饰，否则画个简单的人形就够了。

“履”字所表现的穿鞋人可能是个主持祭祀的巫师，脸上还有化装。一如“夏”◎字，大概是作脸部有化装的巫者在舞蹈的样子；夏天经常闹干旱，需要巫师跳舞求雨，故以巫师跳舞的形象代表炎热的夏季。巫祝在古代属于贵族的行列，主持礼仪是他们的职务，最有需要踏进庙堂庄严圣地的是他们，因此他们是最有可能首先穿鞋子的人，其次是有机会参与礼仪的贵族。

◎履　◎夏

武士为什么结髻

头发是人类所共有。各个民族的头发虽有稠稀、长短、曲直等不同，但都是生长在人身最高的地方，部位显著。头发除了本然的隔绝冷与热的功用外，还有其他种种社会功能。佛教认为它是烦恼丝，表现世俗的欲求之一，要剃掉它，以示隔绝世俗。有的宗教则要留长它，以方便被神抓上天去。其他如以发型表示年龄、婚姻状况或地位等的区别，都在很多社会发生过。到底人们何时开始对它注意并花费很多时间加以打扮呢？中国古人对头发是否和其他民族有同样的观念和措施？其演变的经过大致如何？

我们现在的经验，妇女比男人花更多的时间梳理装扮头发，似乎因为女人比男人更爱漂亮，处理头发是基于美容的原因。但仔细一想，恐怕最初并不是如此。

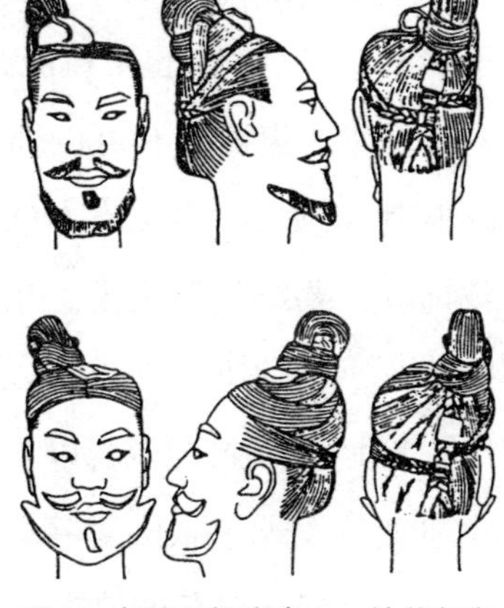

图 1　秦兵马俑坑出土，结扎复杂发型的兵士陶塑头像

爱美是种进步的象征，表示人们有余闲能从事觅食以外的思考，不是混混沌沌毫无思想的时代了。在动物群中，恐怕人的头发长得最长，如果不加以修剪，大部分男女的头发都可以长过腰际。如果把我们想象生活在已知爱美的远古时代，譬如说在一万多年前，就会发现根本没有什么方法把头发打扮

图 2　广州东汉墓彩绘舞女陶俑的服饰

得漂亮些，因为松散下垂的头发无法使饰物保留在其上而不掉下来。那时没有什么趁手的利器可将头发剪短，如让它无限制地生长，就会妨害工作，人们不得不想办法把它弄得不碍手些，否则就得一根根地扯断，太烦人了。因此当人们到了不是只从树上摘果子或在地下挖块根，还要追逐奔跑捕捉野兽的阶段时，就会有束发而不妨碍工作的需要。最先整理头发是基于工作的需要，还可以从一些后世的风俗得到印证。日本在战国时代以前，不管身份高低，女性都顺其自然梳为长长的垂发，最多是用油脂的东西把它梳得乌亮而已。后来身份低的人为了应付繁忙的生活，感到散长的垂发对工作多少有些不便，于是乃有于劳动之际才束发于脑后的风俗。这种形式渐为一般人所接受而才普遍结发，而且又受歌舞伎装扮的影响，演成普遍梳成各种各样复杂的髻，所以束发最初应是为工作的需要，后来才发展为美观的目的。由于剧烈的工作都由男子从事，因而束发也很可能始自男性，不是女性。

括发成束需要有可以绑得住的东西。一万多年前的山顶洞人有骨针，既能制作颈饰，自也有办法搓绳束发。这样的结发也还是难于在其上插戴饰物，要结发于头上，用笄贯穿头发才能紧密插住东西，以木、竹作的笄难于在地下保存，所以难估计何时有髻发的习惯，或以为始自燧人氏，自是猜测之词。若以不易腐败材料制作的，约八千多年前裴李岗文化遗址就发现了很多骨笄，那时阶级尚未形成，因此骨笄的使用除工作外，还有基于对美的追求。不少初民的社会，作为领导阶级的人有插骨、羽毛等物向受其统治的族人炫耀，并以之向外族显示其崇高的地位，可以肯定这种阶级社会的功能使这种习俗更为推广。

女性发型之复杂胜过男子，应是较晚的事，起码在汉代之前，陶俑、壁画所显示的汉代妇女大都是垂发或束发而结圆髻于脑后的打扮。而我们可以看到秦始皇的陶俑坑，士兵都于头上结各种式样繁杂的高耸发型，武士这种结髻的习惯至少可追溯到商代。甲骨文的“免”◎字，作一人戴有弯角装饰的头盔状，可避免矢石的伤害；头盔作穹顶的形状是为容纳高耸的髻，与小孩的平顶帽异趣。出土的商代铜盔，都是穹顶，眉以上的部分很高，显然是为容髻。西周有玉人雕像，戴布帽高约头长，也是为容高耸的发结。士兵结髻显然是为打仗的需要，和工作的目的一致。

固定顶上的发髻，最简单的是用一支笄。甲骨文的“夫”◎字，作一个大人的头上插有一支笄的形状。笄的主要作用是把头发束括起来不使松散，附带也起装饰及分别等级的作用，故雕刻繁缛的骨笄只见于较大的墓葬。括发是成人的装扮，男人平常只用一支笄，故“夫”字是成年的男人。在汉代，士族就盖以冠，而庶人则只加巾。女子要成年当了人妻之后才梳发、插发笄，故甲骨文“妻”◎字，作跪坐的妇女在装扮头发之状。女子更为爱美，经常插多支笄；甲骨文的“每”◎字，其本义是丰美，作一跪坐的妇女头上插有多支发笄之状。在几个商墓中，曾发现妇女头部遗留几十支发笄的情形，真是惊人的盛装。

大概到了商代，女子已比男子花更多的时间打扮头发。甲骨文的“敏”◎字，作一手在打扮一妇女之头发状。要装扮漂亮，需要巧手才能

胜任，故有敏捷、聪敏的意义。头发除笄外，还可以装饰各种珠玉、贝蚌等美丽的东西。金文的“繁”◎字，作一妇女头上装饰有丝带及其他饰物之状；因为头发或头带上所缀饰物多样，故有繁多的意义。

由于发型渐渐成为美的一部分，当社会文明进展到以人格修养为最高指标时，社会中坚的男子就较少竞逐于美的外形表现，因此商代以来男子的发型可说较无变化。女子因不戴帽而变化甚多，其原因大致是生活的富裕，使人们有余裕装饰竞美。文艺、音乐、歌舞的兴盛，追求舞容的表现，以及妇女参与社交的精神解放。汉代贵妇人大都不结发于顶，但是战国以来娱乐他人的舞女，就经常作高耸、繁杂的盛髻及饰物。魏晋南北朝的贵妇人也就受其影响，顾恺之所画的历代妇女发型多样，而出土的漆画、壁画等亦莫不如此。文献提到的发型，有朝天髻、堕马髻、八鬟髻、归云髻等数十种名称。唐代的陶俑和壁画发型表现得更是多样和夸张。

发型的演变，如上所说，是基于生活的环境，也有社会思潮的因素，本与政治无关。但是人是政治的动物，总会尽量把生活纳入政治的体制，头发也不例外。满族人进关后要汉人剃发结辫子，而对此种被压迫的忧虑，早在春秋末期的孔子就叹：“微管仲，吾其披发左衽矣。”

图3 长沙马王堆西汉墓葬中的帛画，贵妇与侍女都无高髻

◎繁

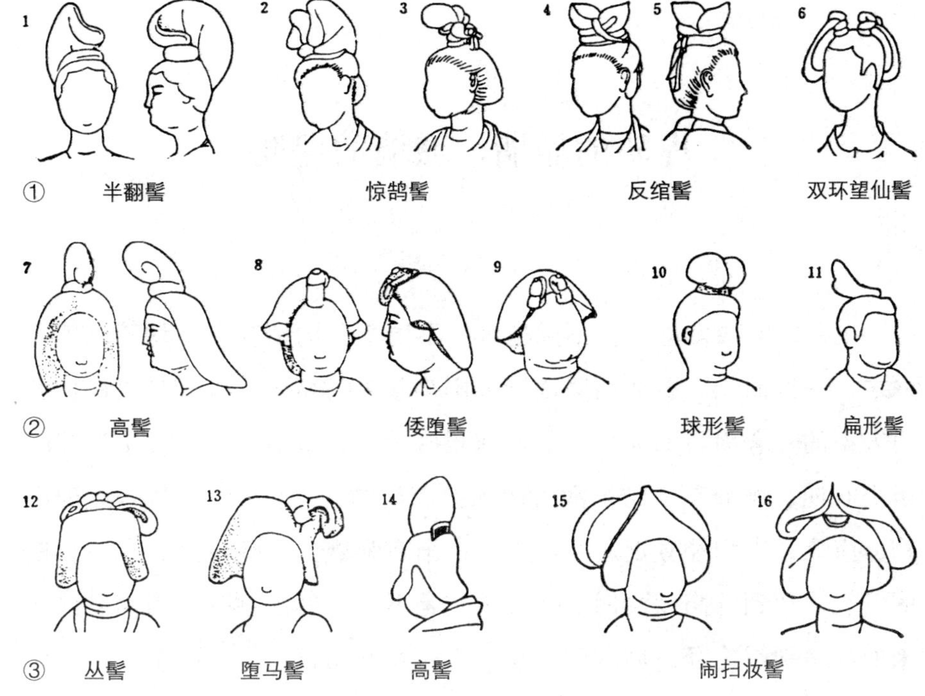

图 4 唐代妇女的髻式举例
①初唐 ②盛唐 ③中晚唐

堤防的城墙，城墙的堤防

一种事物的发生，在不同地区、不同文化的情况下，均不能等同视之，一概而论。譬如用坚固墙壁围绕起来的城市，无疑是以保护城内人畜的安全为目的而修建的。在很多社会，包括中国有文字记载的历史时期，城墙是为防御敌人的入侵而建的；它是有激烈战争后的产物，应该是人们经营定居生活后，逐渐有强烈的产权观念，经过长期的发展才达到的高度文明。在中国它是不是也经由这一步骤而发展起来的或是别有途径，城墙到底是什么时候开始营造的，应都是有趣而值得探讨的问题。

城既是一种定居而向高度文明发展的社区，假如想要探索它是因何需要而修建的，首先就有必要了解社区发展的过程。水是人们能不能生存的最基本条件，古人肯定要选择易于取水的河流附近居住，但河流水量与季节有密切的关系，为了避免雨季涨水所带来的灾难，古人往往选择可免水灾的地势高的地点栖身；故早期人们生活的遗迹都在一定的自然环境，即接近水而地势又高的洞穴。后来由于人口的压力，慢慢发展农业，要扩充耕地，就移到较低较平的地方，即选择河流两岸的台地。

人口的压力再度迫使一部分人离开取水容易的地点，居住地域渐渐扩大，以致要在远离河岸的地点建立家园。人们发现距离河流较远而地势较低洼的地点有泉水涌出，可提供生活必需的水源；涌泉的发现鼓舞人们挖井以蓄水。随着挖井技术的进步，人们可以远离河流而建立村落，以减轻人口密集所造成的耕地缩小、食物不充足的困难。挖井是联合几家人才能完成的工程，由此数家人共同使用，最后许多以井为单位的小团体组成村邑，围以壕沟或栅栏以防止野兽的闯入。

经济的掠夺常是引起战争的主要动机。经营农耕的人们，为了保护自己辛劳耕种的成果不被他人侵扰抢夺，就有组织武力及构筑防备工事的必要，因此费力地以高厚土墙代替省力的壕沟或栅栏，似乎是顺理成章的事。而且目前所知中国最早的城墙修筑于龙山文化的晚期，如山东章丘城子崖、河南登封王城岗、淮阳平粮台等。那时正是传说夏朝将建国的时候，社会里的阶级早已确立，战争的规模已相当大，这时候出现城墙，说是为防敌而设似乎也是不用加以怀疑的事。但从一些迹象看，好像筑城在中国是别有作用的。

城子崖的城周不到2000米，是否即为城邑，还有疑问。但商代早期在河南郑州建造的城，规模很大，无疑已是都邑；其城周为6960米，面积约为3.2平方公里，虽然比起战国时代的商业大城还要小很多，但比汉唐时代以来的郑州城还大三分之一。

郑州的商代城墙甚厚，剖面呈梯形，分层、分段用黄土夯筑，最宽处36米，平均高10米，宽20米，城的内外都筑有斜坡以增强墙的强度。湖北黄陂盘龙城的商代城墙也是如此营造，它们的坡度小于45度，是防水的堤防常见的形式，可以有效防止水对墙根的侵蚀而导致崩坏，但它非常不利于防守敌人的入侵。后世以防敌为目的的城墙，墙外无不修成高耸直陡的样子。河南辉县共城的墙特别厚，墙基槽宽达60米，就是为了预防北面太行山山洪暴发的巨大冲击力量，防止敌人的攀缘是没有必要如此宽广的。

河南安阳作为商代后期的王都超过二百年，照理说，应该筑有周全而坚固的城墙以防敌人的入侵。但是考古学者几十年来密集的调查和发

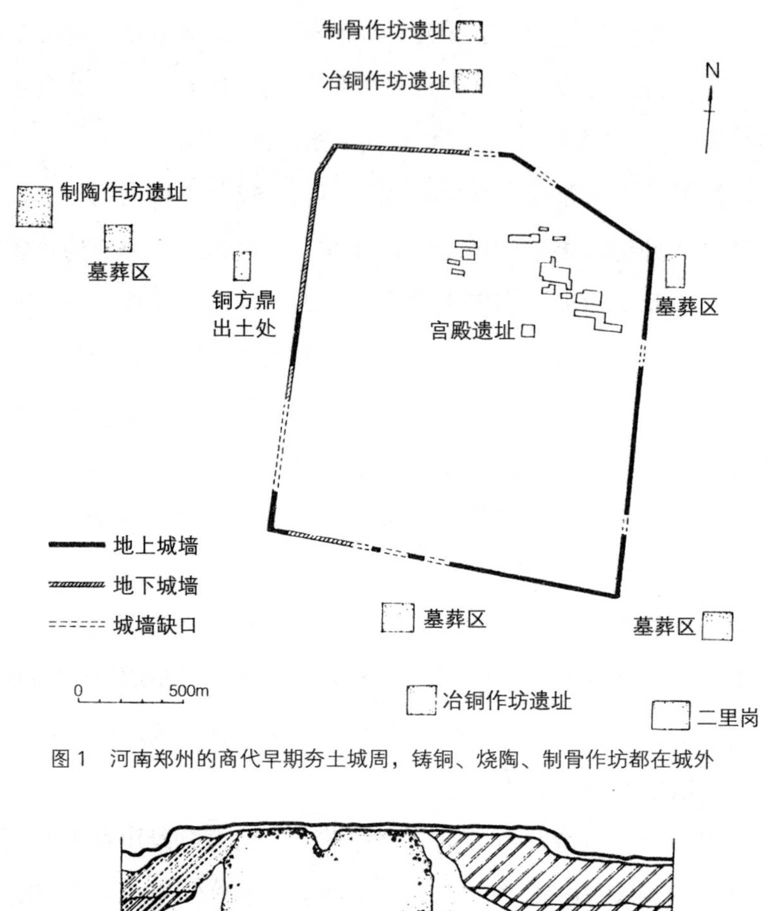

图 1 河南郑州的商代早期夯土城周，铸铜、烧陶、制骨作坊都在城外

图 2 郑州商代城墙的剖面图，主墙的内外护壁坡度都筑得不陡

掘，只发现宽深的壕沟，始终不见城墙的痕迹，以致有些人怀疑它不可能是施政的中心，而是商王朝埋葬和祭祀的圣地。商被周联军一击败溃而亡国，纣王火焚自杀，很可能就是因为没有坚固的城墙拒守，以待援

军到来。安阳的地势高，那些年附近虽有几次大水，但都不曾对它构成危害；也许商王室是因安阳的地势较四周高，没有严重的水患，故认为没有必要筑城，当然，商人还看不出城墙在军事上的用途。

商代人民栖息的地域是黄河下游的冲积区。黄河的某些河段河道浅、泥沙多，密集的雨水常使河道宣泄不及而造成泛滥。根据文献，从商的始祖契到汤的建国共迁移八次，由汤到盘庚建都安阳之前又迁了五次。从《尚书·盘庚篇》中“殷降大虐，先王不怀，厥攸作，视民利用迁”“古我先王，将多于前功，适于山”的记载，参考华北平原的地理环境，以及从山上移居平地的一般发展规律，可以想象商人不断地迁移，以及要向高处走，大多数应是为了避免水患。

属于龙山文化晚期的王城岗遗址的西墙，是大水冲倒后利用旧城墙再修建的。传说禹的父亲鲧以堙堵的方法来治水而遭遇失败，后来禹改用疏导的方法才成功。堙堵和筑城的方法与原理都相似，都可以说明龙山晚期城墙的修建在时间、技术、需要上，都与防水有密切的关系。

目前发掘的西周以前城址寥寥可数，春秋时代才见大量的修建。见于文献而能够数出来的就有466座之多。春秋时代城周的大小和坚固的程度，常是上下级之间的争论事项，如《左传》隐公元年，祭仲戒郑庄公：“都城过百雉，国之害也。先王之制，大都不过叁国之一，中五之一，小九之一。今京不度，非制也。君将不堪。”显然是指城墙在防守上的作用。但是在比较早的时代，在中国的华北地区，如何解决河流泛滥才是最切要的问题，城墙当初可能是为防洪而建，后来才发现它有拒敌的重要作用而广加修筑，甚至不虞水患的地点也加以修筑。

城初建时，只考虑到保护统治阶级，故冶铜、烧陶、制骨的作坊都被发现于郑州城外。后来商业兴盛，经济实力成为列国争强的条件之一，就把城的范围扩大，把手工业都移进城里，城因便利交易的管理而成为政教和商业中心，城周也往往超过 1 万米。如，齐国的临淄为 1.4 万米，赵国的邯郸为 1.5 万米。

从地下到地上

——怎么住才舒服

人不能离开水和食物而生活，在储水的工具和设施没有发明前，远古的人们肯定要选择易于取水的地点居住，以求生活的方便。取水的地点则以小河流为最便利。但河流水量的季节性变化大，落差有时达二三十米之多。为了避免雨季水涨所带来的灾难和损失，古人就选择地势较高可避免水患的地点栖身，而且以借住自然的洞穴为主。由于古人要作季节性的迁移，以寻找食物及适当的日照，所以有时会找不到天然的栖身处。尤其是人口多了以后，这种需求就更殷切了。考古证实，远在三十万年前，就已有人利用材料修建自己的居所。

然而，人口的压力越来越沉重，人们要扩充耕地发展事业，只好去较低平的地方住。平地没有自然的栖身洞穴，就得自己建造，因此人们逐渐习惯于自建房舍。但是早期的农业还不是定居，还得作季节性的移动，因此所建的住所构造一定较为简单，易建也易拆，因此比较不易作长久的居住，所以我们很难发现其修建的痕迹。大概在公元前 6000 年以后，人们的居处较为固定，所以也较容易于遗址见到房基的遗迹。时代越往后，人口越多，住得也越密集。例如，公元前 4000 多年前的西安半坡遗址，在约 3 万平方米的范围就发掘了 46 座房基。而临潼姜寨更有房基 120 座，在那个时代已算是很大、很密集的村落了。

长江是中国南北的自然分界，江南和江北的气候条件一直有着很大

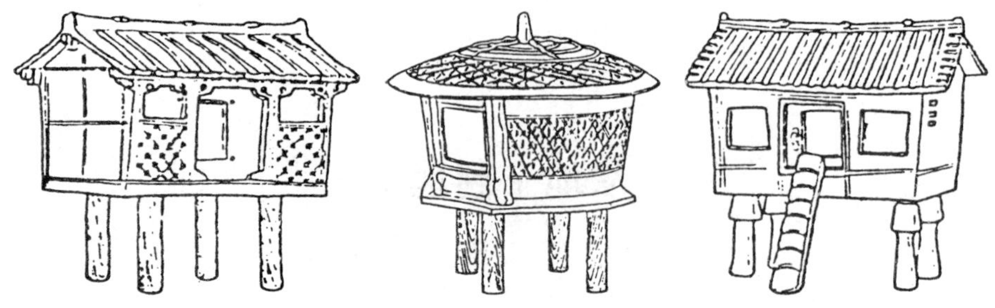

图 1 华南地区干栏式民居的模型

的差异。在商代以前的几千年间，为适应此种差异，就发展出了两种基本民居的形式：一是半地下或地面的，一是高于地面的。

就技术层面说，最容易的住所是不必筑墙的地下穴居；就效用说，穴居夏天凉爽而冬天可避风刮之苦。因此和其他民族的早期住所一样，华北也发展了半地下的穴式家居。尤其华北不少地区的家居是黄土所堆积，黄土土质疏松，孔隙度高，加上垂直毛管发达，每每形成陡崖，易于向下挖掘。而且黄土颗粒有轻度胶接性，干燥时不易发生崩塌。那时的气候虽然较今日温湿，但对挖土不深的穴居来说，也不致发生被水淹的危险。

就技术层面而言，挖掘圆形的洞穴要比矩形的容易些，因此在发展的程序上，圆形的一般要早于矩形的。譬如，经常作移动的游牧民族喜欢采取较省力的圆形穴居，而定居的农耕民族则多采取矩形的形式。中国比较早期的穴居，可以拿河南偃师汤泉沟的圆形地窟为代表，其深度超过一个人高，有木柱架顶以遮风雨；更早的或只加盖，可开合以进出，并防野兽侵扰。为便利进出，就在木柱上捆缚几道脚踏的木梯以便攀缘上下，有些只在地壁上挖刻脚窝。

这样的民居本来只是个人避风雨、防野兽的夜晚短暂休息所，场地小，只容一二人栖身，没有足够的空间烧煮食物，遑论从事他种活动，一般人们只在需要时才进入。随着定居时间的增加，构筑技术的进步，

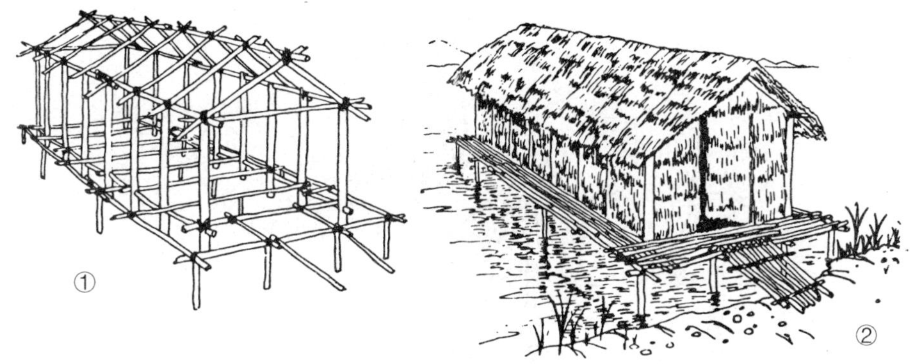

图 2　广东高要茅岗新石器时代的干栏式木架结构与房子复原示意图

家庭成员的增多，所挖地穴的面积也越挖越大，但深度却越来越浅，于是人们就构筑出入的斜坡，可步行出入而不必攀缘东西以上下了。相应地，屋顶的结构也复杂起来，不但使用一根大柱支撑顶架，还架设几根较细的木柱以支持走道上方延伸出去的屋顶；再进一步，就把地基完全升到地面上而有墙壁的构筑了。

八千年前的圆形房子，直径才 2 米多。到了六千年前的半坡村落，矩形的一般是 20 平方米，圆形的直径是五六米，但大房子却有时达到 160 平方米，是公众的聚会所。那时的房子已有足够的空间做饭，故大多有火膛的痕迹。随着人们在里边生活时间的增加，为便利、私密和隐蔽起见，就出现了分室隔间，其矩形屋的间架斜顶已具有今天中国斜顶屋的形式。

华北在古代比今日温湿得多，半地下的穴居不免有潮气，不利于长久的居住，所以人们作了种种改善的设施。例如半坡的人们烧硬地表使不透水，或用蜃灰涂地以吸收潮气。到了五千年前的龙山时代，就烧制石灰敷地。后来还偶有用夯打的方式，使黄土面坚硬而有不透水的厚层。然而夯打是费事的方法，到了商代，一般人还很少使用，只有贵族或手

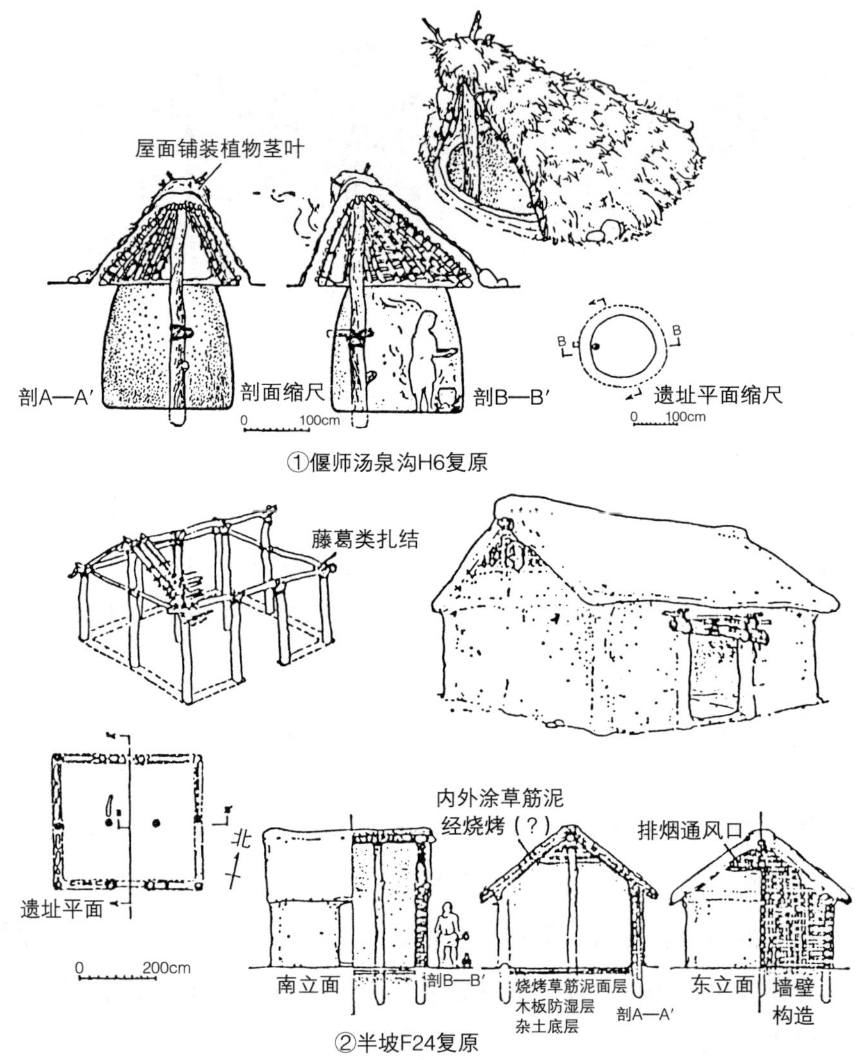

图 3 ①复原的六千多年前仰韶文化早期的半地下圆形穴居 ②复原的六千年前仰韶文化中期的地面矩形房子

工业作坊才以之防湿。

现在的华南已算是比较温湿的地区了，但在六千到三千年前，其年平均温度更比现今高 2℃以上。如以浙江省为例，六千年前的年平均气温比现今高3℃至5℃，降雨量多800毫米，即年平均降雨量超过2000毫米。可以想见那时地面多么潮湿，所以很难像华北一样，采用半地下的穴式居所，故发展高于地面的干栏建筑。干栏建筑有可能发展自栖身树上，它是先在地上竖立多排木桩，然后在桩上铺板、设廊、架屋、盖顶、分室。如以六千多年前的余姚河姆渡遗址为例，在背山面水的地点竖立13排木桩，可以复原为带前廊的长屋；这比地下穴居的构建大大的费工和费时，大多发现于华南各省，显然是为了适应多雨燠热的气候，不得不以干栏的方式隔离潮湿的地面。另外，还利用屋下的空间以饲养家畜。后来气温渐低，雨量也慢慢减少，人们不必再行动于干栏之上，所以也省去搭建干栏的麻烦，直接将房子建在地面。但旧有的习惯颇难一下子去除，于是就在屋里架设高于地上的大床铺，以为睡眠、休息、活动之用，这种结构从外表虽然看不出是干栏的建筑，但其作用与干栏并无二致，以前台湾地区的建筑就是这种变化的形式。

有了建造干栏房子的技术，只要用墙围起来就成为两层的楼房。华北地区学得华南地区先进的木构建筑技术，包括企口板与榫卯，就可以在夯打的地基上建成二层楼甚至是多层的楼房以显示统治阶层的威望。商代有二层楼房的建造，这从柱础排列的痕迹和甲骨文的字形都可以看出来。不过当时房子都以茅草盖顶，西周才渐有陶瓦，以提高避雨的效果。

商代的建筑

人们有一半以上的时间在屋里作息，它是生活的重要内容。一般说，社会越进步，产业越发达，财富的聚积就越悬殊，这就不免产生地位的差别和以各种事物显示身份的需要。各个社会都有以拥有罕见物品以炫耀其地位的情形，房子既是人人需要的东西，且其形象大而明显，是少有的阶级表征物，故地位高的人往往会不遗余力对房子加以修筑和修饰，故奢华的建筑物也常让人联想起暴君。

三千年前的商代是我国迄今所知有大量文字记载的时代，被视为信史的开始。商人活动范围广，现今出土了大量商代实用及礼仪的骨、石、玉、铜器。因手工业发达，有人口集中的城市，又有大规模的战争，商代被认为是已有严密组织的国家，可以说是中国文明的一个代表阶段。让我们用考古证据所呈现的当时的技术和场景，来看看当时一般住家的情况，以及权贵者所可能达到的豪华程度。

商的主要活动区域是华北。华北冬季寒冷多风，初期构筑的住家都是半地下穴式的，有冬暖夏凉之效。随着构筑技术的改进，六千年前的仰韶人已完全能在地面立柱建造房子。当时一般半地下穴式房子的面积约为 20 平方米，没有隔间；大房子则达 160 平方米，有隔间。商代的建筑业已有长足的发展，但进度往往参差不齐，商代不但半地下穴居是比地面的房子多，还有不少房子面积比仰韶时小，有相当多的房子面积不到 10 平方米，深入地下一米多，需要七级阶梯以进出。

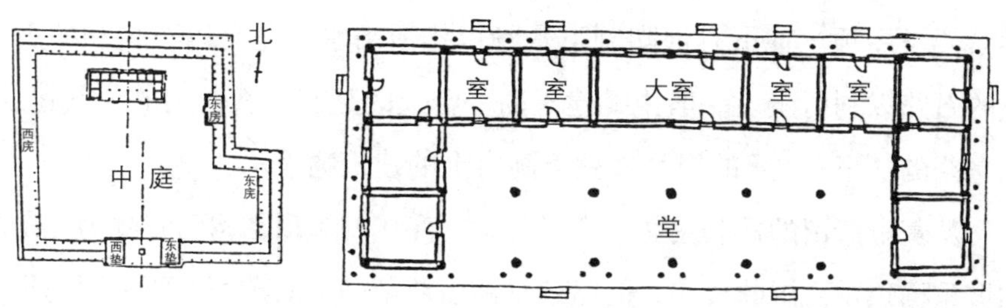

图 1　河南偃师二里头的早商宫殿基址与建筑物上的隔间

商代的地面建筑已大有增加，且规模一般比半地下穴式的大，常有三四十平方米，有矮墙隔成两三个分室。大面积建筑的规模，更是其前时代所不能想象的，如最早的河南偃师二里头早商宫殿，包括围墙的整个夯土台基长 108 米，宽 100 米，面积达 1 万平方米。若只算其中的主要建筑，其台基为 36 米 ×25 米，面积达 900 平方米。稍迟的湖南黄陂盘龙城宫殿为 39.8 米 ×12.3 米。郑州的台基残长 34 米 × 宽 10.2 米。河南安阳的晚商乙八基址，残迹为 85 米 ×14.5 米。它们分散在国内各处，表明那时建造大型房子的技术已颇成熟而普及。

华北平原少石材，房子主要以木料结合黄土构建，地面建筑的地基是利用黄土细密的特性，在框中层层夯打，使地面坚实而不透水，较之早期用烧烤或敷石灰的方法虽有效但费工。其构筑的程序大致是先挖土坑深约 1.5 米，填以纯净的黄土再夯打成稍高于地面的平台。若大型的建筑，台基有时高出地面数米。接着于地基挖洞埋柱再夯实。为使木柱牢固而不下陷，木柱之下以石或用铜作础垫底。最后上梁架顶，柱间的墙以草泥合拌筑成，或用夯筑。墙内外表层还敷以石灰使光滑，并可彩绘。六千多年前的浙江余姚河姆渡遗址已有榫卯的木构件，商代的宫殿无疑也采用同样方法以结合柱

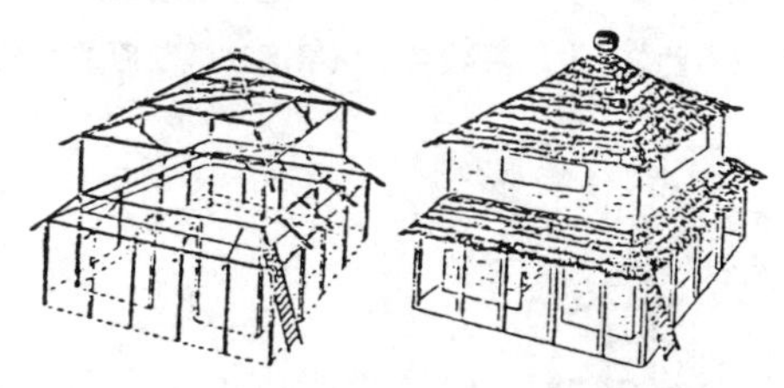
图 2　河南安阳的晚商二层楼房复原图

梁，架设屋顶。地下有埋陶制下水管以排泄雨水，还有以石板和卵石铺成的石路以利行走。一般说，建于高平台上的是有政教作用的公共建筑，故享祭的“享”◎字的甲骨文就以高台上的建筑物表示。

从基址遗留的柱洞及文字字形可知，商代的屋顶结构已有颇为复杂的四坡重檐顶及二层的楼房，但屋顶只铺盖芦苇一类的东西。要到西周早期才有陶瓦。不过上面也有用草泥，再加一层用细沙、石灰、黄土搅拌的三合土做面，以防雨水的侵蚀。字形所表现的二层楼，有些建在支柱的干栏上，有些则建于夯土高平台。刘向说帝纣建鹿台高千尺，大概是比照汉代的例子。商代是否利用多层阶梯式的平台建造楼房还有待发掘。房子屋脊装饰有高耸的饰物，远远可望见，以增加统治者的威望。

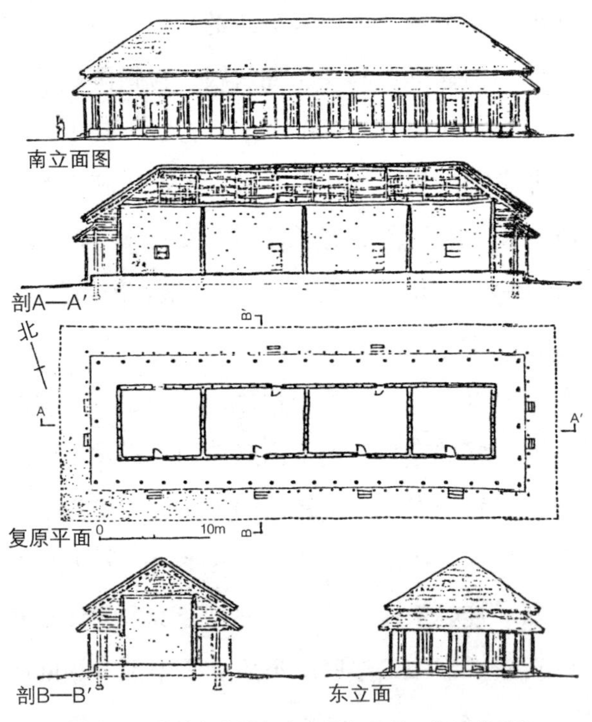

图3　湖北黄陂盘龙城早商宫殿复原的四阿重檐建筑

在商代，一般的房子甚少隐蔽性，没有墙壁隔间，起居、工作都在一处。有时一室之内有三个火膛，

◎享

好像住有几户，各自开火的样子。但大型的建筑就有许多隔间，而且还有附架庑廊的围墙，自成院落，不受干扰。如早商二里头的宫殿就是这种情形。其殿堂四面有数目不等的台阶，正面台阶之上是个 6 间宽、2 间深的大厅堂，堂之三面共有 11 个房间。厅堂是办理政务、接待宾客、举行礼仪的地方。寝是睡卧的地方，室则是兼有厅与寝的功用。甲骨刻辞提到的隔间名称有大室、小室、东室、中室、南室，东寝、西寝及厅。恐怕到晚商时，大型建筑物的隔间已不止 11 个。隔间越多，柱子的安排和架构就越复杂。

墙上设有圆或方形窗子以利空气流通，引进光线。一般单室房子的窗多开在南墙，多室的就开在后墙。入口有可开合的单扇或两扇的门和户，可悬挂帘子以分内外。有的房间前后各有一道门，但一般只有一个单扇的户。在对立木柱上可旋转的两扇门，大概是大建筑或建筑群的入口才有，西周初的房间就见有两扇的门。

墙上可能有彩画。在一个晚商玉器作坊遗址中发现一块长 22 厘米、宽 13 厘米、厚 7 厘米的墙壁白灰面；上有红色花纹和黑圆点，构成对称的图案，应是一幅画的边框。手工业作坊已有如此装饰，不难想象宫殿应有更精工的多彩壁画，恐怕木柱上还有昂贵、更费工的丹漆雕刻。甲骨文的“宣”◎字作屋子里有回旋纹图案，宣示的意思来自图案展示的美丽。商遗址发现不少多彩的雕漆木板，想来也应用于木柱、门框等处。丹漆是古代贵重的木器涂料，只有高高在上的王才容许大量施之于建筑物，故迟至春秋早期，诸侯的宗庙装饰漆雕还被认为是僭制。

◎宣

《墨子》有："纣为鹿台糟丘，酒池肉林，宫墙文画，雕琢刻镂，锦绣被堂，金玉珍帏。"商墓曾见红、黄、黑、白的四色布幔，顺理成章有以之装饰窗户的帐壁，甚至更奢侈以珠玉珍宝点缀其上。根据以上的介绍，《墨子》里的描写离事实应不会太远。

瓦

——屋顶上的建筑

比之其他文明，瓦的使用也可以说是中国建筑的一种特色。它有避雨的实用效果，也兼作展示的装饰。去探索它演进的过程，也是很多人感兴趣的。

事物的进化都是渐进的。人类早期借用天然洞穴或大树栖身，后来才慢慢发展自己的住所以避风雨及休息。在华北地区，最先营建的是深穴式的半地下穴居；有木柱架顶以遮雨露，并便于攀缘，以之上下进出。较进步的就构筑斜坡门道，可步行出入。再进一步就修建墙壁，把建筑完全移到地面。到了商代，还取法华南的干栏建筑技术来建筑二层的楼房。

人类从旧石器时代起就懂得爱美和装饰自己。一旦物资较有余裕，且作较长期的定居，就要着手装饰住家，使住起来悦目些、舒服些。一旦阶级确立，更要修饰家居的外观，以表现其高人一等的地位，屋瓦的使用就是其中的一种措施。

谯周的《古史考》中说夏时昆吾氏作屋瓦。张华的《博物志》则说夏桀作瓦盖。从商代的甲骨文字形可知，三千多年前的屋脊有高耸的装饰，颇似后世的陶制屋脊装饰。但是几十年来的发掘，尚不见商代有陶瓦出土，可知当时的屋顶用茅草覆盖，而屋脊的装饰可能为木制，所以早已腐烂无存；也有可能为铜铸，尚未被我们所辨识，但绝未覆以陶烧之瓦。想来在那时候，陶器的烧造必甚不易而为价昂之物，因此才把屋

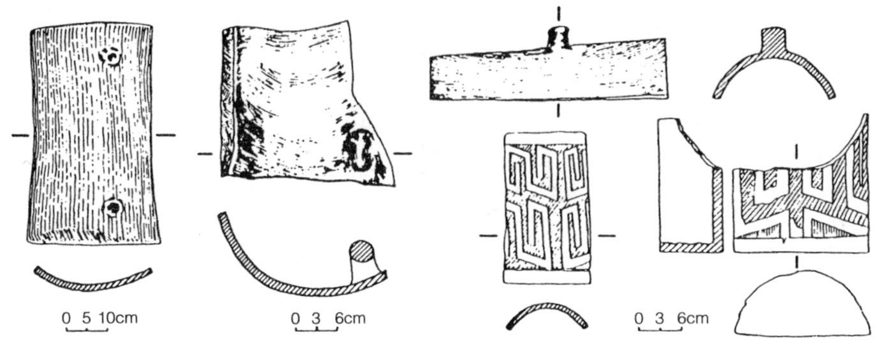

图 1 陕西岐山凤雏村西周早期宫殿遗址出土的屋脊之陶瓦

瓦的创制归罪于暴虐奢侈的夏桀及其臣僚。

图 2 汉代的四灵瓦当图案

屋脊是屋顶两斜面的交接处，在防漏的效果上要比其他的部位差，因此有必要想办法用不透水的东西加以覆盖。从西周屋顶残泥遗留的痕迹可知，当时普遍涂泥于茅草盖，以加强避风防漏的效果。陶器本为盛水、烧食而烧造，每窑烧造的数量有限，成本大概不低。到了西周初年，也许造窑、烧陶的技术提高，产量增加，成本降低，贵族有财力以之覆盖屋顶，以改良防漏的效果，在岐山的西周初期宫殿遗址便发现了陶瓦。也许当日支撑屋顶的木柱承受力有限，从瓦的形状、残泥的痕迹得知，当时只在屋脊部分覆瓦，屋顶的部分还只是传统的茅草束。到了春秋时期的遗址，才较多量发现板瓦、筒瓦、瓦当，可测知其时连屋顶也已用瓦覆盖，而且也注意到装饰的效果了。

春秋早期时，屋瓦还是贵重的东西，不是人人用得起的。《春秋》鲁隐公八年（前715年）记载："宋公、齐侯、卫侯盟于瓦屋。"会盟的地点是在周地的温，但下笔的人只写覆有瓦的屋，可见它在当时是人人知晓的，被视为伟大的建筑，所以才不需写明地点。到了战国时代，一般人的房子也以瓦覆盖了。《史记·廉颇蔺相如列传》："秦军鼓噪勒兵，武安屋瓦尽振。"又《庄子》佚文："师旷为晋文公作清角，再奏而风雨堕廊瓦。"

板瓦和筒瓦都具有防漏的实用效果，发展较早。圆形或半圆形的瓦当，可说是为了房子的美观而设计的，因此发展较迟。它放置在屋顶的边缘，表面与地面垂直，人们可以看到其表面，故加以种种的纹饰以为展示之用，不像板瓦和筒瓦的朴素无文。春秋时代的瓦当数量还算少，秦汉时代就相当多了，装饰的图案也已有几何图形、花草、神怪和动物，更有许多作吉祥的文字，如安乐未央、长生无极、长乐万岁、高安万世、千秋万岁、亿年无疆等。以装饰为目的的瓦当大半是为统治阶级的建筑而烧造的，董卓说汉武帝居杜陵南山下时，附近就建立瓦窑数千处以起宫殿。

以瓦覆盖屋顶虽有防漏的效果，但陶瓦的质量重，覆盖太多恐怕梁柱就会承受不起而崩塌，因此，早期的建筑只以瓦覆盖屋脊的部分，倒不全是由于瓦的造价高。战国时已普遍用斗拱的方式构建梁架；那是以前后左右挑出的臂形横木交互叠合，把它们承托在横梁与主柱间的过渡部分，将屋顶的力量平均分配到承托的横架上，所以可以承受更大的重力。此后渐有重檐四合的复杂屋顶结构，可以在其上架设更多的东西装饰，增加壮观。

接着发展的是屋脊的大型装饰，战国晚期中山王墓发现有山形瓦脊饰，为汉画像石常见屋正脊上有凤凰形象脊饰的前身。大概晋代开始又有在正脊的两端装饰鱼尾或龙尾形的陶鸱尾，此后较大的建筑物就少不了此类的装饰。公元5世纪时，后魏太平城的太极殿琉璃台及鸱尾都以琉璃为之。琉璃是种有釉的陶，在当时极为贵重，其实物见于7世纪唐昭陵的黑色琉璃釉灰陶鸱尾，想来同时也有上釉的瓦和瓦当。唐大明宫曾见两片绿釉琉璃，甚至七八世纪的高丽，也于遗址发现绿釉瓦当，11世纪更有昂贵的青瓷瓦。

至迟晚唐时，鸱尾的前端渐被改变为兽首张口而成兽首鱼尾的鸱吻形式，人们认为鸱吻形式有预防火灾的作用。宋以后的建筑就绝大多数作鸱吻，只少数作他种形象。明清的寺庙建筑更在整个正脊上安有多个多彩釉琉璃龛、宝瓶、楼阁、神仙等雕塑。有些作品太大，要分成几段烧制再接合起来，各种造型的彩塑常成对布置而面对中心的宝瓶或人物。

除正脊外，一些高大的建筑还有好几个垂脊也需要遮盖和装饰。参考汉代的绿釉陶望楼，垂脊一般用朴素的条瓦，只有少数垂脊的端部装饰上挑的东西可能是陶制，它后来也演变成兽首的造型，更后又在垂脊装饰蹲兽。宋代有八个列兽的绘画。清代规定最多有九兽，自上而下依次为龙、凤、狮、海马、天马、狎鱼、狻猊、獬豸、斗牛，再加最前端的骑鹤仙人，成为一组十分华丽的屋角装饰。

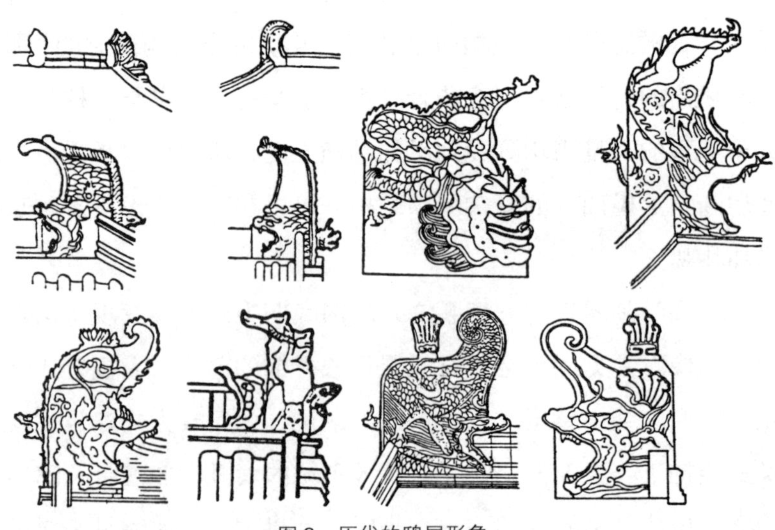

图3　历代的鸱尾形象

图 4　河南灵宝出土东汉时代之陶楼阁；屋脊有凤凰形象的装饰，垂脊端部有上挑的装饰，屋椽有筒瓦当

汉代的空心砖

——由棺椁转用为建屋

砖是土坯烧造以立墙壁的条形建材，是一千多年来被广泛采用的建筑形式。直到最近，为节省时间及提高强度，大型、高层的房子才改由钢筋水泥浇灌。在发明砖块之前，中国一向采用土墙，初期用加涂于枝条的方式，后来改良为于框架中夯打。土墙的基部禁不起雨水的侵蚀，要时加修护。烧结的砖则与陶器为同样的东西，质料坚固，能防水、耐腐、耐磨、耐压，历年长久而不坏，是古代建筑技术的重要革新。但说到墙砖的发展，恐怕很少有人知道它本是起于对死者的服务，主要用以修造墓室、替代棺椁，而不是修筑住家。

砖是烧陶的进一步利用。早在六千多年前的仰韶时代，人们就知道烧烤地面使之坚硬，便于行走，又可以防湿。陶烧零件用于建筑，初有龙山时代的陶下水管，后有西周初覆盖屋脊的瓦，但都限于有限的时机。要到了春秋以后，大概因烧陶费用的降低，人们渐有能力把砖用于建筑的用途。

或是受烧烤地面的启发，铺地砖首先出现。陕西扶风出土一块50厘米见方的西周墙砖，其底面四角各有半个乒乓球大的乳突一个，其作用像扒钉一样使砖嵌紧于泥土墙上。秦咸阳宫殿还出现带有子母榫的铺地砖，进一步解决了地面潮湿和平整的问题。不过当日被认为最高贵、费工的大型建筑物的地面，绝大多数还是用夯打的方式。秦代以后才渐普遍以砖铺地，附带有装饰的效果。以砖砌墙的灵感可能来自陶窑，最早的实例见于河南新郑战国炼炉通气井的井壁。但早期砖墙结构绝大多数见于墓葬，最先是大型的空心砖，后来才发展为小条砖。有理由相信砖是因墓葬的用途才大量发展的。

对亲人尸体的处理，最先是弃置于山野沟壑。由于不忍见尸体受鸟兽虫豸的侵扰，渐渐演变成埋藏于地下而加以保护。到了四千五百年前的半山时代，偶尔有用木棺或石棺加以收殓的。埋葬的风气越来越兴盛，到了三千多年前的商代，使用木棺已甚常见，而且更在棺外套以椁室，墓坑就得大为加大了。如以安阳武官村的大墓为例，椁室长 3.6 米、宽 5.2 米、高 2.5 米，从土上印痕知椁底用 30 根原木铺设，四周用半面削平的原木以井形交相叠构筑成椁室。到了周代，更变本加厉演变成天子四椁、诸公三椁、诸侯二椁、大夫一椁的制度，埋葬的工程就更浩大了。

以原木在好几米深的地下构筑椁室可能相当费工，而且造价也高。棺椁制度本来是颇为严格的，春秋时代以来，由于王室的式微，僭制成为普遍的现象，有资产的人大概就僭用了外椁。这可能造成原木的供应量短缺，而烧陶的费用又低降，民间已普遍用瓦盖屋顶，因此战国时代就有人想出陶造的棺椁。

河南洛阳地区于西汉早期大量出现单棺空心砖墓，砖室一般略大于木棺，长 2~3 米，宽 1 米左右，具有木椁的作用。这种墓陪葬仿铜礼器，墓主身份较陪葬少的单棺土洞墓显然要高，看来是前代长方形竖穴木椁墓的衍生物。大概是陶制较省费用，使用渐多。到了西汉中期，又增夫妇合葬形式的双棺空心砖墓。起先的空心砖墓都是平顶的，此时也有三角形的砖以构筑尖顶，具有家屋的雏形。

大型的空心砖是种陶瓦，它用木模一版版压制，然后用稀泥黏合四片成空心的形式，再晾干入窑小心烧烤，所以砖的灰黑呈色非常均匀。

为了烧造的需要以及烧后运搬的省力和方便，故做成空心。而且在两端的边上都挖有两个或圆或长方的洞，这些小洞也可能用穿绳、插木榫等法以固定砖的位置，防止滑落或走位。有些墓室在构筑之前大概已先设计式样，故砖上有朱书东南上，东南下，南和西，和东上，和东下等方位的说明，可依之以套合。空心砖的形制有限，以作长方形为最多，大的有长 1.8 米、宽 60 厘米、厚 15 厘米，小的只长 90 厘米、宽 30 厘米，还有三角或近三角形、窄长条、不规矩形。

图 1　大型空心砖构筑墓室的组合情形

空心砖都有印纹的装饰，施于砖面四周的都是连续的几何纹，主题大多都具有形象且种类甚多，诸如乘龙者、骑马射猎者、控马者、执戟佩剑武士、带剑或持简册、阔步或作揖的学者文吏、龙、凤、马、羽马、猎狗、跃兔、飞鸟、飞鹅、立鹤、奔鹿、虎豹、树木等多

图 2　河南洛阳金村出土的西汉压印文士相见纹灰黑陶长方形空心砖；长 160 厘米，高 53 厘米，厚 15 厘米；此面有十种不同的图案，中央是手持简册的文士

种形状，有些还不止一式。有时图形太大，印模就得用榫卯把几块板接合起来。有时于压印后又加剔刻，使图形有变化而更为生动。

除了印纹，有的还在灰黑的背景上加涂红、白、蓝、黄、淡紫等颜料。更费工的是有些西汉晚期空心砖墓，不用印模而用涂绘的方法装饰。那是先在砖上涂一层白粉，然后再彩绘与人死后升天的思想有关的种种题材，如伏羲与女娲、各种神兽、星象云彩等。这就需要有相当经验的画工，就不是人人可乱印一通的了。

这种大型空心砖流行到其他地区，有的图案就采浮雕形式，或材料改为石板。大概因不易烧造完美，量重不便搬运，组合也受限制，同时也为了解决堆积的稳定、屋顶架构及转角连接等构筑的难题，汉宣帝前后开始用小条砖砌筑，不久就建成有前、后、耳室的多室砖墓，与地上的建筑相似。大概砖也就因此应用于家屋的建筑。小砖的叠砌有多种基本形式，通过个别的平、竖、横、倾侧等放置，整体的直砌、环砌、编席、嵌镶、交错、空斗等排列，形成丰富多样的图案，具有很高的装饰效果。从此葬具也就有棺无椁，不行传统的棺椁制度了。

顺便一提明代文人雅士对此古物于摆设展示外的使用。曹昭《格古要论》说："琴桌面用郭公砖最佳，尝见郭公砖灰白色，中空，面上有象眼花纹。相传云出河南郑州泥水中者绝佳。砖长五尺，阔一尺有余。此砖驾琴，抚之有清声，泠泠可爱。"空心砖是否能起共鸣效果是值得怀疑的，但笔者游苏州网师园时，确实见书斋中以此种汉代空心砖作琴桌。

从家徒四壁到讲究家具

家具是为方便日常生活而制作的器具，是现代人极熟悉的商品。不过家具在古时候并不属于生活必需品，一开始时应只有贵族才用得上。通常定居比游牧的生活更需要家具，可说是文明达到相当程度后才有的产物。

初始的家具肯定是用木竹一类材料制作的，它们都是易于腐烂、难于长久保存的物质。因此想从地下发掘的实物去证实中国何时开始使用家具，可以说几乎是不可能的，更不用说要探明其形状及木料了。

在木竹类家具中，最让人们感到需要的可能是箱、柜一类收藏衣物的东西。在以渔猎采集为生的远古平等社会，虽然产物公有，没有必要隐藏贵重的东西，但是穿着的衣物有冬夏之别，为避免受尘埃、雨露的脏污，就有可能制作箱柜加以收藏。到了经营农业，定居的阶级社会对某些贵重的物品，更有给予某种防范和保护措施的必要而制作箱柜，三千多年前商代的甲骨文“贮”◎字，便作海贝收藏于柜中之状。海贝产于印度洋及南海岛屿附近的暖水区域，殷人不但将其视为贵重的装饰物，也可能已将其作为交易的媒介，所以要特意加以贮藏。

◎贮

六千多年前的浙江余姚河姆渡遗址，其残存的薄木板已带有榫卯及企口，已具有制造箱柜的必要技术了。河姆渡人只用石与骨的工具，就能制造高度巧妙的工艺构件。而商代的匠人使用青铜工具，其技术应更为精巧。从甲骨文“贮”字，知贮藏海贝的柜子有支脚，柜顶还似有装饰，不只单具箱形而已。

箱柜之后发展的家具应该是有关坐卧的。从人的生活习性，我们可以推测其产生的过程。除了生活在树上，人在睡眠时身体不能不接触土地。在有了穿衣服的习惯后，为免脏污衣服，也为了隔离地上的潮湿，都有必要用干净的东西隔绝身体与土地。人们最先大概是使用干草或兽皮。后来兽皮渐成难得的东西，就代以编织的草席或地毯，河姆渡遗址于干栏建筑上，便发现木板铺有芦席的痕迹。到了商代，席子的使用已相当普遍，且有一定的规格。甲骨文“寻”◎字，作伸张两臂以测量某物之长度状，所测量的东西中有席子。可知席子的长度约为两臂之长，古代的 8 尺，稍短于现今的 2 米，正好容一人睡眠。

蹲踞是合乎生理的自然休息法，连猿猴也采用。在没有使用席子前，人们用蹲踞的方法可避免身体接触地面。有了兽皮或席子后，因其轻便可任意移动，因此除供睡眠之用外，也可用以坐息，避免衣服被土尘沾污，于是在中国就逐渐发展跪坐的方式。

跪坐是种较不自然的坐姿，只见行于人类，而且也不耐久。但是社会一旦有了阶级之分后，人们就通过各种办法以表现其比别人高一等的身份，跪坐就是中国所采用的方法之一。在秦汉之时，蹲踞被认为是鄙

◎寻

俗、没有教养、不礼貌的坐姿。孔子见原壤夷俟而不悦的故事众所周知。夷俟就是蹲踞而待。中国使用椅子甚晚，就是习惯跪坐的关系。

图 1　汉画像砖讲学图；经师跪坐高榻，其余诸人分别跪坐席上

席子因主客身份、使用目的等不同，随时皆可铺设，没有固定的位置。可以想见商代以前的房间，除了墙上的帐幔，室内是空荡荡的。由于跪坐的姿势不耐久，可能有矮几之属以为凭靠。书写、进食本来也是在席上进行的，为了坐起来舒适，也可能发展矮几案。浙江安吉的商代遗址，发现有长 10.5 厘米的铜案足，銎内尚残留木块，可看出是矮几的形式。

图 2　东汉晚期墓壁画；墓主夫妇跪坐于有屏风的高榻上

床的可能来历详见另一文，它本是为重病人而设的，以备万一不幸时刻来临时能死得其所，为停尸的器物。也许随着医学研究的进步，病期延长，痊愈的机会增多，后来在木板下加上支撑用的床足，以隔绝地上的湿气，有利病体复原。此时开始，临时性的床就被造得讲究些，于是健康的人也开始利用了。从文献知西周中晚期时，贵族们已经常以床为睡眠的寝具，病危时才另行换床。

床板高于地面，不但避湿，也避灰尘，也许人们因之利用以坐息，在其上铺席。东周时候，床已发展成可以坐卧、进食、书写、会客的家具，为屋中最有用的常设家具。古时有父子不同席、男女不同席的习惯，同时也为了易于搬移，就做成只容一人跪坐的榻床。后来大概是受佛教的影响，也有采用趺坐的方式。很多设施就围绕着床而设，如屏风放在侧后以分内外并可靠背，进食的矮几和伏倚的凭几则放在床前，承尘和帐也张设悬挂在床顶。如果床面太高，还可借助矮凳登床。至迟战国时代已有独坐而带靠背的床。

床面高于地，坐于床沿，两脚可以下垂，较之跪坐要更舒服，所以坐的习惯便慢慢改变了。《史记·郦食其传》："郦生入谒沛公，公方踞床，使两女子洗足。郦生长揖不拜。"刘邦一定是垂足坐于床沿，才能分使二女洗脚。显然这种姿态是相当不礼貌的，所以郦食其不拜。在有了垂足高坐的习惯后，随之进食或书写的矮几也要搬下床而变为高桌了。

江苏六合春秋晚期墓出土一残铜片，有坐于高凳的刻纹，大约是吴国的习惯。中原的贵族们还采取跪坐的姿势，故椅子没有很早在中国发展，不像埃及于三千多年前便已有椅子。座椅发展的契机可能是胡床，名称首见东汉后期。三国时已有武将坐胡床指挥作战的描写，知它是种轻便可折叠、垂足而坐的坐具。从汉、六朝的画像石及文献推断，胡床只是临时性的坐具，大都于郊游、狩猎、战争等情况时于野外使用，偶尔也用于室外，并不是常设的家具。

图3　江苏六合出土的春秋晚期残铜片上的刻纹，图中主人坐于凳子上，可能是东夷的习惯

顾名思义，胡床是外族传来的东西；

因为是编缀而成，故或叫绳床。胡床本是没有靠背的，采取榻后屏风的靠背形式，以后就慢慢发展成不能折叠的椅子和可折叠的交椅两种式样。椅桌既成为日常的家具，床榻因为笨重便渐退为专供寝息的卧具了。到了宋代，中国传统家具的种类和形式已大致定型，主要为椅凳、桌案、床榻、柜架等。

古代床不是常人睡的

现代人普遍睡在床上，大概很少有人会探索床最初到底为何而设。

三千多年前的商代甲骨文，“宿”◎字作一人躺在草编的席上，“疾”◎字则作一人躺在有短脚的床上；表明三千多年前，人们对席与床已有习惯性的各自用途。睡眠以席，卧病于床，一眼即明白各自的意义，故依之以创字。

首先让我们来推测寝具发展的步骤。人们最先利用的无疑是地面或树枝，渐渐铺设东西于其上以求舒适或不污秽衣服，最后才制作专用的寝具。《礼记·间传篇》：“父母之丧，居倚庐，寝苫枕块，不说绖带。齐衰之丧，居垩室，苄翦不纳。大功之丧，寝有席。小功缌麻，床可也。此哀之发于居处者也。”汉代的丧制，以生活的简陋程度去表示哀悼的深浅。寝具的规定，正反映从铺干草发展到睡床的演进过程，铺干草之后的特定寝具大半是兽皮。未营定居的时代，如使用固定的寝具，只宜选用轻便、耐用而易于携带的东西。那时人们以采集渔猎为生，兽皮来源不匮乏，并且兽皮不但量轻、质柔软、能卷藏，又可以隔绝地上的湿气，是理想的寝具。以兽皮为寝具的源流甚

古，使用广泛，故古人常取以为比喻。如《左传》襄公二十一年："对曰：臣为隶薪。然二子者，譬于野兽，臣食其肉而寝处其皮矣。"寝皮成为憎恶敌人的最恶毒诅咒。

到了人们发展农业，营定居生活，兽皮渐成难得的东西，就代以编织的草席。草席不能隔绝潮湿，虽然可用种种办法减轻地面的潮湿，总不若高出地面的床可确实隔绝潮气，故发展成寝卧于有支脚的床。

《诗经·小雅·北山》："或燕燕居息，或尽瘁事国，或息偃在床，或不已于行。"表明西周中晚期的贵族们已经常以床为睡眠的寝具。但《小雅·斯干》："乃生男子，载寝之床，……乃生女子，载寝之地。"表明许多人尚睡卧于地面。

古文献所提到的床，有时只指铺有寝具的地方，并不一定是睡眠的家具，如《左传》襄公二十一年："薳子冯为令尹，……遂以疾辞。方暑，阙地下，冰而床焉。重茧衣裘，鲜食而寝。楚子使医视之，复曰：'瘠则甚矣，而血气未动。'"当时于地面睡卧必甚平常，否则薳子冯在地下挖洞充冰以装重病的举动，必会引起视疾医生的怀疑而罹祸。

台湾以前的建筑是属于干栏式的，人们睡于高出地面的铺板上，当有人病危时，就得将病人从板床房移至正厅临时铺设的床上，称为搬铺或徙铺。人们认为在板床房上死，冥魂将被吊在半空中不能超度，而会前来骚扰亲人。

要死在临时架设的床上才合礼的习惯，起码可以上溯到孔子的时代。《礼记·檀弓》上篇：

> 曾子寝疾病，乐正子春坐于床下，曾元、曾申坐于足，童子隅坐而执烛。童子曰："华而睆，大夫之箦矣？"子春曰："止。"曾子闻之，瞿然曰："呼。"曰："华而睆，大夫之箦矣？"曾子曰："然。

斯季孙氏之赐也，我未之能易也。”元起易箦，曾元曰：“夫子之病革矣，不可以变，幸而至于旦，请敬易之。”曾子曰：“尔之爱我也，不如彼。君子之爱人也以德，细人之爱人也以姑息。吾得正而毙焉，斯已矣。”举扶而易之，反席未安而没。

这说明病危时要换床。

至于《礼记·丧大记》则记载病甚时要废床，使死在地面上，然后再迁尸返于床上，最后入殓于棺；虽习俗有异，但床都是为了停尸而设，目的不在隔绝潮湿或有利病人的康复，而是基于某种特定的信仰。《易经·剥卦》：“初六，剥床以足，蔑贞凶。”大概是借撤床脚而为停尸之板，病危将死的措施，以表示凶险之大。

图1　湖南长沙战国楚墓出土的承尸彩漆透雕木板，可能与床的发展有关

生病并不一定会导致死亡，为什么商代的文字会反映一生了病，就要考虑丧事而让病人睡在床上呢？我想与古代的医疗水平有关。虽然旧石器时代的人们已有对外伤用草药的知识，但对于致病原因不明的内科疾病，到了商代还是没有多少有效的办法，主要对策是向神祈祷或祭祀以求解救，病死的机会很大。因此一旦得病，就得作最坏的打算，把病人放到可以移动的板床，搬到适当的地点，以备万一不幸时刻的来临，可以死得其所。但是西周以后，药物已发展到可延长病期甚至痊愈的时候，病人习惯于长期睡病床，这样，本为寝尸而设的用具，渐被接受而为日常的寝具。

为什么床被用为停尸的器具呢？笔者不禁联想到中国古代的葬仪。古人认为，人死后灵魂会回到老家，由

图 2　山东嘉祥东汉墓画像石上的图案；最底下的一幅表现周初周公诛武庚、管叔而辅政成王的故事，两被诛者置于板床上

之投胎再回到人间世；灵魂要随着血液才能逸出体外，流血而死才会心安理得，故发展有棒杀老人的习俗。后来不忍亲自棒杀年迈的亲人，改把老弱者送到山野，让野兽执行放血逸灵的任务。把老弱送到山野，需要搬运的工具，汉代有原谷帮父亲用担架把祖父抬上山，又说动父亲把祖父抬回家奉养而成孝孙的故事。担架是打算丢弃于山野的，可能也兼作老弱者的寝具。一旦病危就以之搬运上山，终于演变成有短脚的床的形式。

人们一旦习惯长期睡卧于床上，不嫌其为丧具，采用为日常用具，床很快就成为室内的主要家具。床到汉代已发展成可坐卧、进食、书写、会客的多用途家具，很多家具摆设都围绕着床而设。到了隋唐时代，床的一部分功能为新引进的桌椅所取代，又逐渐恢复为专供寝息的家具。

图 3　河南信阳战国墓出土的短脚木床形式

伏枕睡觉始于何时

人类在有了相当的物质文明后，就会开始注意如何使生活过得舒服。人有三分之一的时间用在睡卧，因此能否舒服地睡觉应是很早就为人们讲求的事情。“身不安枕，口不甘厚味”是有钱人颇为懊恼的事，枕头是关系到能否安眠的重要器物。人在睡眠中会翻来覆去几次，很难保持不动的姿势。仰卧时后脑与脊椎在同一平面，还不觉得有什么不舒服。如果一侧卧，面颊与身子就不在同一高度，不用东西垫高面颊，颈部就会

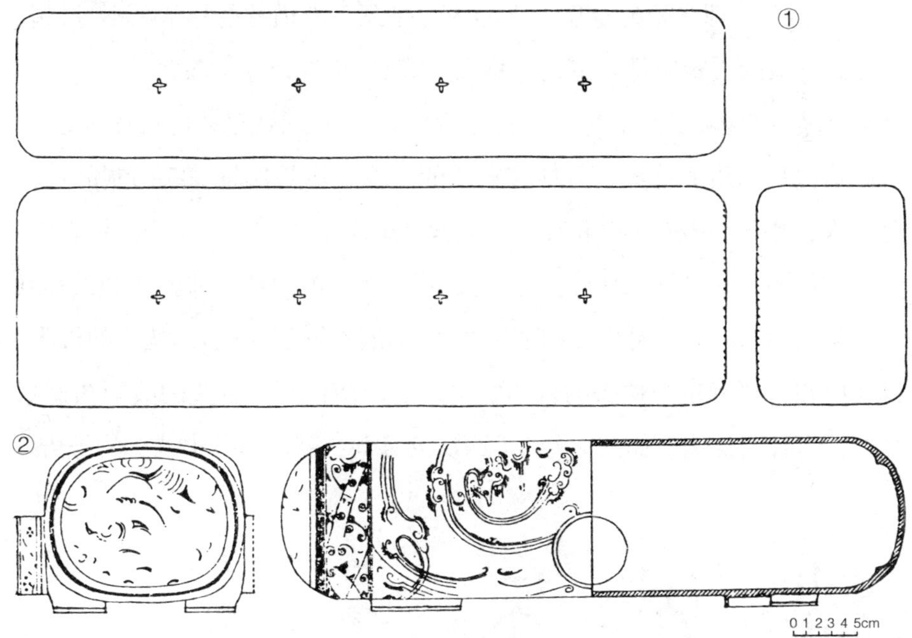

图 1　西汉墓葬出土的枕头：①马王堆西汉初绣枕　②长沙西汉中期中空的漆枕

疲劳而妨害睡眠的深度，甚至引起酸痛，因此很自然会发展枕头的制作。现代医学更有人专门研究旅行与家居的枕头应如何分别造型，才能睡得舒服而长久，同时又有利于脊椎的健康。

人类一旦了解枕头的重要，就是一时找不到东西以荐首，也会利用自己的器官“曲肱而枕之”。不用说，当人们觉得睡眠需要有个东西枕头时，只要是有平面的固态的东西，都可以加以利用，不劳专用的器具。后来发展到使用专用的枕具时，其材料也不外是竹木、干草一类而罩以布帛，都难以在地下保存千年之久，故没有办法从地下发掘确定何时使用专用的枕具。

“枕”◎字从木冘声。木表示制作的材料，冘◎则是可能表现一人侧卧，头枕于枕上之状。另一字“央”◎，小篆字形很像是仰卧而头靠于枕上之状。商代的甲骨卜辞有一条作“弗疾朕天”，问王的头顶会不会生病。“天”◎即头顶的意思，字形很像是颈下有横枕的样子。不过，确实提到枕头的文献应是《诗经·葛生》篇：“角枕粲兮，锦衾烂兮。”《诗经·泽陂》：“寤寐无为，辗转伏枕。”可知至西周时代已普遍伏枕睡觉。

角枕是木质的枕头，装饰有角质的纹饰，应是比较高级的制品。不但生人使用，《周礼》载玉府掌王之金玉玩好：“大丧共含玉、复衣裳、角枕、角柶。”荐尸也要以枕。角既是不易腐烂的物质，那就该是先秦墓葬常见到的东西。但是先秦的墓葬很少有角枕或任何材料的枕头的报告。目前所知，可确定为枕头的较早实物，是河南信阳长台关的战国初期墓葬的竹木合制枕头，如图 2。到了西汉的墓葬，就渐多各类枕头的报告。

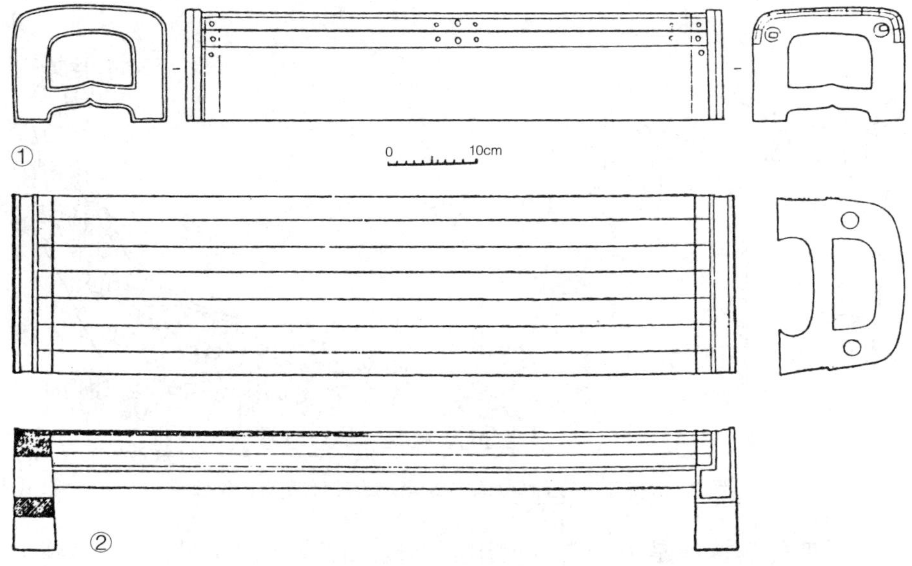

图 2　战国时代的竹、木合制枕
①河南信阳长台关出土的战国初期枕头
②湖北江陵马山出土的战国中晚期枕头

枕头太软就失去垫首的功能，太硬又使头不舒服。因此于布帛材料普及之后，最常用的应是以布囊充填轻软的屑、壳一类的东西为枕头。由于布帛木竹都是易于腐烂的物质，如公元前 122 年南越王墓中的丝囊珍珠枕，就只见于头下残留珍珠，故传世的古代枕头以不朽坏的陶枕为最多。

“寝苫枕块”多次见于《仪礼》《荀子》《左传》《墨子》等先秦文献，是守丧期间最简陋的寝具，表示哀悼而无心讲求舒适的心情。苫是茅草编的席子，块是土块。有些注释说：“夏枕块，冬枕草，哀亲之在土也。”这话可能反映基于实用上的选择，未必是哀悼亲人埋于土的观念。要凝结的土块才能受力以枕头，很可能当时已有素烧的陶枕以供丧家使用。土性凉，宜于夏天使用，不宜冬天使用，故冬天要用干燥的草。

图 3　云南江川出土的战国末期至汉武帝时代墓葬的铜枕

早期的陶枕或是为守丧者所用而不以之随葬，故不见出土于墓葬。汉以后烧陶的技术大进，隋唐以来高质量的釉枕多见于墓葬。因此有人以为陶质坚硬，不是理想的荐首之物，不是日常用具，而是随葬品。一如西汉初中山王刘胜夫妇的鎏金镶玉铜枕，铸成两端突出，不切实用。但是北宋晚期张耒的《谢黄师是惠碧瓷枕》诗："巩人作瓷坚且青，故人赠我消炎蒸。持之入室凉风生，脑寒发冷泥丸惊。"明白说它是实用物，且宜相赠送。

有釉的瓷枕有清凉的触感，是消暑的良物，故多见装饰夏季的图案，如莲池、荷叶、树荫下读书等。坚硬的缺点比之暑热还可暂时忍耐。为了行旅携带的方便，还烧造小型陶枕，不到 10 厘米长，可置于行囊、怀中。

枕头除垫首外，还可利用以按脉、垫足，以及驱邪的其他用途。《新唐书・五行志》有："韦后妹尝为豹头枕以避邪，白泽枕以避魅，伏熊枕以宜男，亦服妖也。"上文所举刘胜夫妇的铜枕两边也铸有某种神兽之头，当亦有类似的用意。汉代的阴阳五行学说迷信思想充塞于生活的各个领

图 4　随葬铜枕，西汉初中山王刘胜墓的鎏金镶玉铜枕

域，墓壁刻画或彩绘日、月、星辰、龙虎、神仙的图案，或于陶器墨绘道家灵符禁咒以为驱邪之用。也许以陶土模造虎豹的形象，较之刻画或彩绘方便，故隋唐渐多以陶枕随葬，至两宋而最盛，元以后流传的作品就大为减少了。

枕头的形状本是实体的，后来掌握应用黏接合拢的方法制成中空的形体，以减轻重量。到了发展以陶土烧造器物时，陶土坚实而又可塑造的特性，更宜烧制有平面可垫首而中空的枕头。中空的陶枕都要有通风孔，一来使枕箱里的热空气从开孔处排出，保持枕面的清凉，二来可防止热空气的膨胀而导致枕头爆裂。

陶枕的塑造，除必要的平面外，有两个基本的形状：一是塑成匣型，一是设计成特定的人物造型。匣形的变化很多，有方、圆、多角、花瓣、银锭、扇面等各种规整对称的或不规整的形状。人物的赋形常以虎、豹、熊、兔、象、牛等动物，卧婴、妇女、喂乳或怀抱孩童的母亲，以及认为可避邪的各种神兽，甚至是桌子、楼阁、戏棚，不一而足，真是五花八门，竞呈巧思。装饰的图案以动物、植物、嬉戏孩童、文字等含有吉祥意义的为多，如以一个男孩拿着一柄莲叶在一只鸭之旁，以取“子孙连甲”的仕进好彩头。装饰的方法则有用不同色土绞结成形，或印花、刻花、划花、剔花、绘画、雕塑等，再与各种彩釉、色料、花土等手法相配合，作品花式繁多，不能备举。

图 5　元代影青雕塑戏台瓷枕

古代室内照明

室内照明是文明的标志之一，它的使用表示人们有相当多的夜间活动。在野蛮时代，人们最重要的活动是寻找食物，天一黑就去睡觉，以便次日早起去寻找食物。对他们来说，夜的照明是可有可无的，就算有时需要出去走动，也可借重朦胧的月光。虽然只有在月圆前后，月的光照才能提供些作用，但因它是不假外求、不费劳力的自然光源，所以到相当文明的时候，人们仍旧借重它微弱的光明。譬如说，商代的甲骨文中的“明”◎字，即以方或圆形窗子及月亮表意，充分说明这种引月光入窗的免费照明在当时的利用情形。

人类一旦能控制火，就可利用火为光源。有人说一百七十万年前的云南元谋人已知道火食，但是有人认为人骨附近的炭屑和烧骨的痕迹并不是火堆原处的灰烬，其遗址是否为远古人类的住地也待确定。也有人认为元谋人的时代只不过距今六七十万年而已。不过，五十多万年前的北京猿人，普遍被认为已能控制火的使用。

火最重要的贡献是使人类的饮食起了大变化，煮熟的食物易于咀嚼，且味道好。因烹饪上的作用，人们把火引进洞穴，保持火种不灭，附带

◎明

也提供照明的功能。夜间的照明对于古猿人来说，并不具有什么意义，但随着文明程度的提高，夜间的活动相应增加，以火照明的作用就重要了。

户外的照明没有比火把更便利的了，但是古代的房子低矮，商代及以前的房屋又以茅草为盖，不适宜火把的使用。甲骨文的“叟”◎字，即后来的“搜”字，作手持火把于屋内搜寻之意，这只是一时的权宜，不是经常的措施。火把可以照得远而光亮，但在低矮的茅草屋里使用就容易引起火灾，并不是理想的室内照明用具。但到了汉代，房屋已加高，且改良为瓦盖而不易着火，所以才常在室内使用火把。《仪礼》一书中提到的烛，大都是指已加工改良的火把，不是后世常用的蜡烛或灯火的炷。

人们最初建筑的住屋只是夜间的休息所，没有足够的空间烧煮食物。随着构筑技术的进步，六千年前半坡的半地下穴式房子，已普遍有空间在屋里烧食。火膛也自然起着照明的作用。但是火膛的照明范围有限，对于屋子里大部分的地方都没法照顾到。一旦文明更进步，人们就不再满意以火膛来照明了，他们另想办法，终于有灯烛的使用。

商代的甲骨文虽不见灯烛的字样，但从甲骨文的“光”◎字，作一跪坐的人，头顶上有火焰之状，可以证明那时的人们已知使用灯烛；因为火焰不能用头顶着，顶着的必是燃油的灯座。商代的灯光微弱而且有黑烟，因为甲骨文的“幽”◎字作一火与两线小丝之状，以表现火烧灯芯，光线幽暗之意，推测当时所用的燃料大半是植物油。古时没有什么家具，

◎叟 

◎光 

◎幽 

为了避免被烟熏烤，就得与光源保持适当的距离，而以头顶灯，人体就像灯座，不但较手捧的稳定，也照得广而远。所以对于有跪坐之习的中国人来说，以头顶灯是颇为实用的方法，故汉代有陶灯架作奴仆头顶灯台之形，朝鲜的高句丽时代，墓室也有女侍以头顶灯前导的壁画，这些都反映古时有以奴仆顶灯的习惯。《韩非子》郢书燕说的故事，就说明“烛”要举得高才明亮的事实。

但是地下的考古发掘，并不见商代有专用灯具的出土，这种矛盾应该怎么解说呢？大概可以从两方面来看：一是商代夜间的活动只限于少数的贵族与有限的节日，所以商纣作长夜之饮才会被视为荒淫无道。

而且商代一天只吃两餐饭，早上七时至九时吃丰盛的早餐，叫大食，下午三至五时吃简单的午餐，叫小食，反映典型农家的生活习惯。太阳下山不久就去睡觉，以便次日一清早就去田里工作，既然没有经常的室内夜间活动，就用不着专用的灯具。当时社会使用灯火的机会不多，灯

图 1　朝鲜高句丽时代的墓室壁画，女侍头顶灯为前导

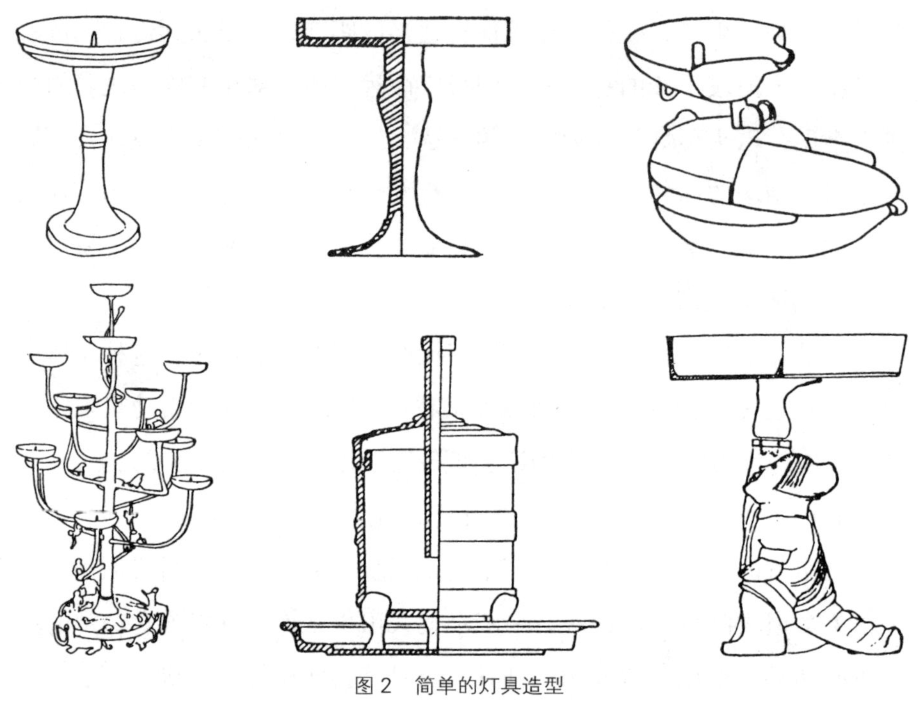

图 2　简单的灯具造型

具不普及，甚至没有专用的灯具，故被发掘的机会也就相对地减少了。

另一方面，我们可以从灯具的形状去解释。初期的灯形与盛饭肴的豆同为有高脚的浅盘，而陶制的豆也叫登，很可能商代的灯是临时借用陶登，故后来才取名为镫或灯的专称，一为表明其铸造的材料，一示其燃火的作用。灯在商代大概因为使用机会不多，不必成为一特定的专用器具，于点火照明后又恢复其盛饭肴的功能，因此难以觉察它曾一度用以照明。

从考古的证据看来，专用的灯具始自战国初期，春秋晚期以来由于铁器大量使用，生产效率大为提高，整个社会面貌起了极大的变化，很多人可以从事非生产性的工作。我们可以想象，此时较为富裕的家庭夜间活动大增，已经有必要使用专用的照明器具了。

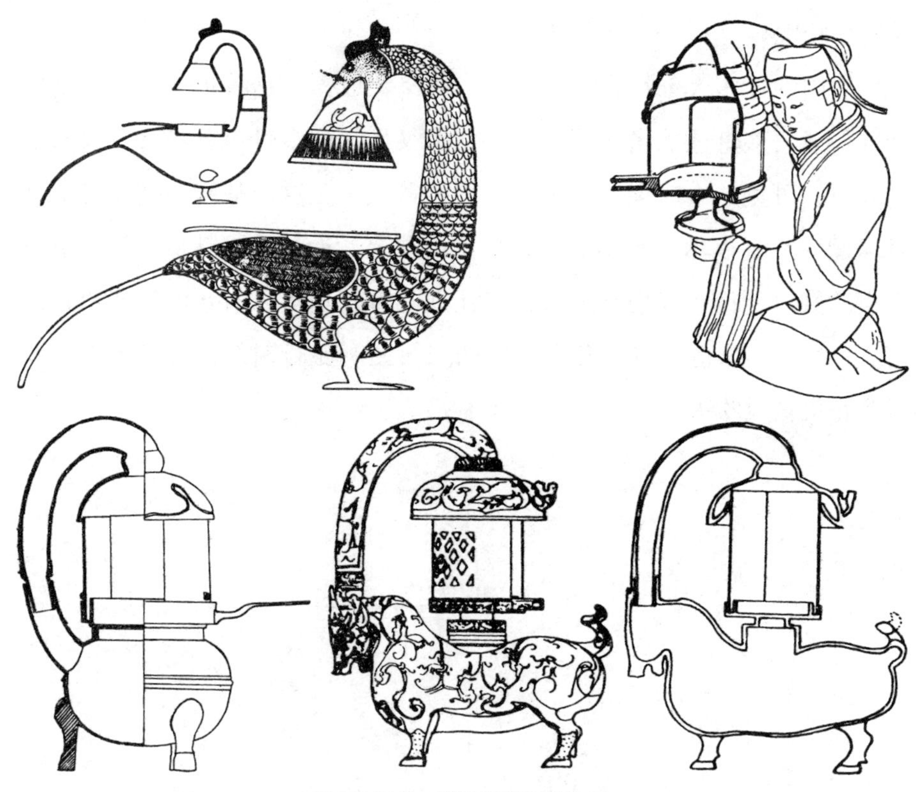

图 3　汉代一些造型繁缛的灯具

商代灯的燃料是植物油。到了战国时代，不但有些灯盘有盛油脂的泥状残迹，《史记·秦始皇本纪》也有“以人鱼膏为烛，度不灭者久之”的记载，应也已发展出以蜂蜡或蜡虫制成的蜡烛。《史记·甘茂列传》记载：

臣闻贫人女与富人女会绩，贫人女曰：“我无以买烛，而子之烛光幸有余，子可分我余光，无损子明而得一斯便焉。”

如果当时点燃的是油灯，应说买油或脂而非烛。《楚辞·招魂》为招来亡魂回家而描写的舒服家居有“兰膏明烛”，可知当时的灯油和蜡烛还掺有香味呢!

战国的灯座大都很朴素，至多把底座铸成人物鸟兽形或金银嵌镶以增饰，或增多灯盏以增光明而已。到了汉代，许多灯盘已具有供插蜡烛的尖钉，可见这个时期蜡烛的使用更为普遍了，这与战国晚期于晚上十时增设一晚餐显然有密切的关系。器用越多，设计就越精良。为了解决烟熏的缺点，设计时便加上管道，让烟随着管道沉入有水的底座以化解污染；并且灯盘也装有可开合旋转的门，便利旅行时控制光的方向，以及防止火被风吹灭。

车子的使用

交通的便利和迅速可以增加人们接触的机会，便于信息传递、知识交流而促进文明的进展。越落后的社会，其处境越闭塞。一个高度文明的国家尤其是商业社会，一定伴随着快速而有效的交通传递网。

交通工具中的车子，运输费用虽不若水运便宜，但能适应绝大部分地理环境，故仍然是最重要的方式。甲骨文的“车”◎字作车子的形象。最详细的包括两个轮子、一舆架、一辀、一衡、两轭、两条缰绳。最简单的只是一只轮子。因为轮是车子最基本的零件，没有它就不成为可运转的车子了，车是轮子的应用。古人说轮子创作的灵感来自常见的飞蓬或落叶等团团转下坠的现象。人们见此情景已几百万年，恐怕另有更近的渊源。纺轮是个石或陶制的中间有孔的扁平璧形东西，贯穿小木轴，捻之旋转以缠绕丝线而待纺织，它非常接近有轴的轮形。

六千年前仰韶文化已常见陶纺轮，其时的陶器也见慢轮修整的痕迹。四千多年前的龙山文化时代，陶器就普遍使用轮制，对轮子的应用已积有相当的经验。考古证据，近东大致在五千年前就有了车子。传说中国车子的发明者是四千七百年前的轩辕氏黄帝。青海一个三千八百年前的

◎车

遗址发现了牛车，轮子有16根辐，应该距离实体轮的初创时代有段时间了。车子的拉曳改进过程是由人而牛而马。马车已多次见于商代的墓葬，其构造已相当进步。如果以商代马车的精美情况去推测其发展所需的时日，传说的四千年前夏禹以马代牛拉车该是近于事实的。马车的应用恐怕也有时机上的原因。其发展的主要目的可能不是货物的输送而是军事的需要。四千多年前是战争规模扩大，是将建立国家的阶段。早期的车舆很小，装不了多少东西。路况不佳，不宜作快速奔跑。再加上重心高，易翻车。君王冒险乘坐它，很可能是为了取得高度机动性的高台，一如戴高帽，以利指挥大规模的战争，让战士易于接受指令。

牛温顺有力，行步缓慢，宜于载重，是平日或战时载重的主力。马奔跑快速，宜于快速传递消息或追逐猎物，是贵族游乐及作战所依赖的工具。两者拉曳的车由于用途有差别，细部的构造应有不同，但基本的结构应是一致的。其主要要求为：坚牢，不致半途损坏；轻巧，可多载重；快速，早达目的地；平衡，不致翻车；舒适，久乘不疲；适合环境，可畅行无阻。由于制造技巧的要求高，故《考工记》攻木七工中制车的竟要分成轮、舆、车、辀四工。

车子的造价高，非一般人所能拥有，尤其是能承重能快速奔跑的马车。马的性格不羁，需要专门人才经过精选良种及长期训练才能胜任，要高级贵族才能有此财力。故马及马车一直是有权势者的宠物及表征，倒不必使用于军事及田猎的用途。马车若以快速为目的，就该轻巧，尽量减轻车架的重量。但贵族们为了炫耀，却加上很多不必要甚至是不利急行的装饰。如以安阳一个商代的车墓为例，其中一车装饰各样的铜饰约有170件，15公斤多，甚至马的身上也要加上好几公斤不必要的铜饰。其实强固车子性能所必需的铜零件可不超过一公斤。如此繁饰的车子，显然炫耀的成分大于实用。

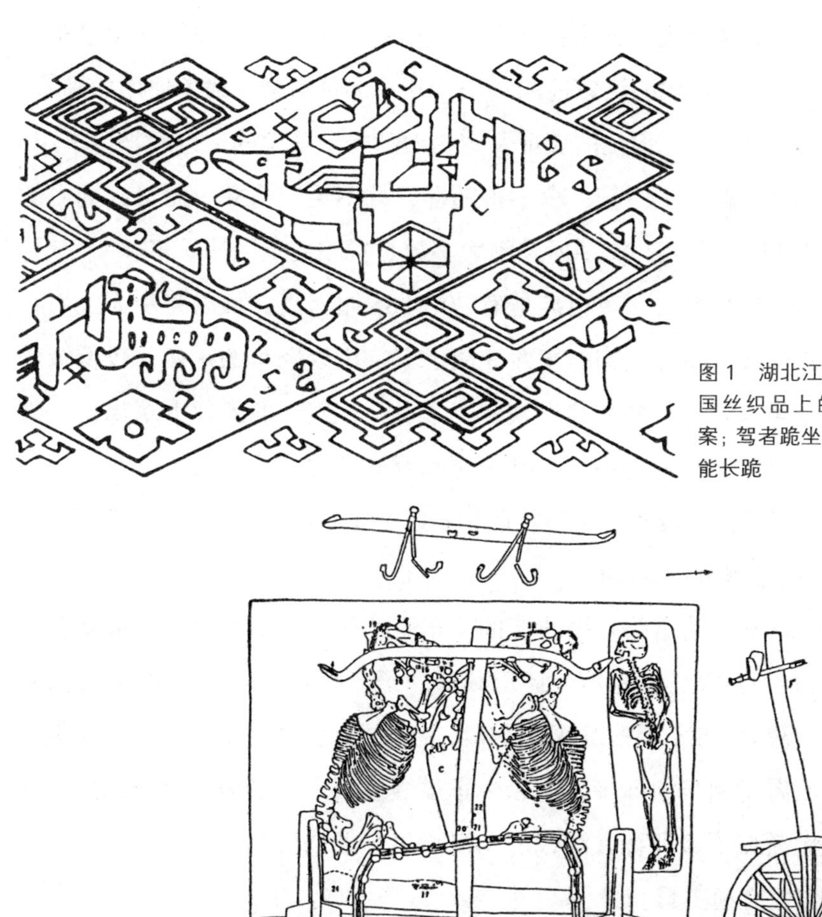

图 1　湖北江陵出土战国丝织品上的田猎图案；驾者跪坐，射者可能长跪

图 2　安阳晚商马车坑及车子的形制

就一般的情况说，载重比需要快速奔跑的时机多，即马车比牛车的需要少，但迄今发掘的汉以前的车子，几乎都是田猎、战争使用的马车。那是贵族以马车作为地位的表征及宠物而随葬于墓中的，以便来生享用。牛车则是劳动者谋生所赖，舍不得随葬，故不见于墓葬。而贵族娴习的文学作品及历史记载，文字所及绝大多数是贵族们专用的马车。

商代的马车高大，车舆离地有70到85厘米高，难以跨步而上。行动优雅的贵族，要有垫脚的东西才能上车。用以登车的东西，较低级的可能只是矮木凳子。高级的贵族就非常讲究，安阳的商代大墓出土一件专为上车用的矮扁平石块，雕刻一对相背的老虎花纹，石头还有孔洞可穿绳以便搬动。大贵族一定要踏此种石雕上车，故一些文学作品就以“乘石”作为统治者的代名词。

在崎岖不平的道路乘坐快速的马车是危险的，商代甲骨刻辞就曾提到两次翻车的事故。《左传》还记载郑国子产以驾驭马车比喻为政之道：“若未尝登车射御，则败绩厌覆是惧，何暇思获。”要想在马车上作战射箭，显然需要相当的训练。所以牛车虽缓慢，先为老弱妇女所乐用，后来贵族们渐疏军事训练，汉代晚期以后牛车渐取代马车，成为包括贵族在内的全民交通工具。

中国古代马车的辀较直，要架在高轴才能配合马颈的高度，使得车的重心不稳。驾驭时要尽量压低重心以减少颠簸倾覆，因此理想的驾驭方式是采取跪坐的姿势。商代的车厢栏杆甚低，只有四十多厘米高，甚至矮至22厘米者，不容立乘者攀缘之用。所以西周的车厢就设计有可容屈膝跪坐的突出。商代的舆厢底部有时用皮条编缀，它具有弹性，不利稳定站立，但却能令跪坐者减轻很多的颠簸。乘斗员或指挥者大概有需要时才站立起来。

从发掘知道，至少西周以来，中国马车的系驾方式已改良为胸式。

图 3　长沙出土的战国漆奁上的座驾图绘

图 4　西周中晚期的师同鼎铭文有俘戎“车马五乘，大车廿”；表明军事的行动需较多的载重大车

不像近东到很晚的时候还采用颈式系驾，皮带压迫颈部的气管，马奔跑的速度越快，呼吸就越困难，难以充分发挥马的运动潜力。商代的马车只驾两马，西周就普遍增到四马，也许与这种系驾技术有关。到了战国晚期，人们于辕的高度和马与车之间的利害关系有了进一步的了解，知道使用曲辀使马颈不用压低，轴不用提高，车舆就平正而稳定。这种有效的设计，可从大量汉画像石及明器模型看出。

住旅舍也需通行证

人与人的接触是文明能够进步的一个很重要因素。尤其是在高度发展的国家，更需要有快速便捷的交通网，可将信息及时传达到远地，使政策能顺利的执行。既然如此，就需设旅舍驿站，让人、畜在途中作短暂的休息。同时，随着时代的演进，人们逐渐分工以提高产品的产量和品质。然而，分工导致生产不平衡。这时就得相互交换多余的产品，从而有了商业的行为。与远地交易需要有人押运货物，也少不了让人休息的旅舍。因此，旅舍是人们经常与远地有接触以后的事，是高度文明的表征之一。那么，我们中国什么时候起有旅舍呢？而代表其设施的标志又作如何的设计呢？

商代以前，由于尚不见文字的记载，难以猜测当时是否已有旅店设施。从甲骨卜辞可以看出，商王朝与诸国来往频繁，经常有长期持续的田猎活动与大规模的军事行动。为了传递情报，互通使节，一定会在主要通道上设置旅舍，供来往人员歇脚。《易经·旅卦》爻辞有："旅焚其次，丧其童仆。""鸟焚其巢，旅人先笑后号咷，丧牛于易。"可见当时旅舍已不限政府的使节，即使从事贸易的商贾也能在其中住宿。

西周初的甲骨文有"舍"◎字，作余形的东西竖于基址上之状。然

◎舍

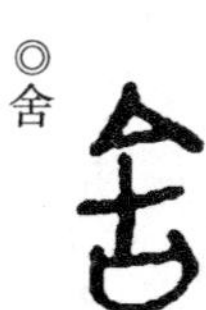

而屋舍的柱梁并没有类似的结构，所以应不是表示房屋的侧视形。而且旅舍的柱梁应与其他建筑物没有大差别，古人也不会以房屋的柱梁结构去表达旅舍的意义。

我们知道“余”字被使用为第一人称是假借义，它应另有创字的本义。甲骨文的“叙”◎字，作手里拿着余形的东西，叙有诠叙、叙职等意义，很可能来自集会时，有拿着“余”◎类之标志以表示在序列中位置的习惯。《周礼·小行人》：“凡四方之使者，大客则摈，小客则受币而听其辞。”由此可知，也许较早的时代有检验信符的习惯。古时常以旗帜一类的东西以代表其部族或官职。列班时也许以之为标记，好像今日的名牌、护照、介绍信等的用途。有事要报告时便高举之，类似现今之举手发言。所以金文的“对”◎字，作手举某物之状，以表达对答的意义。因此“舍”字有止舍、旅舍的意义大致来自住宿的人，以代表其族、其职的旗帜或使节竖于屋前，以表示某人的临时驻地，并同时含有警告闲人不要接近的意思。《周礼·环人》：“掌送逆邦国之通宾客，以路节达诸四方，舍则授馆。”说明住宿的时候要把路节交出来，可以想象古时的旅店，门前有插告示牌的设施，故取以创造“舍”字。

古代一般人少作旅行。旅行的都是有要事的信使和使节，他们一定随身携带身份证明。后来商业发达，商人来往城市之机会日多，政府就颁发符信以为许可旅行的凭证及住宿检验之用。《周礼》一书所记载的虽不是古代真正发生过的制度，但多少反映些古代的习惯。其中《掌节》说：“凡邦国之使节，山国用虎节，土国用人节，泽国用龙节，皆金也，以英荡辅之。门关用符节，货贿用玺节，道路用旌节，皆有期以反节。”《小

◎叙

◎余

◎对

行人》也说："达天下之六节，山国用虎节，土国用人节，泽国用龙节，皆以金为之。道路用旌节，门阙用符节，都鄙用管节，皆以竹为之。"旅行者要携带符信以证明身份，所以甲骨文的"途"◎字，由余及脚步组成。脚步用以表示旅行的活动，余如依《周礼》的记载，应是道路行用的符节。则旅舍之前所竖的似是旗子一类的东西，不过，附图所示的则是木架。

旅行在古时候颇为不容易。一来道路的修建不发达，旅人经常要携带笨重的行李，有时遇到河流，还得涉水而过，没有桥梁可渡。因此一般的行旅一天只行三十里路，约合现在的七公里，故陆路以三十里设一旅舍为常制。《周礼·遗人》："三十里有宿，宿有路室，路室有委。五十里有市，市有侯馆，侯馆有积。"不是国野之道，恐怕就没有供食宿的地方，故因私事旅行的人往往自备干粮，以防错过旅舍时挨饿。

政府的旅舍不但提供食物及休息，有紧急事故需要兼程赶送时，也提供车马御夫的服务。西周早期的铜器就曾提到这一类负责招待使节的官员。商代的甲骨贞辞有："勿収有示卿死，逄来归？"逄是商代用来表达传递工作的字。大半是因有人死在异乡，问要不要用接力的方法，早日运回安阳安葬。另一意义相关的字是传，意义是传递信息的信差。商代已有精美的马车，不知除军事及田猎外，有无利用马车或马骑以传递信息，好缩短传递的时间。

甲骨文又有一"羁"◎字，作一野兽的双角被绳索一类的东西缚住之状。贞辞作"至于二羁于之若，王受又？"问从二羁延长行程至之若，王会不会受到福佑。其他还有三羁、五羁。很显然"羁"是从安阳算起，有一定行程距离的设施。《周礼·遗人》，掌"野鄙之委积以待羈旅"。"羈"

◎途

◎羁

图 1　长沙出土战国漆奁上图案部分；栏杆之旁所竖者即可能为旅舍余形之标志

即“羁”字，也是与行旅有关的设施，指的也许是国家所设的驿站，用以传递信息及货贿，大概也备有房间以供御夫休息。羁字既然以有角的动物创意，拉曳的牲畜一定是牛。后来发展到普遍以马传运时，才写成从马的羁，同时也出现了驲、驿等以马为义符的字。

牛车行走速度缓慢，而水运为正常陆运的十倍。据《战国策 · 楚策》：“下水而浮，一日行三百余里。”但如以马传递消息，用接力的方法，则可较水运快速，而且不受有限水道的限制，虽关山险阻也可通行。故到了春秋时代，利用驿站传递信息、接待宾客的制度已普遍建立。东至齐，西至秦，北到晋，南到楚，东南至吴越，中原之鲁、宋、陈、郑，没有一国不是广设驿站旅舍以利交通的。

图 2　魏晋时代画像砖上的驿使图

含有余字的甲骨文、金文字形

商 甲骨文	周 金文	现代 楷书
		叙 像手持符节以确定序列中的位置之意。
		舍 像插符节于建筑物前，表示某人的临时住所之意。
		途 像旅行途中需要符节一类的通行信物之意。

葬俗流变

广东和台湾地区，不久前还保存着“盖水被”与“点主”的丧葬仪式，现在恐怕很少人会知道它们源自何种习俗，有多久的历史了。所谓“水被”是一块五尺来长、二尺来宽的白布，在中央缝上一幅同长而尺来宽的红布。在入殓之前，要先由孝子给尸体盖上水被，然后再轮流由其他亲人执行。至于点主的风俗，则流行甚广，很多地方都还施行着。那是请一位有名望的人，在预先写有王字的神主牌上，用朱笔点上一点成主字，完成埋土前的仪式。这些特殊的葬俗，到底有什么意义呢？

远古时代的人不了解死与生之间的生理现象，也不明白怀孕的真正原因。见到人有生有死，就以为死后灵魂会回到老家的图腾，由之再投胎出生到人间来。

大概古人看到皮肤破裂会流血，流血过多会死亡，因此想到，要获得新生命就得让血破体而出，灵魂才会随着血水逸出体外。因此很多民族，古时都有不流血的自然死亡是不吉利的想法。因为灵魂得不到解放，就会导致真正的死灭，故很多人不怕死，只怕不得其法而死。

要达到使人流血而死的最简易方法应该是使用暴力，所以中国古时候也有把老人打死以便其超生的习俗。在文明人看起来，那是很不人道的野蛮行为，为法律、人情所不许。但价值取决于观念，在有那种思想的时代，打死亲人却是为人子者所应尽的孝道，否则死者灵魂会因不能再生而前来骚扰亲人。所以有老弱、病弱意义的“微”◎字，商代的甲骨文就作手持利器棒杀长发老人之状。对古人来说，以一老弱病残之身躯，更换一新生健康的身体，还有什么可遗憾的呢?

不只中国，其他民族也有棒杀老弱的习俗。因为上古的生产水平低，粮食经常匮乏。尤其是当疾病流行或迁徙频繁时，老弱的人甚至会牺牲自己的身躯喂食亲友。对那些老人来说，那是一种对族人有贡献的解脱，他们相信自己不久就可以得到新生命，所以没有什么可哀伤的。

棒杀老人的现象可追溯到五六十万年前的北京周口店猿人。古猿人的头盖骨往往被击破，以致考古学家认为那是人吃人的现象，或以为那不是因为饥饿，而是为了增强个人的精神威力。但是，这些解释颇值得商榷。

在广西桂林甑皮岩一个七千年以上的遗址发现有 14 具头骨。其中 4 具属于 50 岁以上的老人，都有明显的人为的以利器杀害的致命伤痕，其他年轻人的头骨则没有这种现象。显然是老弱者无法照顾自己的生活，由子孙执行再生的仪式。执行的人一点也不觉得有罪恶感。《楚辞·天问》:“何勤子屠母而死分竟地。”大概是楚国宗庙有夏启杀母的壁画，屈原不了解上古的习俗，故对天提出质问，为什么这种大逆不道的人还被视为贤君。后世的好事者更造出神话，说启的母亲变成石头，石头裂开而生出启，启等于杀了自己的母亲。

当文明程度提高时，人类觉得亲手杀死亲人未免残酷，就改把老弱者送到山野，让野兽去执行流血放魂的手续，等野兽把血肉吃完了，才

◎微

图 1　孝孙原谷（或作原觉）的故事
①山东嘉祥武梁祠东汉画像石
②北朝宁万寿孝子棺石刻

捡回骨头加以埋葬。汉代的一则故事正是此种习俗的反映。

原谷帮父亲把祖父抬到山上去丢弃，原谷要把担架也带回家。父亲问他作何用处，原谷说要留待将来抬父亲之用。父亲不愿将来自己被送上山被野兽咬死，就又把祖父抬回家奉养。因此原谷才得到孝孙的声名。北美的因纽特人，到晚近的时候还保存此种丢弃老人的习俗，相信很多人都在银幕上看过。后来人们渐渐觉得把活生生的老人送去等死是种不仁慈的行为，于是改变为死后才丢弃尸体。等野兽吃完肉后，才捡拾残骨加以埋葬。那时候还觉得，如果骨头没有被啃得干净，有残肉留着，就表示生前有罪，家人会大感不安。譬如，东北地区把尸体高挂树上，西藏的富裕家庭则延请僧人割下尸肉以喂食鸟兽。《孟子·滕文公上篇》："盖上古尝有不葬其亲者，其亲死则举而委之于壑。他日过之，狐狸食之，蝇蚋姑嘬之，其颡有泚，睨而不视，……盖归反梩虆而掩之。"反映的正是这种葬俗，以及葬俗改变的动机——不忍。

虽然已发展到要把尸体殓藏于棺木，不受鸟兽的侵扰。然而，要把尸体破坏，使其流血的观念是一时舍弃不了的。有些地区就采用变通的方法，把身体某部分切割下来，与躯体同穴埋藏，以此替代暴力的放血仪式。后来又不忍切割身体，就在胸前刻花，并撒上红色的粉末以代表血。此种习俗反映于甲骨文的"文"◎字，作一人的胸部画有种种的花纹形。"文"本是对尸体的美化仪式，只有赞美已死的人才用"文"。如铜器铭文中的前文人、文考、文母、文祖、文妣等。有些地区于尸体下铺一块透雕的红漆木板，就可能是它进一步的发展。

由于恻隐之心，葬俗才有了以上的演变。由于有必须流血才是正当的死法的观念，所以，丧葬中以红色的东西代表血，就成理所当然的习俗，也是世界各地普遍的现象。一万八千多年前的山顶洞人遗址，尸骨周围就发现撒有赤铁矿的红色粉末。而六千多年前仰韶文化以来的墓葬，朱砂更是常见之物。后来演进到以棺木埋葬，内部也涂上朱漆。

◎
文

本文开头所说的水被和点主，反映的就是亲自杀死亲人的上古遗俗。有些地方的点主要用孝子中指的血去点红，把要将血自身上流出体外以放纵灵魂的远古观念表现无遗。血是液态的，故叫水被。死的本来意义是经由死的终止，到达再生以重新加入社会。但是由于文明的概念，不但不杀老人，到汉代甚至演变成以玉匣殓尸，或以白泥膏、木炭等东西密封棺木，希望尸体长久不腐的葬俗，就大背古人原意了。

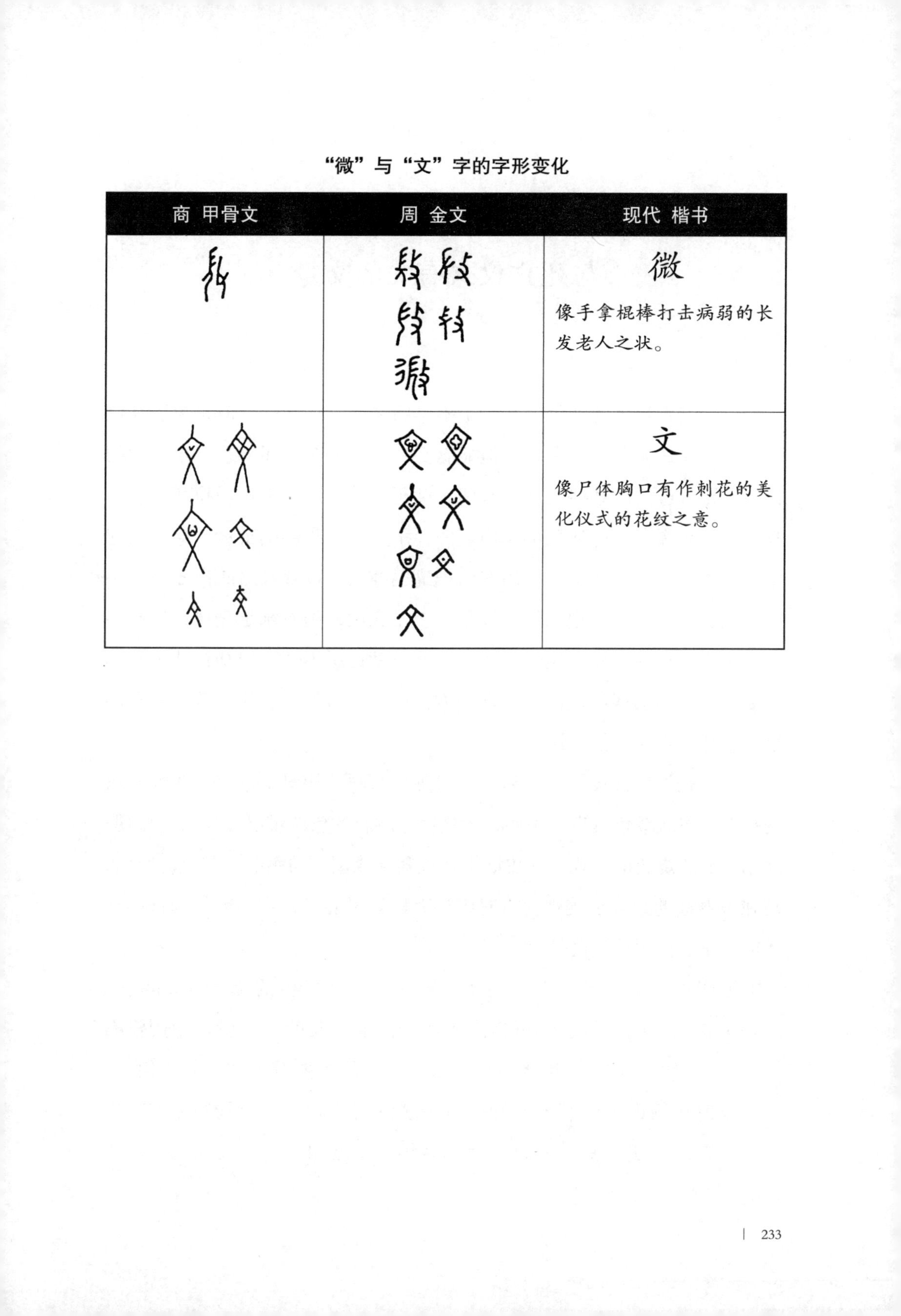

“微”与“文”字的字形变化

商 甲骨文	周 金文	现代 楷书
		微 像手拿棍棒打击病弱的长发老人之状。
		文 像尸体胸口有作刺花的美化仪式的花纹之意。

与死亡仪式有关的文身

如果没有相当的理由，人们是不愿肉体忍受伤痛的。但是为了某些原因，尤其是爱美，很多人不但能忍受一时的痛苦，还能忍受永久性的伤残。譬如过去的某些民族，有些女性用金属圈逐渐把颈项拉长，以为脖子越长越漂亮，以致颈部肌肉萎缩，承受不住头部的重量，甚至引起窒息而死的危险。又有些人用东西把嘴巴撑大，以致嘴唇肌肉萎缩，不能合拢起来，喝水要把水倒进嘴里。至于我国，则有缠足之风，用布帛把双足紧紧裹住，压缩肌骨的成长，使行动迟缓不便，但却被认为婀娜多姿。在种种伤残身体以达美观的方法中，文身虽是现代少数人采取的措施，却普遍存于各民族。

文身是指刺破皮肤，然后在创口敷用颜料，使身上带有永久性花纹的措施。皮肤颜色较黑的民族，大概由于颜料的色调难以在皮肤上显现，就用针缝或烧炙的方式，在皮肤上造成隆起成图案的瘢痕。刺纹的原因，现在最普遍的是为了美观，古时则还有以为可防病袪灾，或作为标明成年的身份、社团的资格等。

证明一件事物的存在，要比了解一件事情发生的始末容易得多。在西方，文身的习俗起码可追溯到四千年前埃及的木乃伊。中国没有制作木乃伊的习惯，皮肉无法保存数千年，故不能看出文身起于何时。但从文献记载的刑法制度可知，三千多年前的商代已用刺墨之刑，则刺纹之起源当更早些。有以为六千多年前半坡陶盆上的人面鱼纹即为文身的表现。

历来解释文身起源的说法很多。有说源自水灾之后，大地只剩兄妹两人。为了不让人类灭绝，其中一人以黑炭涂脸，让对方在认不出其身份的情况下交配，终于能够繁殖子孙。有些地方则说为了工作的需要，入海捕鱼的人刺上鱼鳞花纹，可蒙蔽鱼鲛而不受到袭击。但在有些地方就可能与死亡的仪式有关。

商周时代于脸上刺墨是对人体构成伤害的最轻微处罚。其他较严厉的，依次为割鼻、断脚、去势、处死。刺墨的用意是对犯罪者的一种警诫和宽恕。刑罚原是对异端的一种处分。在生产效率低的时代，战斗的主要目的是掠夺财物，占领土地。对于敌人只有杀死或驱之远逃两途。一旦生产的方式改进，一个人的生产除自用外还有剩余可提供他人使用，就逐渐有保留俘虏以从事生产的念头。很可能在中国就以死亡仪式的刺纹，象征处死的刑罚，让罪犯从事生产。下面便是一件与文身有关的历史事件。

周朝的祖先古公亶父，有意让第三子季历继承其权位，因为季历的儿子昌很贤能。但是碍于有传位给长子的传统，古公亶父心中郁郁不乐。此心事为长子太伯和次子仲雍得知。为了成全父亲的愿望，《史记·吴太伯世家》记载："于是太伯、仲雍二人乃犇荆蛮，文身断发，示不可用，以避季历。"

一般的解释以为，吴和越本是文身的民族，太伯与仲雍入境随俗，也断发文身成为野蛮人，所以不能回周继承权位。这种解释并不很合理。周是穿有衣服的民族，二人只要留上头发，穿上衣服，就能恢复周人的服饰，一点异样也没有，何至于不能再当文明人？再者，先秦文献讲到中国境内有文身的民族竟只有吴和越，哪有这么巧的事，两人竟不约而同，分别投奔域内仅有的两个有文身之俗的地区。我猜想太伯与仲雍之所以文身，是要以周人死亡仪式来象征自己已不在人间，要周人不必再等待而立即拥立季历。因为二人分别对吴越有教化之功，吴越人民为了表示尊崇，也仿效他们在胸上刺纹，以致文身最终成为吴越两地的特殊风俗。后人不知此历史事件反映周人于尸体刺纹的习俗，而周人大概后来也放弃此种习俗，人们才误会吴越本为文身的民族。吴越居处多湖泊，很多人以捕鱼为业，所以才附会起源于以文身避免鱼鲛的攻击。

文身的“文”◎字，在商代的甲骨文作一人的胸部画有花纹的形状。文原来是种对尸体的美化仪式，故才引申为文学、优雅等需要修饰的事物。此字在甲骨文及周代的青铜器铭文，只用作死者的美称，不见以其赞美活着的人，如前文人、文考、文母、文祖、文妣等，这些显然是经过刺花美化仪式的人。有些地区，如东周时代的楚墓，常见于尸体下铺一块几何形花纹透雕的红漆木板，这很可能就是自尸体刺纹的进一步发展。古代文身的图案大致与台湾高山族的类似，都是几何图形的。

图1　商代玉雕跣足男女裸体拓片，人体上的花纹可能就是文身的表现

尸体刺纹的源头大概可假设如下：远古有种信仰，认为要流血而死，灵魂才能随血出窍而重新投胎出生。因此人老了就得由亲人打死以放逸灵魂。以后亲人不忍自己动手，就送去山野，让鸟兽执行出血的任务。然后又改在死后才丢弃于山谷，最后才演变把全尸用棺木殓藏起来。

◎文

习俗虽改，但把尸体破坏的观念一时消失不去，有些地方就采取象征的办法，如六千年前的仰韶文化遗址，发现有种葬俗是把死者的脚趾或手指割下，与尸体同埋于一穴。专家都同意这种割体仪式与宗教信仰有关。割体应就是替代暴力的放血出魂仪式。后来人们又不忍分解尸体，就在死者的胸口刻花，并撒上红色的粉末以代表血。可惜古尸难有保存的，不能核证有无刻花，幸好还可以从文字得到一些了解。

图 2　西周早期人形铜车辖拓片，人身上的花纹可能就是文身的表现

我想只有通过死亡的仪式，才能合理地解释为什么太伯和仲雍断发文身以示不用，以及以刺墨为犯罪的标志。在一件战国时代的舞戈上，绘有一脚踏日月、手持道具的巫者，身上满布鳞片，可能即是文身的表现。巫可能以此死亡仪式表现其有异于常人，能与神灵交通的魔力。

图 3　湖北荆门出土战国舞戈上的巫者形象，身上满布鳞纹

“身体发肤，受之父母，不敢毁伤，孝之始也。”这是《孝经》里孔子的名言。汉代奉行儒教，汉文帝废肉刑后取消刺墨之刑。鉴于刺墨乃是刑罚，一般人大概也不会以这种耻辱的象征施之于身。但是元代施耐庵于《水浒传》描写九纹龙史进全身刺纹，也许是从外国传入的爱美新风俗而不是墨刑的演变。

鹿 皮
——婚嫁的聘礼

古代的婚嫁要行纳采、问名、纳吉、纳征、请期、亲迎六礼。根据两千多年前的古籍《仪礼》的记载，男家要送一双鹿皮为纳征（即现今的下聘）的礼物。豪奢的王公贵族，更要选择珍贵的虎、豹等兽皮以夸示豪阔。但我国在商周以来已是高度发展的农业社会，一般人衣丝帛，鹿皮并不实用而且也不易获得。因此有人猜测，这种习俗可能源自上古以兽皮裁衣的时代，赠送鹿皮可以表现男子捕猎的能力及英勇。但鹿性温顺，在野生动物中最易捕获，实在不值得这样大事宣扬。那么，比较可信的推测是什么呢？恐怕很少人会想到，这是起源于兄妹交配时，以鹿皮隔离两人身子的远古事件。

婚姻是种很重要的社会制度。它规定某些特定的人或人群之间共同生活的合法性，并确定养育子女的义务以及子女继承的权利，使两个家庭或家族紧密地结合起来追求共同的荣誉与利益。再者，上古的人不明白怀孕的真正原因。妇女要在事后一段期间，才会意识到自己已怀有身孕。由于表面上，怀孕看不出与男人有直接的关系，古人往往会归因于意识到怀孕时周围发生或存在的特别事物。因此传说中的古代英雄人物，都是母亲与各式各样的现象结合而诞生的，如《史记·殷本纪》记载商朝的始祖契是母吞食玄鸟的蛋所生，而《周本纪》则说周的始祖稷是母亲履大人之迹有感而生。如此经过了一段很长的时期，人们才发现男子要为怀孕一事负全责，因此才设立婚姻制度，规定男女结为夫妇，便是永久性的伴侣。

图 1　四川郫县出土，东汉画像石上的伏羲和女娲尾巴交缠图

传说中国婚姻制的创立者是神话人物伏羲与女娲。《古史考》有“伏羲制嫁娶，以俪皮为礼”的记载。俪皮即一双鹿皮。《风俗通义》则说：“女娲祷祠神，祈而为女媒，因置婚姻。”伏羲与女娲的形象常见于汉代墓葬的砖瓦或画像石上的浮雕，其形象是尾巴交缠的一对蛇身人首，或手中各持规与矩，还常伴有日与月。汉代的人以为他们有保护死者安宁，不受邪气侵扰的魔力。他们虽是兄妹，却结为夫妇，是古时家喻户晓的人物，责任婚姻制便是他们共同创造的。

繁殖虽不是结婚的唯一目的，却是很重要的功能。让我们看看传说伏羲与女娲如何繁殖人类。《风俗通义》记载：“俗说天地开辟，未有人民。女娲抟黄土作人，剧务力不暇供。乃引绳于泥中，举以为人。故富贵者黄土人，贫贱凡庸者絙人也。”这个故事或者可以理解为，女娲没有耐性塑造人类，故创立婚姻，让人们自己去繁殖自己的后代。但要了解整个故事发展的意义和背景，恐怕非得通过民俗学的分析不可。

台湾南势阿美人有一则创生传说，与本文讨论的主题关系极为密切。故事叙说有一对兄妹是日神和月神的第十五代子孙，他们共乘一个木臼逃避洪水的灾难而漂流到台湾来，而后发觉他们是人类仅存的两人。为了不让人类灭绝，两人只好结为夫妇。但是他们有兄妹不许相互接触腹部与胸部的禁忌，一直不敢发生夫妇的行为。有一天哥哥打到一只鹿，想到把皮剥下晒干，在上头挖个洞，就可以隔开身体不破坏禁忌而达到

图 2　汉代画像石上的伏羲和女娲图
①河南唐河县出土，伏羲与女娲身旁的两股烟即将凑合一起
②山东沂南县出土

交配以繁殖后代的目的。就这样，他们所生的很多子女，分别成为许多部族的祖先。此母题后来衍生出许多故事，鹿皮变形成为兽皮、羊皮、草席，甚至扇子，但其作用都一致，用以隔开身体，破除禁忌。

以上两个传说有许多共同点，都与日和月的信仰有关，都发生在大水灾之后。女娲另有以芦灰止住共工怒触不周山而造成的洪水传说，主角都是兄妹兼夫妇，皆以鹿皮为繁殖后代的重要媒介，都与蛇的图腾有关。蛇是台湾高山族最常见的图腾装饰。

两组传说的共同点，显然同出一源。阿美人故事中兄妹的名字虽是以方言发音，又因时代变迁，与伏羲、女娲的汉族发音有差别，但语言学家分析的结果，却认为它们都来自同一语源。这些不同传说都指出来自一源。兄妹遭遇洪水，通过各种巧合而繁殖人类的故事，屡见于中国各民族的传说。而这其中又以阿美人的传说最接近事实，也合理地解释了鹿皮在婚礼中的作用。以鹿皮隔身体而不破坏禁忌，也很符合草昧时代人们的心态。

我们知道血亲之间的结合是早期闭塞社会所难避免的现象，一旦社会比较开化，为了避免混乱血缘关系或造成畸形儿等原因，就开始禁止血亲之间的通婚，并认为血亲之间通婚是极不道德的行为。因此后人就想尽办法，把祖先血亲通婚的事实加以掩盖，以致把人类早期的繁殖归功于神的创造，如女娲之捏土造人，或把过错推托给神，说是遵奉神的旨意行事。如唐代《独异志》:

> 昔宇宙初开之时，只有女娲兄妹二人在昆仑山上，而天下未有人民。议以为夫妇，又自羞耻。兄即与其妹上昆仑山，咒曰:“天若遣我兄妹为夫妇，而烟悉合。若不，使烟散。”则烟即合，其妹即来就。兄乃结草为扇，以障其面。今时人取妇执扇，象其事也。

其他还有兄妹分别把石磨的上半与下半推下山，两片磨滚到山下后竟套合在一起。或是兄妹分别把针和线丢到山下，线竟然穿过针眼等奇迹。这些奇妙的巧合只有神才做得到，不是天意怎能如此?

文明人对古代社会发生过的事，虽有意加以隐瞒，但并不能去除一切与之有关的习俗。所以鹿皮与婚姻礼仪的关系，也一直保存到后代。只有在未完全开化的社会，还不太懂得文饰，因此以鹿皮隔离身体的真相才被保存下来。

古代的教育

越高级的动物，新生婴儿越要经过长时间的保护和学习才能成长而独立生活。这种学习以人类为最长。而且越文明、越进步的社会，其学习的时间也越长，投入的经费和人员也越多。现代已经有很多人花二十年的时间拿到了博士学位才算完成了学习的过程，开始工作而服务社会。

人还有别于一般动物，不但喂养和保护新生代，还设立各种专门学校，集合学童，用语言文字把历代累积的经验传下去，不单是自家个别的教育。在小孩尚未能自己站立走路时，父母就要加以背负抱持和保护。甲骨文的“保”◎字，即作大人背负幼儿之状。把经验传给下一代是动物天生的赋性，不管是原始或进步的社会，都会把教学之事纳入组织，差别只是规模的大小及精细的程度而已。到了适当的时候，社会就会要求父母把子女送到学校，接受能自立于世的必要知识。人类初生时没有分别，成长后却各具有不同价值观念、行为准则、风俗习惯的文化，主要在于经过这一过程的不同内容的影响。

人类成长的过程基本是一致的，因此各社会的教育程序也大概一致。在入学之前，家庭要先教以语言，使能表达思想，了解别人的意思。到

◎保

了学校后，就学习主要的三事，即发展智力的认知性学习、确立价值观的情感性学习以及发展操作技能的心理运动性学习。至于参与社会活动，作为行为准则的礼仪，则是高一层的知识，属于后一阶段的学习。那么，学习的概念是如何表现在我们的语言中呢？

学和教是一事的两面，甲骨文的“学”和“教”字都有一共同的部分“爻”。“爻”字在后代的意义是卦爻，因此有人以为“爻”是交错的算筹形状。但是以算筹演算数学是很进步的事，其发展应不早于春秋时代。至于更为高深复杂的卦爻神道，更非孩童所能懂得的学问。原始教育的特点是学习内容与生活和生产的需要关系密切，因此“爻”所表现的该是一种一般入学儿童所能学和做的事，而非专职人员的专门知识。

金文的“樊”◎字作手将木桩捆缚成一排的樊篱形。爻的部分是绳结的交叉形。一个交叉的绳结与数目字“五”容易混乱，而且捆缚东西要圈绕多道才能牢固，故用两个并列的绳结表示。古代把两件东西紧紧地接合在一起最常用的方法是绳缚。结绳是古代生活的一个重要技能，处处都用得着，譬如捆牢兵器或工具于木柄上，固定房子的木构件等。架桥和造屋是半开化部落教学的主要内容，都需要结绳的技巧。结绳是古人面对大自然最基本的生活技能之一，怪不得今日童子军的训练，也要求熟悉打结的技术以适应野外的生活。

打绳结一定要用双手，故“爻”旁的两手是表示打绳的动作。“∩”大概是家屋的木构。古人架屋的机会远比今人多。尤其是还未营定居生活的时代，拆拆架架更是生活常事。看来甲骨文的“学”◎字是基于打

◎樊 ◎学

绳结的概念创造的。“教”◎字则作于绳结之旁多一手拿着鞭子之状，表示以处罚劝诫孩童学习打结技巧。很显然，从很早开始人们就认为鞭打处罚是有效的教学方法。

最初的教育是没有阶级性的。到了一定的年纪，每个人都要学习如何在社团中过生活。在以谋食为日常主要活动的古代，首先要学习的就是制造工具、打猎或耕地等必要的技术。但当社会出现了阶级后，有些人就要多学当统治阶级的必要内容。《礼记 · 内则》说自帝舜至周代，教学分别国老与庶老。商代以前的已不能征验，但至少反映了学有阶级之分的后代观念。甲骨刻辞有“大学”的名称，知商代不但孩童入学，一定也有为成人而设的高层次教学。卜辞有“教戍”“学马”“王学众伐于免方”等，应是有关军事的训练。还有“多万”入学的贞问，万的职责与举行礼仪时乐舞的演奏有关。“国之大事，在祀与戎”，我们可以理解商代高级的教学主要为祀与戎服务。

卜辞所反映的是有关朝政的高层次大学教育。至于小学的教学内容，应大致如《礼记 · 内则》的叙述：“六岁教之数与方名。七年，男女不同席，不共食。八年，出入门户及即席饮食，必后长者，始教之让。九年，教之数日。十年，出就外傅，居宿于外，学书记，……礼帅初，朝夕学幼仪，请肄简谅。十有三年，学乐诵诗舞勺。成童，舞

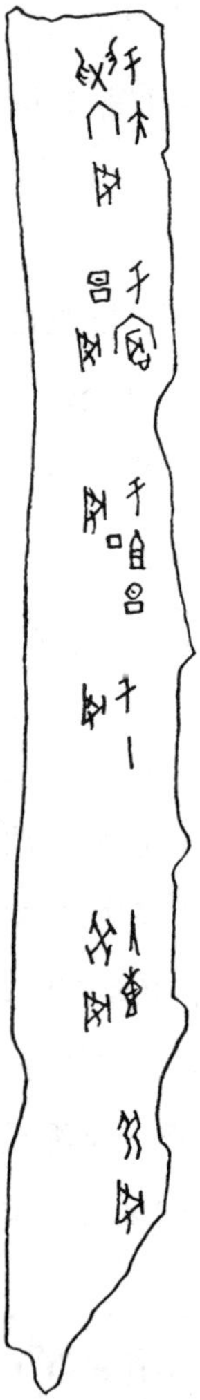

图1　商代甲骨贞辞，问于大学寻祭祖先之事

◎教

图 2　山东诸城东汉画像石上的讲学图

象，学射御。二十而冠，始学礼，……女子十年不出。姆教婉娩听从，执麻枲，治丝茧，织纴组紃，学女事以共衣服。观于祭祀，纳酒浆笾豆菹醢，礼相助奠。十有五年而笄。”男儿学习不少谋生以外的知识，想来只有贵族才有机会、资格和必要。

学校在古代不只是教学的场所。商代大学学园的规模必不小，曾卜问在学校的不同地点举行祭祀活动。《礼记 · 王制篇》：“天子将出征，……受命于祖，受成于学。出征执有罪反，释奠于学，以讯馘告。”它也是众人相聚庆会的地点，所以才有养国老与庶老之记载。老人虽体力衰弱，但经验丰富。在图书还不普及的时代是知识的源泉，故为主政者所礼遇。他们既然被敬养于学校，则学校不但传授知识，还应是国政的议论场所。

春秋时代以来，随着平民阶层的兴起，庶民阶层也可以到乡校接受高深的教育，学习书数等生活上非必要的知识，以干求权位之用。没落的士族无耕地之能，只得以本身所学的知识转授他人以谋求生活。因此教育逐渐普及，平民教学的规模逐渐扩大。孔子是其中一个伟大的教育家，有学问。他怀着有教无类的宗旨，使私人教学蔚成风气。平民能以学来的技能求取政治地位，使私人讲学的求与应都大大提高而促成各种学派的兴起，形成战国时代诸子百家争鸣的学术黄金时代。

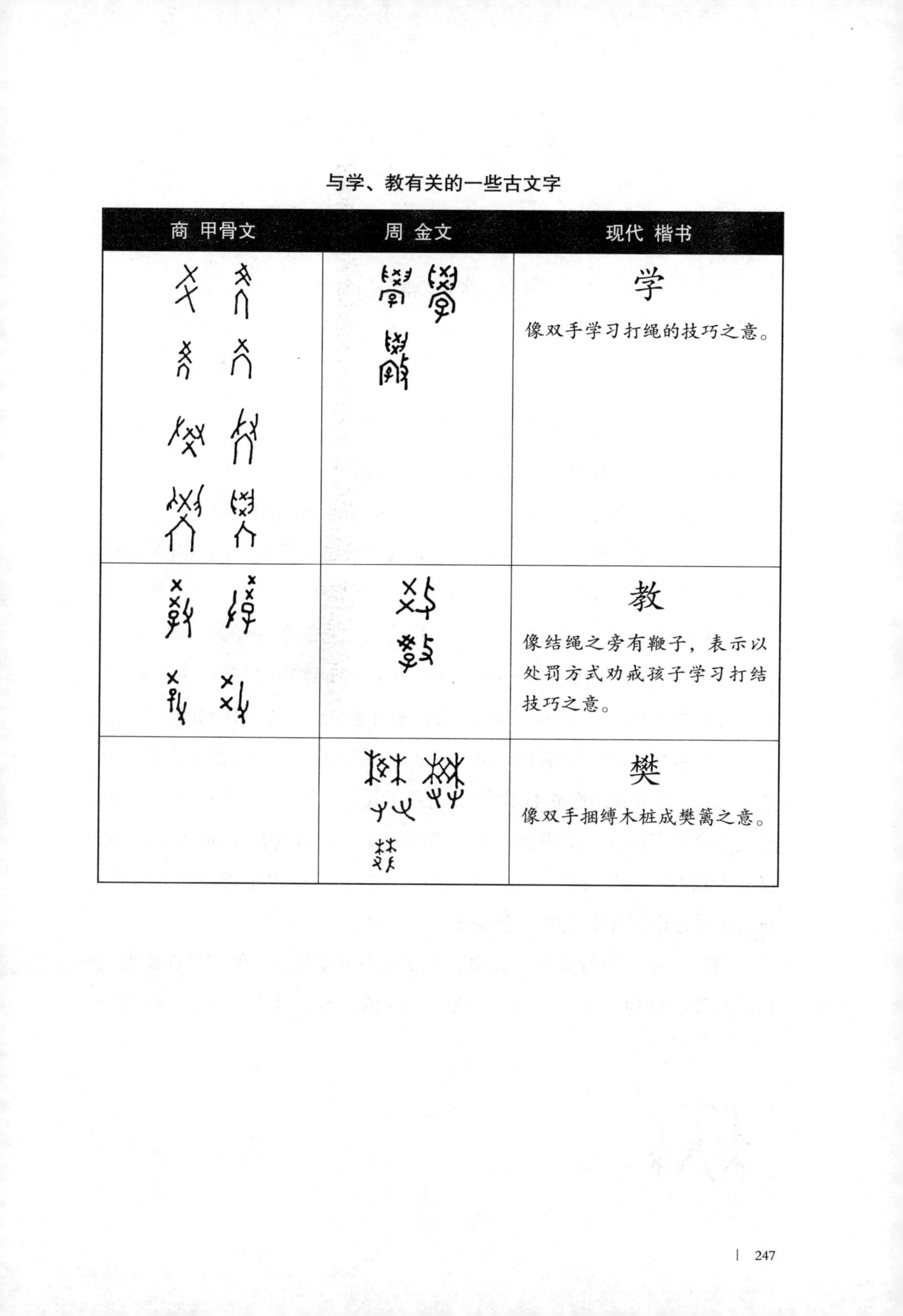

与学、教有关的一些古文字

商 甲骨文	周 金文	现代 楷书
		学 像双手学习打绳的技巧之意。
		教 像结绳之旁有鞭子，表示以处罚方式劝戒孩子学习打结技巧之意。
		樊 像双手捆缚木桩成樊篱之意。

商代跳巫舞求雨

娱乐是现代生活所不可缺少的，也是人们于劳动之后，顺应生理及心理的需要，为帮助恢复体力疲劳，以舒展心情，交欢结好而产生的活动。它的形式有清歌、吹奏器物、投手踏脚或玩球运动。但古人甚少有欢愉自己的心思，所以很多活动今人看起来极富娱乐性，原本却是另有目的，后来才慢慢演变成娱乐的项目。

“国之大事，在祀与戎。”古人为达成祭祀与战争的任务，常不遗余力。汉代的娱乐节目大致分为两类：一是有教养作用的雅乐，一是以娱人为目的的百戏。前者源自祭祀，后者来自军事。现在谈乐舞的发展。

乐舞包括音乐、歌唱和舞蹈，三者关系密切。手舞足蹈是情绪的自然反应，音乐节其拍而歌唱则述其内容。《礼记·祭统》：“夫祭有三重焉，献之属莫重于祼，声莫重于升歌，舞莫重于《武宿夜》，此周道也。”礼仪如无歌舞，气氛就太沉闷。巫是祭祀的施行者，也是乐舞的创作者。故王国维曾说：“歌舞之兴，其始于古之巫乎？”

“舞”◎字在甲骨文作一人拿着牛尾一类下垂如图 1 的舞具在跳舞之状。跳舞的目的，商代以前的，因无文字的记载，难于考察。商代的甲

◎舞

骨刻辞提到舞时，十有九次都提到雨，其祭祀的对象也都是商朝人相信可以帮助降雨的神。因此舞字经常在舞者的头上加雨点，表明其特别的功能。

雨是灌溉水利未大兴前最重要的农业用水来源。降雨是主政者最关心的事，祈雨之舞是最富有实用意义的。祈雨之舞本是干旱季节时举行的严肃的宗教仪式，参与者忧心忡忡，唯恐他们的虔诚感动不了神灵，下不了雨。但后来它却演变成季节性的例行娱乐活动，即使在雨量充沛、不怕干旱时也要举行，而且参加者还充满欢愉的心情。如《论语·先进篇》记孔子问弟子们的志趣，曾点答："莫春者，春服既成，冠者五六人，童子六七人，浴乎沂，风乎舞雩，咏而归。"语气明显表示那时的祈雨舞雩，已是娱乐的成分多于祈雨的宗教意味盛典了。

商代的甲骨贞辞，经常与舞同现的是"奏"◎字，作双手捧舞蹈道具一类的东西有所表演之状。可能"舞"指祈雨舞蹈的专名，"奏"则是娱乐神灵的他种舞蹈或音乐。商代的"奏"往往加有形容词，如盘奏、美奏、商奏、新奏、嘉奏、各奏等繁多的名目。商代尚不见讴歌一类的字，不管奏是种乐舞或乐曲，必是与音乐成分有关的活动。从奏的名目这么多，可以想见其时创作的丰富。《史记·殷本纪》对帝纣爱好歌舞新声的描写："使师涓作新淫声，北里之舞，靡靡之乐，……大聚乐，戏于沙丘，以酒为池，县肉为林，使男女倮，相逐其间，为长夜之饮。"看来是有些真实成分，不完全是后人的想象。

商代的舞容到底如何，我们可以间接从下列几个字得到印证。甲骨

◎奏

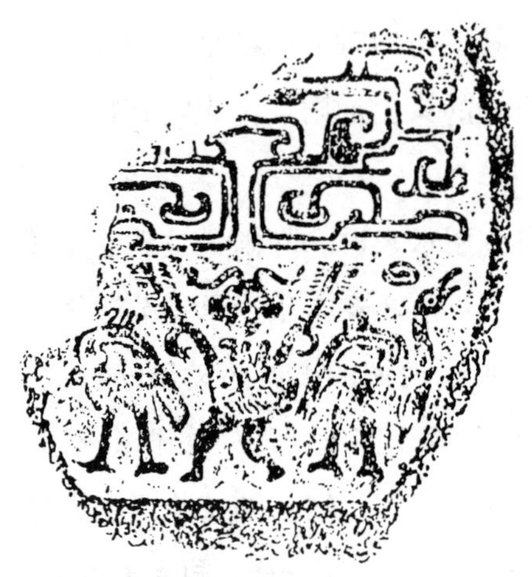

图1　河南辉县出土战国时代残铜壶上的持舞具的舞者图纹

文的“鬼”◎字作一人戴有巨大的面具状。“畏”◎字则戴面具者尚手持一把武器。“魅”◎字则作戴面具者身上涂有黑夜发出闪烁磷光的磷之状。知道巫跳的舞有化装，有舞具，有音乐，大致也有故事的内容。比较具体的可以从周代的乐舞去比照。《礼记·明堂位》：“开歌清庙下管象，朱干玉戚，冕而舞大武。”大武的具体描写见于《礼记·乐记篇》：“总干而山立，武王之事也。发扬蹈厉，大公之志也。武乱皆坐，周召之志也。且夫武，始而北出，再成而灭商，三成而南。四成而南国是疆。五成而分周公左、召公右。六成复缀以崇。”很明显大武是种具有故事内容的历史剧，有道具、化装、音乐、歌唱等。

甲骨文的“武”◎字作一把戈及一个脚印，可能就是表现这种持戈盾的舞蹈，以炫耀武功的成就。西周燕国墓地发现一铜勾戟，上有铭文“郾（燕）侯舞戈”之铭；湖北荆门出土一把有“大武开兵”铭的铜戈，戈上还有手持如蜥蜴之舞具的化装舞者花纹；这些都可佐证“武”是种持舞戈的舞。商代有倒夏拓疆的赫赫历史，有与洪水奋斗的艰辛历程，商末的帝乙、帝辛也都有克夷的武功，肯定会编成乐舞以享祭祖先。不用说，这种含有夸耀及震慑说教意味的乐舞，才是舞蹈的最初面目，是

种政治的手段。故周代把乐舞纳入教育的项目，想以音乐的直、宽、刚、简四种德行去教育学子。

图 2　战国铜鉴上的宴乐纹，右上部为持武器舞蹈的大武一类之乐舞

说教意味的东西大都沉闷，不活泼，不易为一般人所接受，故渐渐为具有情趣并可舒展心情的东西所取代。故有魏文侯端冕而听古乐则唯恐卧，听郑卫之新声则不知倦的记载。音乐本是严肃的敬神方式，大概帝纣移以娱乐自己及宾客，所以得到荒淫无道的种种恶名。其实从甲骨刻辞及早期文献都可以看出，他也建立了不少的武功。商之被灭，因素多端，不能归罪他的爱好新声，因为那是人情之常，且不止他一人。所以春秋时代以来，以乐舞娱乐宾客或王侯的事就普遍流行于诸侯贵卿之间。1978 年在湖北随县发掘出一座战国初期曾侯的墓葬，出土很多乐器，只举其中一座三层 L 形木钟架，其上悬挂了 5 组 46 件甬钟和 3 组 19 件钮钟，就可以印证《左传》所描写饮宴伴以乐舞的盛况了。如此越来越普遍，连士阶层的乡饮酒、乡射等礼仪也都要以音乐助兴。到了汉代，娱乐的节目增多，流行普及，宴乐就成了墓像石的一个重要描画题材。以乐舞娱乐他人的职业组团也散见于汉代的文学著作了。

图 3　湖北荆门出土有“大武开兵”铭的战国时代巴蜀舞戈；戈上有盛装舞者持蜥蜴跳舞之纹饰

贵族用以召集人员的石磬

磬是种扁平石板的敲打乐器。它是后世常见的装饰八宝图案之一。人没有不喜欢吉利的兆象。中国语言是单音的，方便寻找同音的事物以切合人们喜好的事物，譬如以蝙蝠谐福字，鸭谐高中甲第，磬则谐庆字，故年画常以戟和磬谐“吉庆”，鱼和磬谐“余庆”两字。这种习俗起码可以追溯到三千多年前商代以鱼形制作磬板，这样做除美观因素外，大概还有取得庆有余的吉兆。

乐器的分类，主要根据所用的材料，有所谓八音，即金、石、丝、竹、匏、土、革、木八种材料。石即指磬。古代经常以丝竹或金石概括音乐。丝竹是管弦乐器，多偏重娱乐性情演奏的俗乐；金石的钟与磬，为敲打乐，偏重严肃气氛的庙堂雅乐，不是一般宴会场所演奏的乐器。

甲骨文的“磬”◎字，作手拿着木槌敲击悬挂着的石磬状。石是后加的，以明其制作的材料。石磬的声调舒扬，颇悦耳听，故甲骨文的“声”◎字，作耳朵聆听磬乐之状。石头不易腐败，是人类最早利用的材料之一。打击乐器是最先发展的乐器。磬的造型简单，制作容易，其声调又悦耳，出现的时间似应该甚早。但是目前所知的考古资料，最早的

◎磬

◎声

实物见于约公元前2000年的遗址。较之发现于八千多年前遗址的骨笛，六千多年前河姆渡骨哨和半坡陶埙，都晚了几千年。

初期的乐器都是为了劳动、祭祀、礼仪等需要而制作的，后来人文兴盛才转化为娱情之用。早期的石磬制作简单，只是块钻孔可悬吊的普通石块，没有磨平，不具一定形状，定音效果不好，不太可能起于作乐的目的。磬声能及远而不烦躁，后世庙寺常备之以为召集人员作课业或告知时刻之用。因此磬的制作可能是警告入侵的敲打器，是基于军事的需要。争端因经济掠夺行为而加剧，是国家组织建立前普遍发生的现象。磬的出现与中国进入国家阶段的时代相当，两者恐怕有点关系。江淹《别赋》："金石震而色变，骨肉悲而心死。"即反映它在后代还与军事有关。

中国随葬物重礼仪及生活用具，不重视舞器。磬大都是石制，制作费不高，应是人人都有能力随葬的。但春秋时代发现有石编磬随葬的都是大墓，且地位往往高于造价高的铜铸编钟，可知磬地位之高，不在其造价，而是其社会功能，暗示它是某种权威者才用得着或能使用的东西。《淮南子·汜论篇》说禹以五音听政，悬挂五种乐器以待四方之士，如要告以忧就击磬。除说明乐器本来有奏乐之外的政教实用意义，还暗示磬是作告知忧患的用途。大概它警告有忧患之事，如敌人来侵、水灾、火灾等，召集人员以应变乱。

磬的初形近于各种农具，有像犁的一头尖小一头宽圆，有像锄的梯形，也有像镰的扁长。春秋以后则已发展成有股、有鼓若L的一定形状，绝不类农具。但晋代人知其取

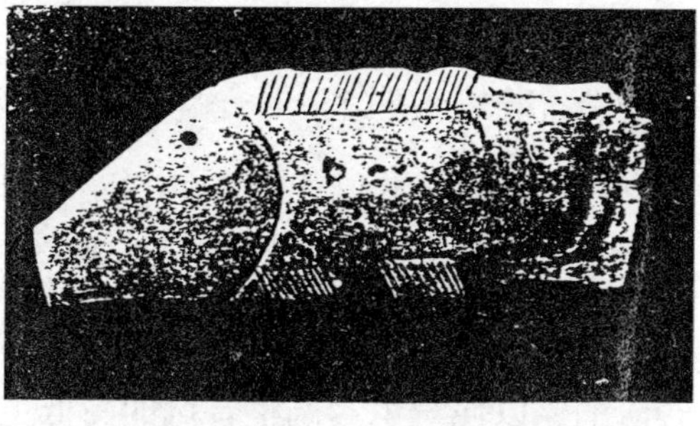

图1　公元前16~前11世纪，商代双面鱼形灰石磬；相传安阳出土，长25.4厘米

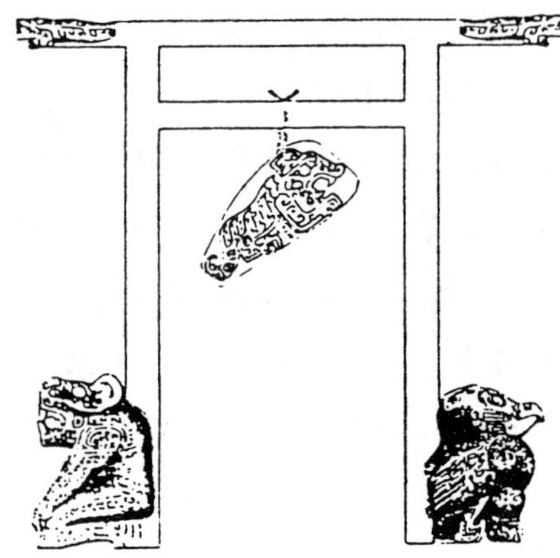

图 2　安阳发掘商代磬架的复原

名与犁壁之形有关。故学者建议其创作的灵感来自以锄头挖土时敲到石块而发出悦耳的声响。或人们歌唱手舞足蹈时，偶尔敲击到放置墙边的石锄，发出悦耳的声响，故经常于喜庆时借之助兴。后来人们才依其形制作有孔可以悬吊的专用敲打器。

图 3　湖北随县战国初期曾侯乙墓出土，32 件编磬悬挂于两层青铜架的复原情况

磬声调的质量受石头质地的影响，粗糙松软的石头敲不出清脆的声响。要质地缜密的石头才能发出清越、悠远的乐音，故硬度高的玉是制作磬的好材料。玉在商周时代是贵重的材料，主要制作小件的装饰物或礼仪用器。磬的形体大，如以玉制作，费用就太高，故一般用石灰石或青石制作。《尚书·禹贡》篇说徐州所贡有泗滨浮磬。商代妇好墓的石磬有“妊竹入石”的铭文，也表现对磬制作石材的重视。但商磬有满布雕刻的花纹，对音响多少会有不良效果，也可见为了其他目的，可以牺牲音响效果。

早期的磬都是单独的特磬，到了晚商，大概为配乐的目的，偶有三件或五件成组的。演奏乐曲要求有一定的音程，故有几件还刻上音律或音阶的铭以便辨识。调整音调的高低主要在于磬体的厚薄与宽窄。磬体越大、越薄，音就越低；磬体越小、越厚，音越高。因此要把音调降低，就要把磬面磨薄；要升调高就把磬的两端磨去一些。湖北随县战国初期曾侯乙墓出编磬一套 32 件，最大一件的股上边为 22.3 厘米，股下边 21 厘米，厚 2.7 厘米；而最小的一件为股上边 6.6 厘米，股下边 5 厘米，厚 1.4 厘米。

如果磬的形状规整，校正音调就会比较容易些，故形状也趋向规律发展。西周以后就从无棱的三角形渐规化为大致一定的倒 L 形。悬挂时股在上，鼓在下，敲打鼓的部分。人鞠躬之状有如立磬，故名磬折。《考工记》中“其博为一，股为二，鼓为三，三分其股博，去其一以为鼓博，三分其鼓博，以其一为之厚”的制作要求，大致符合出土的实物。

西周的时候磬出土尚少。到了春秋时代，墓葬常见有 10 件以上的编磬，各具不同的音调，可以自行演奏乐曲，也可以为主调而合众声，这表明此时贵族才普遍用之于演奏。磬量重，笔者见过股达 64 厘米长的。它不便拿在手中演奏，要悬吊在架上。尤其是编磬，更非要坚实的架子不可。有些磬还有右八、左十、右六之铭，根据曾侯乙墓的 32 件磬，分上下两层悬挂在铜架，每层两组，一组 6 件，一组 10 件，依大小次第排列的情况看，铭文所说的左与右，应分属一列中的左右组，而不是左右异架。战国时代以来，维持上下名分的礼制崩溃，磬既不足以表现阶层又笨重不易搬动，其音乐上的用途也跟着衰退。但是原始通知、告讯的用途仍然普遍见于庙寺，或改形铜制而被称为锣。

铜　钟

——古代的乐器

广义的钟是利用中空而质地坚实、共鸣好的物体，使振动而发声的器物。它可以是用角、木、玻璃、陶等材料制作，但最常见的是金属。它可以由外敲击，也可以于内悬舌撞击。它可以拿在手中，植于架上或悬空使用。横断面的造型可以有圆、方、矩、椭圆、多边，边缘有齐平、曲弧、花边，体有平直、内掩、外张等多种形式，若加上钟体上的装饰花样，则变化更多，因此有铃、钲、铙、铎、钟、镈、镭等各种名称。张继有诗云："姑苏城外寒山寺，夜半钟声到客船。"作为寺庙、城楼报时之用的钟声，是后世人们最常听到的。但在古代，它曾一度为很重要的演奏乐器，且是种地位的表征。

竹节和牛角是自然中空的器物，人们肯定很早就加以利用。但其声音单调而不悦耳，难作伴歌演奏之用，开始时大半用以告警或宣告。后来用泥烧、铜铸，音调才悦耳，音响效果也好，就不再用竹节、牛角。铜钟既是继竹节、牛角之后的发展，其最先的用途应也是宣示而不是奏乐。"金鼓"一词常被用以表示军事的行动。金即青铜铸成的钟。鼓声短促有力，激励士兵前进。钟声则宏亮而及远，是通知部伍撤退的信号。故《左传》有："凡师有钟鼓曰伐，无曰侵，轻曰袭。"可以了解铜钟之兴是有大规模组织之后的事。在外国，钟的主要用途也是发出信号，譬如召集人们祈祷、宣告事件、庆祝、哀悼或报时等。钟声的声响结构复杂，现代才弄清楚，钟声包含一系列的泛音，定音较困难，不利于大型的合乐。因此它之被利用于乐奏不但晚，恐怕初时也只有类似的用途，譬如预示舞蹈即将开始、结束或转换舞节等。故有“凡乐舞必振铎为之节，舞者视以为容也”之说。

中国发现最早的钟形器是四千七百年前的有舌陶铃，高 9 厘米，和商代遗址常见的小铜铃一样，只是增仪容的悬挂物装饰或小童玩具，不具宣告大众之用。钟体内容受空气多，声音才会大而及远，具有对大众宣示的效果而可应用于军事或乐奏，才会被贵族重视而多加铸造。具有这种效用的中型或大型钟，首见于商代手持的或竖立于架上无舌的钲与铙。大的铙重达二百多公斤，难移动，固定于架上或植于土中，用粗木棍敲击。持在手上的大致高十几厘米，重约 1~0.5 公斤。有轻至一百多克的，恐怕是明器，不具实用。

钟的音调因形制和厚薄而异，古人虽然没有办法定其音调，但也一定觉察有音程的差异。一旦到了注重音响效果的时代，自然会选择不同音程的钟给予演奏。商代渐注重乐奏的效果，在出土的钟里曾发现不少三件成组的，最多是五件，因保存条件不理想，大多无法测音。但从尺寸看，恐怕难组合成成套的音阶。其中有一墓出土三件编铙，有三名十一二岁的小孩殉葬，暗示三人各持一铙而不是三铙插于架上由一人演奏。钟不但浪费人力，也难取得协调，故后来改良成钟口朝下，横列悬吊式的，一人敲击多件，省人省事。

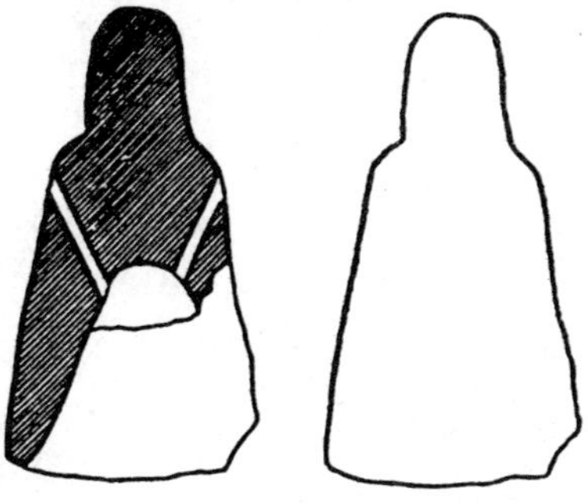

商代尚不见大型悬挂的钟。甲骨文的“南”字作一个用绳索悬吊着的铃形，南被使用于方向的意义。或以为悬挂式的钟流行于南方；或以为在大型的演奏

图 1　四千七百年前庙底沟期的陶铃

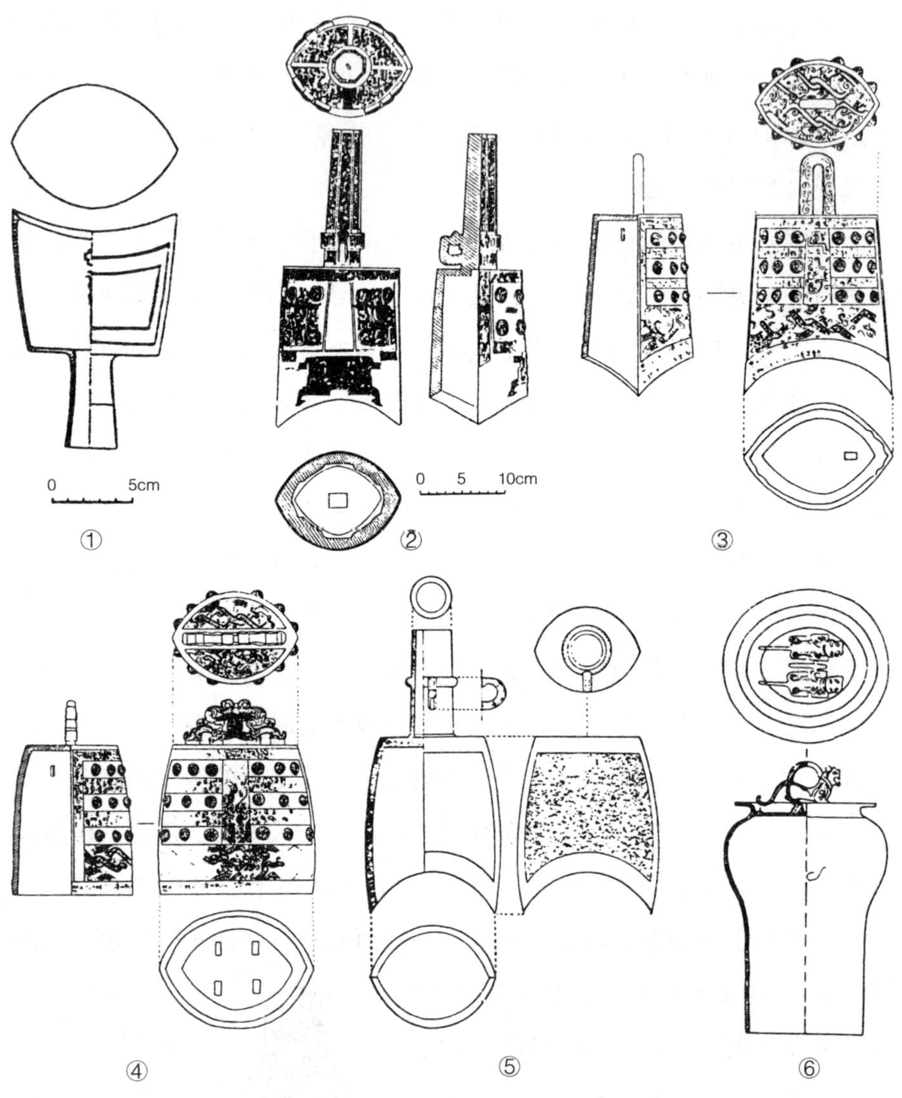

图 2　中国古铜钟的一些形状
①晚商手持的铙
②战国时代的演奏用甬钟
③战国时代的演奏用钮钟
④战国时代的演奏用镈钟
⑤秦俑坑出土的军用钲
⑥战国时代军事用途的錞于

图 3　战国铜杯宴乐图纹上演奏编钟、编磬的情况

中，钟习惯陈置于南面。如《仪礼·大射》有："其南笙钟，其南镈，皆南陈。"钟乐在商代，因为音程少，只可能是节奏性的配乐，不会是乐章的主调。到了西周，一来是改用悬挂的方式，二来大概是较了解钟体与音调之间的关系，可以铸造符合一系列音调的钟。《考工记》说明铸钟的要点，太厚则声不发，太薄则声散；口太张大则声迫，内弇则不舒扬；甬长则声震不正；体大而短则声疾而短闻，小而长则声舒而远闻。除此之外，钟与镈大都有小长形穿孔、挖刻或焊补等校音的痕迹。至西周晚期逐渐发展成十几件音调各异的编钟，足以演奏主旋律、合众音，故被名之为和钟或歌钟。甚至还有为行旅出征而铸有量轻、音程较少但成套的行钟。

有舌的铃钟因舌会摆动，还要控制它不作多余的撞击。若作为主旋律，恐怕时间上难控制合宜，而且能控制的数量也不多，所以演奏用的铃钟绝大多数无舌。虽然出土有大小不同的多件铃钟，数量高达 85 个，但尺寸都很小，也不是大小相次有序，恐怕各铃间没有一定的音阶，只能用以伴奏，与编钟主奏的作用有别。

中国古时演乐的钟，筒体几乎一开始就铸成扁椭圆的形状，与其他民族铸成浑圆的很不同。钟声由协合泛音和比较高的不协合泛音组成。圆形的钟不管敲击点在何处，振动的模式都一样，只能发一个协合泛音。但扁圆形的钟，击在钟的隧部与鼓部，其振动模式就不一样，进而可发不同的泛音。1978 年在湖北随县的一座战国初期曾侯墓葬出土了很多的乐器，其中一座三层 L 形木钟架，上头悬挂了分成 5 组的 46 件甬钟和 3 组的 19 件钮钟。每一钟在敲打部位的隧部和鼓部，都分别刻上定音的铭文。它齐备可供旋宫转调的 12 个半音，这证实中国人把钟铸成扁圆，是为了使每一个钟都可以敲出不同的两个音阶。根据测量，一枚钟的两音音差大多数是小三度与大三度，二度的次多，四度以上就很少了。一钟两音可以减少演出场地的需要，演奏者也可悠闲地敲打，不用作太多的移动。

钟是东周时代乐队的重要成员，因铸造费用高，笨重不易移动，是属于贵族阶级的音乐。随着阶级表征的礼乐制度崩溃，钟乐也没落而被轻便的管弦乐所取代。钟又恢复其原先的宣告作用，被铸成更大的上千公斤的巨物，巍巍然悬于寺庙或城楼。

管乐器

人类的文明是经验累积的结果，一般说来，技术是越晚越精良。但是有些事物在古代某段期间曾经出现过，且颇为精巧优美，但因某些原因而失传，在很久之后才又被人们重新提起或制造。譬如常常听到的汉代张衡的指南车和候风地动仪，虽构思精妙，却没有多少构造的文字遗留。又如河南舞阳贾湖一个八千年前的遗址，已发现 16 支音阶结构颇完整的七孔骨笛，但马融《长笛赋》说笛本四孔，京房加一孔而成五，使五音程完整。《风俗通》则说汉武帝时人创作七孔笛。七孔笛的使用竟湮没六千年，不能不说是件怪事。

管乐是利用人造的气流通过空管内部，因振动而发声的乐器。只要有中空长管状坚硬的东西都可以做成，所以骨、竹、金属、玉石、陶等材料都可以制造管乐器。在发展的历史上，管乐器的材料应以天然中空的骨管、竹节为最早。舞阳的多孔骨笛是截去猛禽的腿骨管两端关节再钻圆孔而成的，其形状固定，有先刻好等分符号，然后钻孔，钻孔多为七个。笔者有幸目睹过一支完整的骨笛，全长 22.2 厘米，磨制非常精细。测音结果，知至少有六声音阶，也有可能七声齐备，属古老的下征调音阶。孔与孔间的音程为小三度略小，或大二度略大。虽然我们不能肯定它已被用

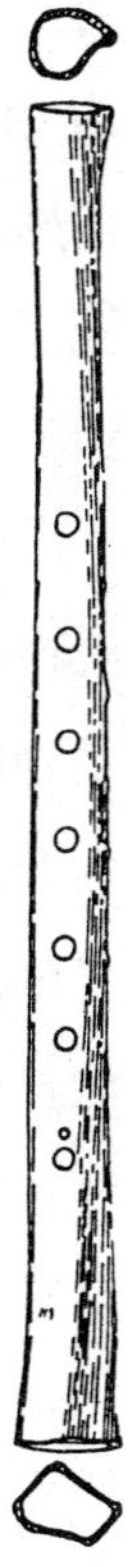

图 1　河南舞阳贾湖八千年前遗址出土的七孔骨笛

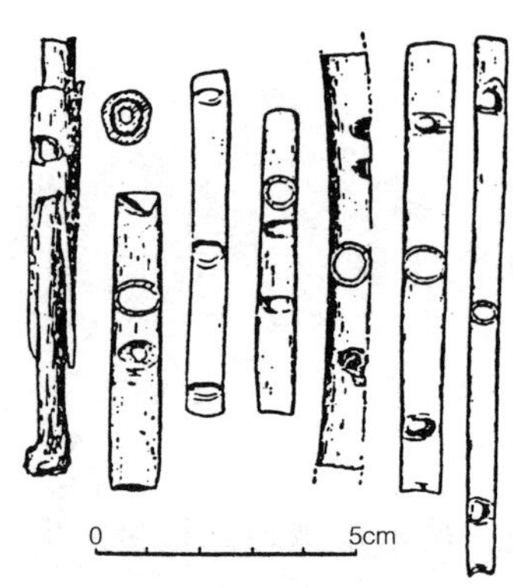

图 2　浙江余姚河姆渡六千多年前遗址出土的骨哨

于吹奏娱人的乐曲，或只是作为实行巫教活动的道具。人们无疑已有能力创作复杂乐曲以舒情娱性，达到有意从事休闲活动的目的，文化程度应已相当高了。

从理论的观点，打击乐最容易实行，应是最早制作的有意识的发声器。打击乐多半是单音调，但对野蛮时代的人，已足使他们随节拍舞动手脚。最容易制成多音程的是吹奏乐器，因为人们容易发现多挖孔洞就可以吹奏不同的音调，因此吹奏乐器应是最早发展的主要演奏乐器。但是除了舞阳一地，其他古遗址竟未见多孔的管乐器，实在是不可解的现象。依目前的考古证据，较多使用发出一定音高的管乐，还有六千多年前浙江余姚河姆渡的粗陋骨哨。它们也是由动物的骨管挖孔而成，其残存的部分有吹孔及出音孔各一个，是横吹的，起码可发出两个音，它们可能是打猎时引诱野兽的拟声工具或劳动时节制节拍的工具。

管乐的发音与管的长度、直径同时有直接的关系。对古人来说，要明白其间的关系，得出规律而以之制定一定间隔的音阶是较难的。而且动物的骨管也不是笔直且粗细一致的，很不容易制作各音孔都合于一定的音高要求。对舞阳骨管的测音，不同的吹奏者，不同的次数，测出的音序都不同。也许因此古人不发展多孔骨笛，或者改以竹管制作，因不能长久保存于地下而使我们无法发现。

发音原理与管乐相同的是陶埙，它只是气室为球形而非管状而已。六千年前半坡遗址的二孔陶埙测音颇近钢琴的小三度 F3 到 A3 音程。时代稍迟的二音孔陶埙构成五音阶，三音孔陶埙构成七音阶。到了商代的五孔陶埙，可以吹出 11 个不同音程的音。与之同时的辛店期更发现七音孔的陶埙。从文字记载，得知商代是喜音乐的时代。但发掘的商代乐器却少，只能以腐化于地下去解释。

对于乐器的名称，古今已有相当的变异。现在一般称竖吹的为箫，横吹的为笛。汉代常称单管为笛，多管为箫。《尔雅》大箫谓之言，郭璞注："大者编二十三管，长尺四寸。小者十六管，长尺二寸。"其他还有十一、十二管等数目。商代甲骨文"音"◎与"言"◎用同一字形表达，作一把长管的乐器形。此管乐的端部是有喇叭状的扩音筒，表示商人已注意到音乐的扩声效果。意义为八尺的"寻"◎字，甲骨文作伸张两手以丈量某物长度之状。它所丈量的诸物中，有一形是长管乐器，知道这种管乐的长度约是 8 尺（约等于 185 厘米）。如此长的乐器较可能是单管而多孔。管越长则其音低浊而传播远，短则清高而不及远。今日山区的居民有以长管的乐器作通讯的信号。古人初住山上，后来才慢慢移居平地。可能古代的中国人也以长管乐器作彼此联络的信号，因而用以表达言语的意义。

管乐虽可挖许多音孔以吹奏一系列的音调。但是音孔多，不但难使各个音调都正确，手指也比较难以控制裕如。一管如只发一个音，音调就比较容易控制。联合数管就可以吹奏一系列固定音高的音调了。甲骨文的"龠"◎字，作两单管捆合在一起的管乐器形。两管象征多管。当时还应有一个总吹口的形式。"龠"字有一形作多一倒三角形的东西，即是沟通各管的总吹口。其制如笙或竽，空气经由各管分别奏出，用手指控制音管而不必移口以就各音管。最常被利用以作气室的是干瓠瓜，后

才以木雕成。音管束成一把插在气室上，捧在手中吹奏。

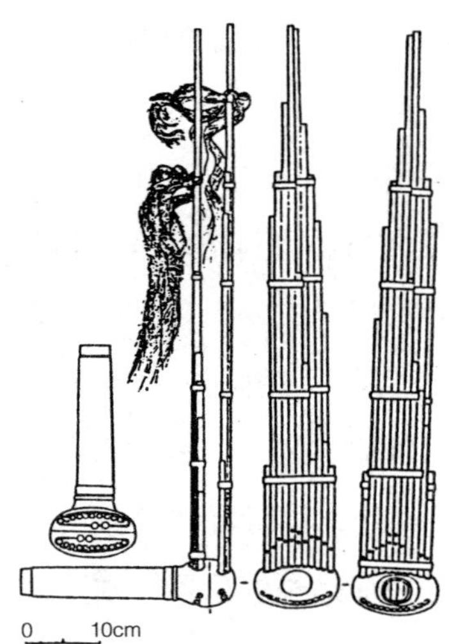

图 3　长沙马王堆西汉墓的竽管乐器

管乐最轻便，易于携带，能演奏多音程的乐调。故在商代，管乐是演奏的主要乐器，其他乐器就居于次要的伴奏地位，所以意义为调和众声的“和”字，是以一管乐之龠或言为义符，加声符“禾”组成，后来才简写成从口禾声的“和”字。商代祭祀时所奏的乐，被提及的乐器以鼓、龠为最多。鼓为节拍，龠为主调，西周初期亦如是。到了春秋时代普遍铸造悬挂的编钟后，编钟也可以演奏一序列的音阶，而且音调稳定，声音宏亮，宜于祭祀、庆会等大众聚会之用，就此编钟取代管乐成为和众声的乐奏主调，故这类编钟有了和钟的名称。箫笛则成为不便悬钟磬的享宴才协奏诸弦。之后人文日盛，音乐渐变为个人娱乐的节目。钟磬不易搬动，可随身携带而音程完备的管与弦乐就渐为庆会演奏的主调。但管乐不易制作完善，吹奏时难度较高，也有可能其声调低则幽咽，高则悲切，易使人伤感忧郁，破坏欢乐的享宴气氛。而弦乐琴瑟则音程易校正，易学，体弱者也能演奏；其声较欢愉，终占优势，成为最大众化，尤其是文士必习的乐器。

图 4　西汉帛画上的竽、瑟合奏

弦　乐

诸种乐器中现今最多人学习和演奏的恐怕要算弦乐。弦乐是利用弦线震动而发出声响的乐器。在古代最可能使弦线震动而发出声响的场合应是用弓打猎。早在三四万年前的旧石器晚期，人们就可能知道用弓而熟悉其振动的声音。弓弦的音调因材料、张弛、粗细的差别而有异，古人有机会感觉到不同的弦声音调而加以利用，故认为弦乐起源甚早。有庖羲氏作五十弦瑟，黄帝使素女鼓瑟，哀不自胜，乃破五十而为二十五弦的传说。但一方面又说虞舜时益为五弦，周武王时复增以变宫变征而成七弦。

音乐两字，“音”◎字取自管乐的形状从无异议，“乐”◎字则因商代甲骨刻辞尚不用于和音乐有关的事，故有争议。一般以为此字形像一木之上安装两弦之状。金文在两弦之间又加一“白”形。白有以为是大拇指，或琴拨形，以表示用手弹奏的方式。如果弓是弦乐的前身，用手拨弹应是最自然的。但是以手指或琴拨弹奏弦乐似是较迟才发展的技法。甲骨文有一字作乐字之旁有手持木棒敲打之状。如果“乐”字确为弦乐的写意，它就清楚地表现弦乐于商或前代是用打击而不是用手指弹拨的。

◎音

◎乐

图 1　西汉漆奁上的彩绘以竹尺击筑图；琴的形状与筑近似，操作方法不同

但是迄今出土弦乐器的遗址时代都很晚，几乎没有早过春秋时代的，而文献确实提到弦乐的也不早于西周，比出土的吹奏多音程骨笛要晚上五千多年。其主因不外弦乐的材料易腐化，不能长存于地下。故西周虽有弦乐，但先秦出土的琴瑟都在潮湿的楚地，而时代也都在西周以后。同时也因弦乐声响不宏亮，不适宜在注重肃穆效果的庙堂之上、大众之前演奏，故发展迟，使用少。

弦乐器的名称，春秋以来大致敲打的叫筑，拨弹的叫筝、琴、瑟。因打击是弦乐传统的演奏法，不但西周文献用鼓字描写，如《诗经 · 常棣》有："妻子好合，如鼓琴瑟。"后来虽大都改为抚弹的形式，行文还用鼓字。如战国著作《荀子 · 劝学》篇："瓠巴鼓瑟而沉鱼出听，伯牙鼓琴而六马仰秣。"只少数用弹字，如《富国篇》："故必将撞大钟，击鸣鼓，吹笙竽，弹琴瑟，以塞其耳。"所以金文乐字两弦之间的白形，大半表示像筑一样，表现以拇指按弦，声响由另一手用竹尺敲打出来。汉代画像石上弦乐的演奏已少见敲打的棒槌。

《吕氏春秋 · 侈乐篇》说商纣："大鼓钟磬管箫之音，以巨为美，以众为观。"《史记 · 殷本纪》也说："大聚乐，戏于沙丘。"众乐合奏就会要求绝对音高的一致，才能和谐，不致混乱噪耳。那时能演奏多音程的只有管乐与弦乐。管乐的发音与管的长度、直径有直接的关系。要经复杂管径校正的计算，才能得出一定间隔而有规律的音阶。对不能用仪器测量频率的古人来说，若只通过长度去制定音调，就难以达到目的。如以八千年前的七孔骨笛为例，也许因为笛管不正圆，测音时，连吹奏人不同音调也有差异，更不用说吹出一系列合于一定音阶的音调。

至于弦乐，虽也受空气湿度及弦线粗细等的影响，但一弦线的间距与音高有明显的直接关系，容易被人们观察到。以弦的长短依一定的比例来规定其音阶是比较容易办得到，也容易把握得住，因而产生三分损益律。它是以一常数为基音，通过增减三分之一长度以求得各和谐的音阶。如以宫调基数为八一，则增宫为征调而长一〇八，损征调为商则成七二，羽增商调而长九六，角损羽调则成六四，其他音调的常数都可依此法增减而得。

管乐的发音规律太复杂，利用弦的音调以校定其他乐器的音高才比较易行。《风俗通义》："雅琴者，乐之统也，与八音并行。"琴在乐团中具有领导地位，大概来自这种校正乐器音高的功能，否则实在难看出有其他特别的理由。但是弦乐在商代演奏中不居重要地位，大概西周晚期弦乐才见重视。那么，商代的弦乐是用以定音而不是主要的乐奏吗？

"琴""瑟"二字出现很晚，从小篆的字形可看此两字是基于象形方式创造的。"琴"◎字是琴端部按线处的形状，"瑟"◎则是有很多弦的乐器形，后来被改为形声字。琴、瑟的形状有异，琴窄而瑟宽，系弦法也不同。琴

瑟主要分别是弦数，琴少而瑟多。琴一般是十弦以下，瑟则以二十五弦为最常见，也有二十三四弦的。瑟的安弦，依西汉初马王堆一号墓的例子，中央七弦，上下各九弦。上下弦同调，总共为十六调。弦由数股绞成，有粗细，外弦由外向内由 1.2 毫米递减至 0.6 毫米。中与下弦则由 1.9 毫米递减至 0.5 毫米。由于弦粗细有差，故柱位距离不能依三分损益律安排，但也由长度递减，井然有序。瑟有可移动的弦柱，大概由另一乐器定音。战国的瑟一弦弹出一个声调，后来更利用弦的发声规律，以按弦方法使一弦弹出多音调而减少所需弦数。

图 2　西汉木棺上的彩绘弹瑟图

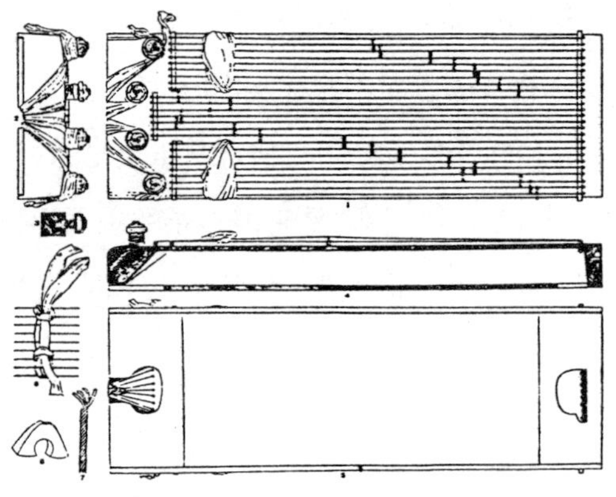

图 3　与战国瑟同形制的汉代二十五弦木瑟，上下的弦同调，能演奏十六音程

合奏的音乐要有多音程的乐器为主旋律。商代提及管乐的龠最多。西周初期也一样。到了悬挂的钟磬普遍制造后，钟磬就成为乐奏中的主调。后来人文日盛，音乐渐变为娱乐节目，相会、宴飨都以音乐助庆。演奏场所不再限于庙堂，也成私人娱乐之用。钟磬因乐器本身造型笨重，不便移来移去。又随着阶级界线的模糊，作为阶级表征的礼乐重器亦随之崩溃。琴瑟则易于制作和携带，虽深山幽谷，穷乡陋巷，都可以即兴演奏。而演奏也不

费力，体弱者亦能为之，故被视为文人修养心性的重要技艺。《礼记·曲礼》下有：“君无故玉不去身，大夫无故不彻悬，士无故不彻琴瑟。”琴瑟成为士人必修的技艺，最高尚的乐器。而且弦乐也较悦耳，故《孟子》有梁惠王喜世俗之乐，《礼记》有魏文侯喜郑卫之声而不好古乐的记载。郑卫之声即是竽笙之管与琴瑟之弦合奏的乐曲，个人述志演奏的弦乐大为兴盛，终成八音之领导。

早期中国人的娱乐
——魔术、马戏

很多活动在今天看来是极富娱乐性的，但上古的人只顾谋求生活，较少以有意识的行动去讨别人或自己欢乐。譬如打猎，现在是种颇为奢侈的体能娱乐，尽管其动作激烈，常弄得身体疲惫，但其根本目的，是为了满足心理情绪，而非为了谋生，故欢愉非常。渔猎时代的人们，那些跳跃、奔跑、射击的动作，都是为了谋取食物所必需的活动，所掺杂的娱乐情绪可说是极少的。再举歌唱来说，今天很少会被看作是有关生产的劳动。但其起源，则可能是生产时为舒解疲劳，或是为了一齐从事劳动或移动重物时发出的呼喊声。而音乐则可能起于用声响诱杀野兽，舞蹈起于祈神降佑的宗教仪式。就其动机来说，都是为了谋求生活或求得生存的必要措施，非讲求一己或他人精神的欢愉。但是当生活工具改良，逐渐减低谋求生活所需劳动的时间，宗教的信仰也慢慢疏淡时，就慢慢有闲情假借节庆以娱乐自己，从而发展丰富的娱乐节目了。

对于一个国家来说，在古代没有比“祀”与“戎”更重要的事了。古人于生产劳动之外，参与祭祀与军事的活动就成为生活上的重要行事，所以与此有关的活动最容易演变成娱乐项目。汉代大致把有关演艺的节目分为两类，一是有教化作用的雅乐，其源流可以说来自祭祀活动。一是以娱人为目的的百戏，源流则比较偏重于军事训练。现在略为介绍百戏的源流。

汉代的产业兴盛，人们有闲暇从事各种娱乐活动和文学创作，不但

图 1　东汉时代画像石上的宴客乐舞及各种杂技图

在墓葬的画像石留下当时表演的形象，诸如弄壶、飞剑、跳丸、冲狭、马戏、戏车、寻撞、履索、幻术、杂技、俳优、投壶等。从一些具体的描写文字，可知当时的乐舞杂技，不但有歌舞、说白、化妆，也有钟、鼓、锣、笙、筝、笛、琴、瑟等各种乐器，以及人数不等的表演队伍，规模相当庞大。兹选择几项源自古代军事体能的活动节目介绍于下。

“东海黄公，赤刀粤祝，冀厌白虎，卒不能救。”持械作近身的搏斗是杀敌必具的技巧，是每个男子都要学习的技艺。金文的“戏”◎

◎戏

字由一把戈、一只老虎及一张凳子组成，表达一人持戈刺杀高踞之老虎的游戏。这种斗虎是由田猎演变而来的游戏。商人认为猎得老虎是最勇武、最值得夸耀的事。加拿大皇家安大略博物馆藏有一件嵌镶绿松石的虎骨刻辞，上有商代帝纣猎杀的记录。斗虎原来是扮演某勇士的壮举，后来渐成一种固定形式的表演。到了汉代更加以道白、歌舞，已具戏剧的雏形。商代还有比之更惊险的徒手扭斗老虎的节目。甲骨文的“虢”◎字即作两手扭斗老虎之状。也许虢地在商代便是以此节目见长的地方。

“熊虎升而拿攫，猿狖超而高援。”徒手扭斗是战场短兵相接时常见的情况，也是必习的技能。甲骨文的“斗”◎字作两人徒手相互扭斗之状。其节目如同今日之摔角或角力，秦时称为角抵。到了汉代，角抵相当受欢迎的节目，不但在民间流行，连皇帝飨宴四夷也以之为娱乐的节目。有时为了增加刺激及提高观众的兴趣，斗士各自装扮成虎、熊等猛兽的样子。伪装成野兽的形象以接近野兽是打猎的手法之一。为了惊吓敌人，战士有时也会扮成猛兽，故以虎豹等猛兽的毛皮为军装也是古时所常见。以猛兽形象相斗既是常见的，人们就以此来娱乐他人。它可杂以歌舞，具有生动的内容，所以就用“角抵”作为杂戏的总称。

“跳丸剑之挥霍，走索上而相逢，奇幻倏乎，易貌分形。吞刀吐火，云雾杳冥。”后来，徒手角斗又演化为跳跃翻腾的技巧。杂技表演偏重在力、巧和危险动作的配合上，翻身倒立是经常表演的技巧。甲骨文的“化”◎字，作一人正立与一人倒立之状。化的意义为变化、变幻。《列

◎虢

◎斗

◎化

图 2　汉代戏车画像砖拓片；在走驰的车上表演倒吊、走索、接箭等技巧

子·穆天子》篇的“化人”，表演种种变幻之术，即今之魔术师。表演魔术的变幻在汉代经常与杂技同团演出，以求不单调。倒立是体能训练变化出来的花巧动作，奥运的体操项目就是着重这一类技巧的表演。在某些社会的早期，宗教舞蹈也常表演带有魔术意味的翻跟斗，也可能便是此种娱乐的源流，倒不一定是衍自军事的训练。从甲骨文的化字，似乎可推测商代已有以娱乐他人为职业的专业杂技表演了。

“尔乃建戏车，树修旃，侲僮程材，上下翩翻，突倒投而跟绁，譬陨绝而复联。百马同辔，骋足并驰。”中国古代的马车是发号施令者的活动高台。那时的车厢离地有七八十厘米高，重心不稳，颠簸厉害，没有受过训练的人一上车就担心会被摔下来。尤其是后来马车不如骑射的机动，渐从战场消失。后世的贵族也疏于军事的训练，甚至也改乘牛车。于是在奔驰的马或马车上从事各种危险的技巧动作，就成为少数人的专长而成为受欢迎的大型表演。拉曳快驰车子的马匹要经过阉割以稳定其不驯的个性，并要长期的训练才能取得默契，不至于出错，同时也可以教些简单的动作以取悦他人。大象在古代曾被驯服以从事劳役，后来因气候变冷，遂逐渐在中国灭绝。以驯马的技巧施之于罕见的大象，可以有双重的娱乐，也受到大众的欢迎。西周的铜器铭文就见过象乐、象舞的名称。

寓娱乐于工作可以得到较佳的效果。射箭是古代男子必学的技艺、教学的项目。为增加学习的兴趣，早就有竞射，并伴有饮酒的礼仪。后来军事成为专业，射箭不是人人必习的技巧，于是演变为投箸入壶，以代替射箭中的之游戏以助酒兴，欢愉嘉宾。这不但是男子的专利，连仕女也可以参加。它虽不是用来表演的节目，却是大众化的娱乐。《礼记》还存《投壶》一篇，记载其礼仪与伴随的音乐。

巫师

——古代专业的神职人员

《说文解字》:“巫，祝也，女能事无形，以舞降神者也。”战国时代以后的人不太信鬼神，对于用唱歌、念咒、舞蹈以沟通鬼神来治病的人，多少带有一些轻视的味道。但是在古代原始宗教迷信弥漫的时代，不论中外，能够与鬼神沟通的人，不仅非常受尊敬且享有很高的地位，甚至文明发展的许多项目也得力于他们的努力。

巫，并不是远古蒙昧时代的产物，而是要到了人们对于威力奇大而又不能理解的自然界开始有了疑惑与畏惧时，出现了原始的宗教概念，想象有了神灵后才有的事物。神灵不会直接和我们说话，所以如何把我们的愿望上达，如何得到神灵的指示，无疑是很重要的事。如果有人有能力做得到，肯定就会得到大家的信赖和尊敬。但是那时的社会尚无等级，人人社会地位平等，没有神灵世界是有组织的观念。因此被认为有特别能力而与鬼神沟通的人，只是业余接受别人的请托，没有特殊的社会地位，不成为一种职业。要等到社会有了等级，产生了对别人具有约束力的领袖后，鬼神的世界也才有等级，有了至高的上帝。等到宗教活动也成了生活的重要内容时，才有专业的神职人员，他们享有高出众人的社会地位和威望。

中国自传说中的黄帝时代开始具有政府组织，有阶级之分，有加强社会规制的人为制度。这时也有了传说的神职人员。《庄子・应帝王》与

《列子·黄帝》篇都有黄帝时有巫咸，“知人死生存亡，祸福寿夭，期以岁月旬日，若神”的记载。还没有见到比这更早的传说。

三千多年前甲骨文的“巫”◎字，是作巫行法术时所用的工具象形。“筮”◎字作双手以巫形工具演算占卜的动作状，表示双手演算蓍草或竹策的占筮方法，“巫”则是以占卜为职业的人。这与《归藏》“黄帝将战，筮于巫咸”所说相合。表示以占卜预示未来是巫的最早职责之一。

精灵是人们想象的东西，也有人一般的欲求。要想办法加以取悦才能降下福祐，或帮助避免灾难。但要取得祭祀的最大效果，就要用占卜的方法以确定哪位神灵能给予助力，以便供奉什么样的祭品。所以占卜为巫的最早职务也是合理的。中国在五千多年前就已发现骨卜，比传说的黄帝时代稍早，会不会还是业余的巫的时代呢？

巫是有能力帮助他人的人。在古代，其最具实用的能力是治病。《山海经》“大荒西经”和“海内西经”等篇都提到：“巫咸、巫即……十巫从此升降，百药爰在。”“皆操不死之药。”这是因为巫在行巫术时，要使自己精神达到恍惚、狂癫的状态，才能使自己生幻觉而与鬼神对话。那种境界很难只由唱歌、跳舞得到，还要借助药力。有时也要让病人服药进入恍惚的状况才能施术。巫对于疾病的反应和治疗的经验远较他人丰富，由此很自然逐渐发展成为善用药物治疗的医生。故传说早期的名医都具有巫的身份，故《说文解字》说：“古者巫彭初为医。”以药物治病的人为医，以舞蹈、祈禳等心理治疗为主的人为巫，这是后代的分法。在商代以前应只由巫来充当。心理治疗虽不全属诳惑，但不像药物之有

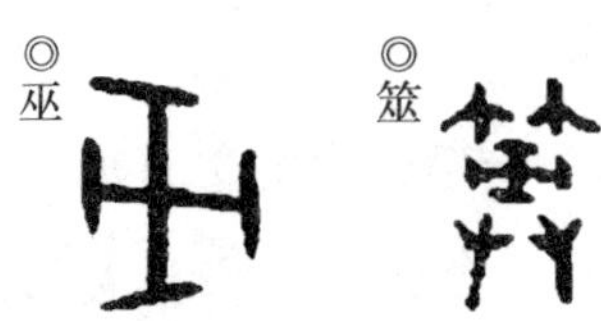

必然的药效。所以到了东周时代，巫与医的业务就分得很清楚，而《史记·扁鹊列传》有“信巫而不信医则不治”的议论。巫也渐渐失去人们的尊敬。

巫的大用应是具有调节风雨的神奇力。故《周礼·司巫》说：“国有大灾，则帅巫而造巫恒。”巫所常从事的是宁风降雨。商代卜辞常问祭巫以宁风。风和雨是相关的。中国以农立国，农业的丰歉与雨量的多寡、适时与否有莫大关系。华北夏季经常闹旱灾。商代求雨主要用两种办法，一是跳舞，一是焚人。所焚的人是巫，不是罪犯或奴隶。卜辞问求雨所烧烤的人都是有名字的要人。而且文献也记载夏禹和商汤都曾以身求雨救旱。这种方式大概是基于天真的想法，希望上天不忍心让他的代理人受火焚的痛苦，从而降雨以解除巫的困厄。但它太残酷，巫也不想以身试之。所以商代已多用乐舞而少用焚巫的办法。不过，此习到春秋时代还见提及。《左传》鲁僖公二十一年和《礼记·檀弓篇》都有要焚巫以救旱的记载。看来在古代，巫常有行巫术而丧失生命的危险，包括因吃药而作出危险的动作。

巫在商代，不但是个生前有异能、能与神沟通、备受尊敬的人，死后也成为神灵而接受祭祀。卜辞提到接受祭祀的巫有东巫、北巫、四巫、九巫等。可以想见四方都有巫的神灵。到了战国时代，巫的主要职责仍是舞雩降雨以除干旱，行法以去病疾，在丧事、祭祀时联络鬼神，其地位已大为低降。

巫对文化至少还有几个贡献，除因主持祭祀的娱神乐舞而发展成后世的戏剧、乐舞等艺术外，文字的使用也经他们的手而加速发展。商代的甲骨文就是他们留下来的占卜记录。在中国，朝廷的记录虽由史官负责，其早期应起于巫师的需要。一般人只需记录一些所拥有的财货，而巫师还要记载各种神灵的魔力、能与之沟通的经文、施行魔术的方法等。

这些复杂的记录，一定要有较精密系统的文字才能办得到。因此促进发展出一套书写系统。在西方，基于同样的需要，图书一直由僧侣掌管，成为知识的泉源。

与巫有关的是祝。“祝”◎在卜辞多作动词的祝祷讲，所祝的对象也以祖先的神灵为主。显然祝者没有积极与鬼神沟通的能力，地位也不显。到了战国时代，人们迷信的程度减低，祭祀常成为例行的仪式而不具巫术的意味。因此作为王的代言人的祝，代王祈祷福祥、顺丰年、逆时雨、宁风旱、弭灾兵、远罪疾，一直服务于王廷，也受人尊敬，不像巫渐沦为不被人尊重甚至被鄙视的职业。

①

②

图 1　河南信阳战国初期楚墓木瑟上的彩绘巫师图纹

①戏蛇　②持法器

◎祝

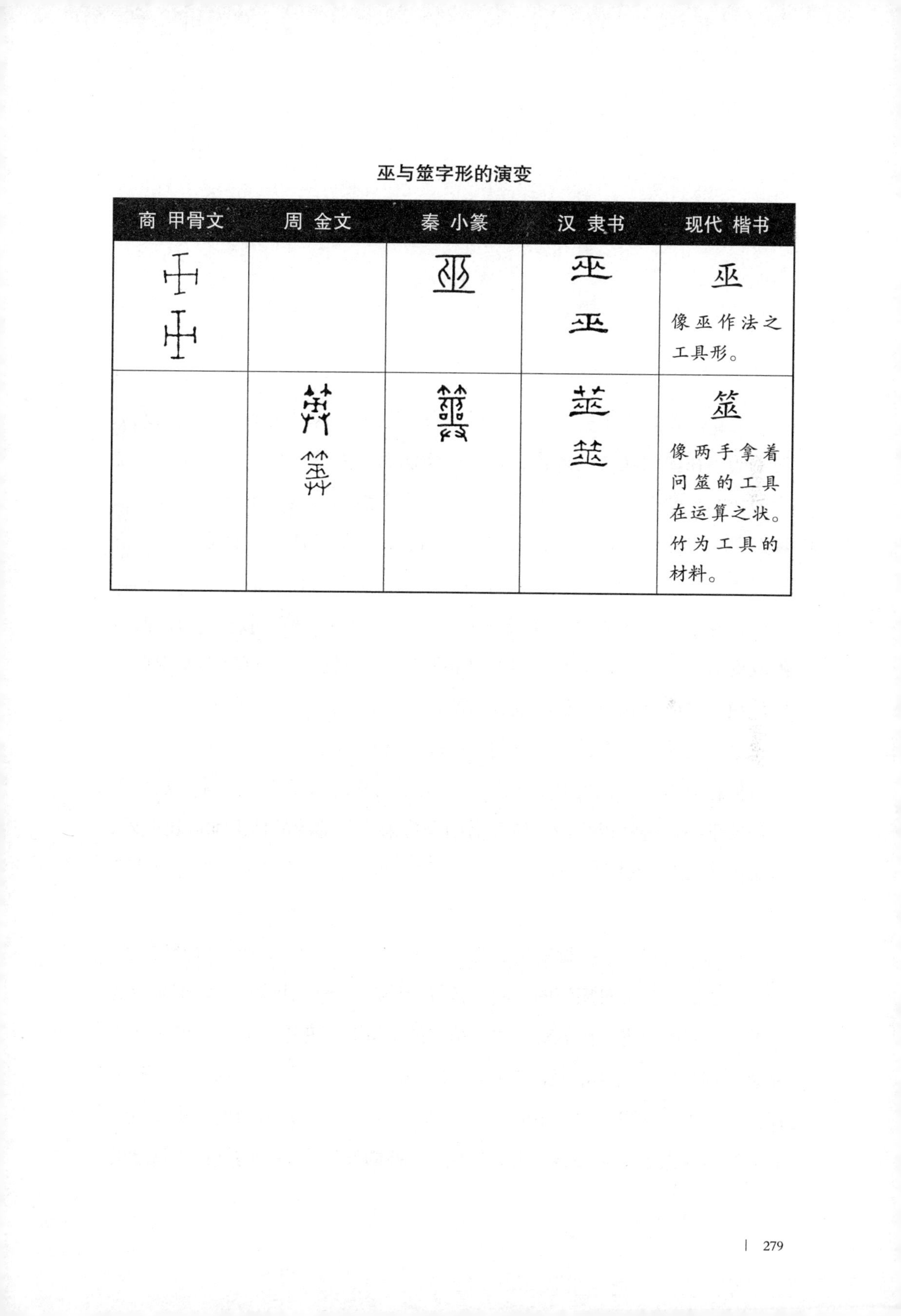

巫与筮字形的演变

商 甲骨文	周 金文	秦 小篆	汉 隶书	现代 楷书
				巫 像巫作法之工具形。
				筮 像两手拿着问筮的工具在运算之状。竹为工具的材料。

古代的医学

生老病死是人生所不能避免的过程。其中疾病最为痛苦，是人人想避免的。在缺少药物的远古，古人因疾病而引发的烦恼一定大大超过现今的我们。想来远古的人看到有些动物有天然的本能，于是知道食用某种东西可以疗伤，进而知道某些外伤用药。比如菲律宾丛林中有过着旧石器生活的山洞野人，他们没有神的观念，生病时任由病势发展，辗转呻吟，除依靠体内自身的防疫本能外，也不知向鬼神求救；但当他们被蛇咬到时，却晓得用某种特定草药治疗。中国有神农尝百草而发现草药的传说，这应有相当可信的成分。不过，只有人对内科的病疾有了认识，并遵循一定治疗的方针时，我们才可以说已有了医学。

但在未有文字的时代，想要了解某个民族的医学水平，除了从地下偶尔遗下的痕迹加以推论，以及借助今日未开化部落的情形加以比照外，实难给予过多的猜测。所以要谈中国古代的医学，目前还只能从商代开始。

疾病是商代卜问决疑的项目之一，可以从卜问的辞句来了解当时的情况。遗憾的是商王对疾病的占问只盛行于早期，不能让我们了解那时对病疾的知识有何改进。商人对于内科病疾的了解大半有限，其卜问的是病人能感觉到的疼痛及不舒服的部位，如身头、手脚、耳目、口鼻、骨齿等，还没有办法分辨同部位的不同病情，以及给某种病症以特定的名称。从卜辞可看出商人把得病归咎于四种原因：鬼神的作祟、突变的气候、饮食的不慎和梦魇。其贞辞如："不唯上下肇王疾？""雀祸风有疾？""有疾齿，唯蛊？""多鬼梦，唯疾见？"治疗的方法是以祈祷、舞蹈、供献品物等巫教的手段，乞求鬼神帮助去除灾祸的根源，没有提到用药。

不过，问卜是为决疑，如果致病的原因知道了，就可以谋求对策。卜辞不问箭石等外伤的对策，想来已有一定的治疗法。前已言之，人类使用药物还是在知道向鬼神求援以前。常见的外伤病征清楚，从经验知某种草药对之有必然的疗效，因此能对症下药。商人知道用药，可由以下几个现象看出。《孟子》引商代文献："若药不瞑眩，厥疾不瘳。"显然是对内服药有相当经验后的知识。在河北一商代房址发现去壳的桃仁和郁李仁。这些果仁吃后可致腹泻，历来被用为下瘀血、通经、化腹中结块、通便的药物。商人显然将其作为药材贮藏。商代还有对罪犯和奴隶切脚、去势的刑法，并已掌握对雄猪去势以加快成长速度及增肥，所以一定有外服药膏防止发炎而死，避免财产的损失。

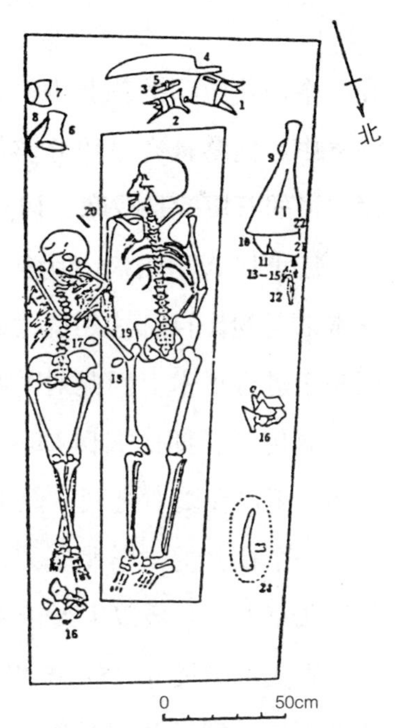

图 1　商代中期某巫的墓葬；有人殉葬及铜礼器陪葬，表明社会地位高；墓中三整块牛肩胛骨是问卜的材料，漆盒中的砭镰是治病的工具

商代的巫医很可能还施行切割、针刺及烧灸等各种类似外科手术或物理治疗法。埃及人在四千多年前已用针刺、烧烙、放血等方法治人及家畜。或以为某些与病疾有关的商代象形文字，就是表现以针刺、艾草烧灸、按摩等的疗法。由于那些字可能后来被形声字所取代，难于确定就是那些疗法。但地下发掘的一些新石器时代以来的石器中，有些造型奇特，没有显明的用途且有钻孔，很可能就是作为砭石用的。

图 2　汉画像石的扁鹊用砭石治病图

在一个商代中期的墓葬中，此类东西被盛放在一个在当时是非常名贵的漆盒中，同墓且有三块修整供占卜用的牛肩胛骨。知死者是个巫医，而镰刀形的石块就是按摩、切割用的砭镰。

后世以药物治病者为医，以祈禳等心理治疗者为巫。商代只有巫。巫常以药物让自己达到恍惚的精神状况以行巫术，或用药物使患者昏迷而易于进行巫术。因此对某些药物与病征的关系递有发现而具有医生之实。故传说早期的名医都具有巫的身份。到了春秋时代，巫医才分职。有病时巫虽在受召之列，但主要是卜问吉凶，视疾下药则由医来做。

一个社会的医学水平，从平均寿命可以明显地表现出来。旧石器时代的北京人，半数以上死于 14 岁前。到了西周时代，如果据墓葬者的年龄，则大部分死于 25~35 岁之间，只有少数达 50 岁，60 岁以上的个体几乎不见。到了西周时代，医学上尚无突破。但到了春秋时代，医学的研究就有了些成绩。药物有显著疗效，人们的寿命肯定增长，所以开始探索长生之道而祈望长寿。战国时代尝试炼制不死药，后面会有专文讨论。

战国大概是中国传统医学理论及研究的建立时代。《周礼》是战国晚期的人对理想政府组织的记述，对巫与医的职务分得很清楚。而且分医生之职为医师、食医、疾医、疡医、兽医五类，已注意到卫生行政及食物营养，在那么早的时代是很先进的。当时有“医不三世，不服其药”的言论，可知当时的人对医生的选择是谨慎的，医生的训练也是严格的。

先秦时期中国医学的发展似乎有两大派别，东方盛行以砭石和针灸治疗，西方则偏重药物。汉代画像石有半人半鸟的神医扁鹊，手持细长砭石或针刺为人治病的题材。扁鹊传说是山东齐人，齐是阴阳五行说的起源地，鸟是东边地区普遍信仰的图腾。反之，尝试百草的神农氏是牛头人身的神话人物，黄帝时也有药兽以草药治病的传说，西方也是以野兽为图腾的氏族。这大半是形成于地理与饮食的因素，沿海居民易染痈疡的病，可以砭石攻之；内陆的人易生内科病疾，为针刺所不及，故要以草药治疗。

《神农本草经》及《黄帝内经》是代表先秦医学成就的两部医典。前者托名神农，记载各地药物特产及其治疗的病症。收录药材 365 种，包括 252 种植物、67 种动物、46 种矿物。提及的病症 170 多种，以补药为上，治疗为下，已经知道重视预防的重要性。后者托名黄帝，主要在阐明医学理论、脏腑的生理机能、发病的病源、显病的征象、脉络的脉伏、以及治疗的方法和病理的推论。而且还以阴阳五行的变化说明疾病的病理机转，作为诊断的总纲及确定治疗的原则，又讲用针取穴的针灸技术，奠定中国医学讲阴阳五行调和的基础和特色。

追寻长生不死

许多事情不可一概而论，从不同的观点，可以得出不同的是非和价值结论。譬如说，希望长生不死是愚蠢的梦想，还是值得赞扬的先进思想？表面上看，人寿有限，新陈代谢是自然的规律，若作不切实际的梦想，不是呆子是什么？但是一深入思考，恐怕就不容易下断语了。

生老病死是人生不可避免的痛苦。但是经过多年来投入大笔经费，从事解除病痛的技术和药物的研究，现在已有小成，更换器官以延长寿命并不是难事。由之再进一步，长寿并非绝不可能的事。因此当我们读到中国古代有相当长的一段时期，人们热衷于不死的探索时，便不能轻率地以无知视之，还得从正面来看问题。因为人们不会作无根据的幻想，没有成效的东西是不足以取信于人的。古人突然兴起不死的念头，我们应该探索，到底是什么现象使他们作如是想。

长生不死的念头是何时开始的，可以从古代青铜器的铭文看出痕迹。大部分的三代青铜容器是贵族们为祭祀或夸示荣耀而铸造的，常以铭文记述铸器的原因及铸器者的愿望。西周时代的铭文以“子子孙孙永宝用”为最常见。只希望财富、荣耀能代代传下去，并没有祈望生者得长寿或永生。因为那时的人晓得那是不可求的事。但是到了春秋时代，像“眉寿无疆”“用祈寿嘏永命”“万年无疆”“用祈寿老毋死”等一类辞句大量出现，转而希望自己活得长久。它意味着长寿似乎已变成可期的事。

古代的医学水平与今日相差太远，他们尚无诊断病因之能。就以商代的水平来说，虽已使用草药治病，但对于致病原因不明的内科疾病，大都只能向神灵求助，人们受病痛的折磨很繁剧。那时的平均寿命很短，如依墓葬死者年龄的统计，西周时代活到五六十岁的只占 7% 而已。再加上物质条件差，生活艰苦，享乐不易，所以人们普遍没有要活得久的念头。以致有人到老弱时，甚至要求家人早日将之打死，以便投胎新生，并不留恋人间的生活。

春秋时代突然希望长生的转机，大半是因某些新事物的出现。那时活到七八十岁的时有所闻，使人可以预期较长的寿命。春秋是中国医学进入一个新境界的时代。在其前，治病医疾是巫者的任务，药物只是巫术治疗的辅助。但是根据《左传》的记载可以知道，春秋时代巫与医的职务已分得很清楚。如公元前 581 年，晋侯梦见大厉披发及地，破坏门户，强行进入室内，受此惊吓的晋侯就召请桑田巫来解梦。不久他又病了，又请秦国的医生来治病。又如公元前 541 年，另外一位晋侯也生了病，他先请卜人问是何物作祟，得知何物作祟后，还是请来秦国的医生来治疗。

图 1　春秋时代的齐侯镈钟，铭文有“用祈寿老毋死”希望长生之句

春秋时的医学研究已有一定的成就，例如，确认药物有减轻病痛的效果，医生用药较之巫祝用祈禳的方法来得有效等，所以有“信巫而不信医则不治”的议论。这使得人们开始去探索长生不死之道。到了战国时代，更进而尝试炼制不死之药。如果当时的药物

没有可期的疗效，相信人们不会突然兴起借重药物以达长生的奇想。

史载秦始皇曾数次求取仙药，最著名的一次是派遣徐福，带领数千童男童女入海求仙的事件。大部分人都把它当作表现秦始皇个人愚昧无知、妄想延长生命的最佳例子，而忽略了它产生的时代背景。秦在七国中，可能是医学最进步的。上文曾谈到两次晋国的国君有病，请的都是秦国的医生。如果秦国没有好的医学传统，怎么会如此一致地取得晋国宗室的信任呢！还有，荆轲受燕太子之委托在秦廷刺杀秦王时，群臣无解救之策，终赖侍医以医囊袭击荆轲而解危。可见秦廷很重视及时医疗的时效，才在朝廷驻有医生以防急症。在这种情况下，秦始皇数次相信方士的献策，是因为当时有疗效良好的药物，且人们普遍相信世上还存有令人长生的药物，了解这些背景后，就不应嘲笑他这样易于受蛊惑了。

何况秦始皇的求仙也不是偶发的事件，其后的汉武帝被方士欺骗的次数更多，还建造百米高的楼台以接近神仙。到了魏晋，甚至是唐代的知识分子仍不以前代的失败为戒，积极地炼制长生不老药。晋代很多名士服食寒食散，那是一种用钟乳、朱砂等矿物炼制的药散，食后身体发热，不但要穿单薄凉快的衣物，吃性寒的食物，还要快步行走以助身体散热。

有些药物发生药效时，身体会有不同的反应，或昏昏欲睡，或精神亢奋、恍惚，后者常让人生幻觉而有成仙的感觉。事实上，很多半开化部族的巫师已很了解这些药性，他们不仅让病人服用，自己也时时服食，以达精神恍惚的境界，从事很多平时做不了或有所恐惧的动作。从魏晋人士服食寒食散，说它“不惟可以治病，亦觉神情开朗”这一现象来看，我们可以了解古人所想象的升仙虚脱感，就是来自迷幻药一类药物的效果。它可能让服者觉得身轻，飘飘然欲飞，有如置身于另一个世界，而有再进一步仙道可及的感觉。但是他们往往在增大药量以突破障碍而希望得道成仙时，便毒发身亡，酿成悲剧。

实验是一切科学的根本。古人发现许多东西有疗效，希望获得长生之道。虽然其最终目的没有达到，但在探索的过程中，却一定会连带地发现很多东西的物理性和化学变化，从而奠定中国医学的重要基础。《神农本草经》和《黄帝内经》的成书，就是这个过程的结果。因此对于长生不死的探索，也并不是没有科学的、有益的一面。

图 2　汉画像石上的乘龙车升天成仙图

图 3　汉画像石上的乘龙升天成仙图

梦的启示，似真如幻

梦是入睡后脑中出现的表象活动，是人人都曾经有过的奇妙经验。对于梦产生之科学研究，是从19世纪才开始的，而有比较深刻的了解，还是最近几十年的事。因此在对梦没有深刻了解前，如果一个民族对梦的起因和后果有近似迷信的看法和应对，是不值得大惊小怪的。有的人认为梦是现实的反映，有的人认为梦是事情将发生的前兆，应该尽快去做梦到的事。由于各种不可思议的情景都可以入梦，尤其是已过世的人在梦中宛如生人一般，故古人普遍认为梦是精灵的感召，在给人某些启示，所以普遍有重视梦征的现象。古代中国人对于梦有些什么看法，与其他民族有无不同，也是有趣的问题。

图1　商代甲骨刻辞，问武丁梦到白牛是否有灾祸

我国对于梦的记载，最早可以追溯到商代。三千多年前商王室的甲骨贞辞，在早期常因做梦而问卜。其梦中出现的有祖先和自然的神灵、死老虎、白牛、活着的人等不一而足，充分反映其生活的经验。甚至有一次商王因梦而遗尿，也求问而见于庄严的占卜，可见商人对做梦一事的重视。

甲骨文的“梦”◎字作一人睡卧于床上，眼睛却睁得大大的，好像有所见之状。另一形的眼睛部分被省略，床上的人只剩下眉毛及身子。在商代或以前，一般人睡在地上所铺的草席上，床是为临死的人预备的停尸所，并不是日常睡眠或生活起居的地方。梦既是人人平日皆可经验的事，为什么要以睡在停尸的床上而不是席上以表意呢？这可能是有原因的。

很多人相信，病危的人比较容易做梦，如《论衡·死伪篇》：“人病，多或梦见先祖死人来立其侧。”《晏子春秋·内篇》：“景公病水，卧十数日，夜梦与二日斗，不胜。”在戏剧上，我们也常看到临死的人会托梦给远地的亲人交代一些未了的事情，或向有关的官员申冤。故古人很可能有意以病床去创造做梦的字。

而且做梦的人恐怕也不是一般人。《庄子·大宗师篇》有：“古之圣人，其寝不梦，其觉无忧，其食不甘，其息深深。”我们都有经验，心理压抑时比较容易做梦，故说日有所思夜有所梦。研究者说我们天天做梦，但很多人都记不得梦的内容，尤其是熟睡的时候。古代社会较单纯，少烦忧，因此所记得的梦恐怕要比现代的人少得多。因之庄子谓圣人无虑，故也无梦。当古人遇有重大事情需要做决定时，如出猎、迁移等，有些民族，如商代的人就会用占卜的方法向甲骨乞灵。但如果该民族有梦境是鬼神向人们有所指示的信仰时，就会乞灵于梦境的指示。做能够记得住梦境的梦对于古人来说，并不是人人经常能发生的。故有些部族以挨饿或吃药物，让身体虚弱或精神恍惚而强制产生有如做梦的幻觉。我们把觉醒时做带有视觉性的空想叫作白日梦，也是基于同样的经验。作为

◎梦

一个部族领导人的巫师或酋长就担当求梦的人。也许甲骨文的“梦”字特地把做梦者的眉毛画出来，就是要表达做梦是巫师经常担当的事，他们脸部作了化妆，一如“履”◎字，穿鞋子的人也是有眉毛化妆的巫者。

商代人认为鬼神的作祟可以引起疾病。他们认为梦和鬼神有关，是种精灵感召的现象，所以也可能导致生病。“多鬼梦，唯疾见？”“王梦子，亡疾？”这一类的问病贞辞，与很多半开化的部族一样，显然相信梦能引起疾病。从卜辞可知，引起做梦的有多鬼、父乙、大甲等或亲近或疏远的神灵。由于他们认为梦是神灵的启示，所以要用占卜的方法探明到底是灾是福，还有就是要探明用什么办法去禳除。商代的御是种去除疾病的积极办法，乞求鬼神去除灾祸的根源。征以原始氏族的做法，御除的具体做法不外是供奉祭物、祈祷及舞蹈，这种习惯保持到春秋时代。如《左传》记载晋景公梦大厉披发及地，破坏大门及寝门而入于室。卫侯梦见人登昆吾之观，披发北面而噪。他们都请巫师来问是何神怪作祟。秦汉之际的《日书》也谈到梦由鬼神而起及其病征，噩梦要以咒语、法术去禳除。中国对于疾病的治疗，自春秋以后即渐信医而不信巫，有“信巫而不信医则不治”的议论。但因梦引起的病疾就不能不延请巫师，因为相信梦是鬼神引起的，不能不采用心理的治疗。

做梦不一定会引起疾病或导致灾祸，有时鬼神的指示会带来很大的利益。譬如《史记·殷本纪》记载，商王武丁夜梦得圣人，以梦所见访求，得傅说于一建筑工地，他举以为相，商朝因之大治。这是大家很熟悉的故事，是商人相信梦境有征的好例证，所以很多人还是相信梦是种预兆。

◎履

约为公元前 3 世纪的著作《春秋左氏传》，就记载了很多梦境，巫师对梦境所占的吉凶也往往应验。虽然它可看作作者特地选择有应验的故事而加以叙述的，但也可反映当时人普遍对其深信的态度，以及此传统的深远。《礼记·檀弓上篇》有：

> 子曰："……予畴昔之夜，梦坐奠于两楹之间……予殆将死也。"盖寝疾七日而没。

连不语怪力乱神的孔夫子都相信梦征，其他大众就更不必说了。我们常见古代的英雄人物，都记载其母亲是梦到什么异征而怀孕的，虽然我们知道这些事迹很多是英雄人物成名后才捏造出来的，但如果没有这种观念，就不会这么造假了。江淹大概也因为后来写不出好诗，就说梦中把五色笔还给郭璞了，以致丧失文才。

不但是古人，就是现代的科学家，也并不完全视梦为无稽。有时苦思不得的问题，反而在潜意识的时候悟得。如德国化学家凯库勒梦见一条衔着自己尾巴的蛇，悟到苯分子式的环状结构；诺贝尔得奖者洛伊也说用蛙的神经做实验是得自梦的灵感。

梦与履字的字形演变

商 甲骨文	周 金文	秦 小篆	汉 隶书	现代 楷书
			履 履	履 像贵族或巫祝穿着鞋子之意。
			夢	梦 像病卧床上而做梦，好像睁着眼睛看见事物之意。

鬼神的扮相

对于似乎存在而又不可得见的精灵世界，各个民族都会共同地产生一种信仰的行为，既畏惧又崇敬。中国最早的文字记载，商代的甲骨贞辞，明显反映商代人对于自然界的种种事物，举凡风雨雷电、山川草木鸟兽、死去的人们都有各自的神灵。其威力虽有大小的差异，但都会给人们带来灾祸或福佑。

对鬼神的信仰至少包含四个要素：不能理解；不能控制；信而有征；不能妥协。

对于不可知的神秘有疑虑是很普遍的心理。譬如说，有个和尚因对斋房石磬能不敲自鸣而疑惧成病，后来有位朋友发现石磬与附近的钟声起共鸣的作用，于是在磬上锉了几下改变其发声的频率，从此石磬就不再自鸣，和尚才霍然病愈。古人不了解宇宙运行的规律，见到日月更替、四时的转移有规律，就容易想象冥冥之中有造化主宰在控制着。当他们看到草木鸟兽的荣枯繁殖，有时也会想象有精灵存寓其中。还有，人们有生有死，也是他们想不通的道理。故而以为万物皆有神灵。

自然界存在着很多不能理解的现象，而且其威力又奇大。台风来时，拔树倒屋，人根本没有能力反抗，怎能不兴起畏惧的念头！不是信而有征的事物，虽可迷惑人们于一时，但不会长久得到人们虔诚的信仰。很多自然的现象一经科学原理的解释，就会失去神秘感。但是对于不知道理的人，其现象是有相当的必然性的。譬如海中神仙楼阁的幻境，即起于光学的折射作用。但在没有科学的解释前，怎能否认其存在呢？所以秦始皇、汉武帝都要找仙人，求不死药。又如做梦，已过世的人在梦中宛如生人，醒来时依稀还可回忆，怎会不是精灵的作用？人们对于种种难解现象的附会解释，有时不但听起来合理，甚至看起来也确实是那样，因而坚定其信仰。

如果神灵是不能妥协、不能接受好言好语相求的，那人们就只好接受其结果，不作任何挽救的尝试。但是有时于虔诚的祈祷后，希望的事情竟然真的实现了，这使神道看起来并不是无稽，而是可沟通的。何况有些神灵还是自己的亲人，哪里不会接受好语相求，帮助解决困难呢！

精灵既是人们想象的东西，自也离不开人的欲求和需要。首先它们要有居住的地方，崇拜的人也需要有具体的东西以寄托敬思、诉求需要。于是很多自然现象就被与周围的事物联系起来，创造很多不同的崇拜物。有的用自然的树木或石块，如商代的社是选取自然的大石块。有的用这些材料加以赋形，如我们祖先的神主牌，高山族代表祖先的木雕。

既然想象神灵也有人一般的需求，自然要想办法加以取悦，以期降下福佑，起码也不降下苦难来，因此产生了祭祀的行为。要想得到祭祀的最高效果，还得确定哪位神灵能给予福佑或解除灾难，供奉怎样的祭品才能取悦它，因此就有占卜的行为产生。从商代的卜辞可以明显看出，举凡人们喜好的东西，诸如美酒佳肴、音乐歌舞、车马贝玉等珍物，甚至人畜，都在供奉之列。

原始宗教既然源于人们对自然界的恐惧、惊异、向往与失望等种种心态的混合，就需要在心理上获得安慰与寄托。有心的人就渐渐利用这种形势导人向善，或加以控制以图利自己。聪明的人不但想出了神灵寄居的崇拜物，也设计了鬼神的扮相和行为，作为神的代理人，以达到控制别人意志的目的。

鬼既然是人想象的东西，就离不开人的经验和所见的形象。但为了达到畏吓的效果，就得与正常人的形象有所差别才会发生作用。因此就根据某种异征加以夸张，或以异胎取形，而有了与正常形象有差别的二头三脚等各种扮相。表现在商代的文字，如“鬼”◎字是戴有巨大的面具；“畏”◎字除戴面具外，手上还拿着武器；“异”◎字是双手上挥跳舞的戴面具者。未开化民族的面具，形状大都恐怖惊人，有异于常人，故“异”字有奇异、惊异等意义。“褮”◎的意义为鬼衣，作衣服有多处火光之状。磷是脆而软的固体物质，它存在于骨骼中，埋葬后会慢慢地渗透到表面来，易于暴露空气而氧化，在黑暗处发出碧绿闪烁的光。因为野兽常把尸骨扒出暴露于空气，暗黑的坟场最容易见到这种磷光。墓地磷火闪烁的事实，无疑会增加恐怖的联想效果。如果把矿物磷涂在衣物上，并跳起舞来，碧绿的光点左右前后飘动，就会有坟场鬼影幢幢的气氛。新骨发不出磷光，只有多年的朽骨，其所包含的磷才会暴露而发出光来。故意义为老精物的“魅”◎字，甲骨文就作戴面具的鬼，其身上又有闪烁的碧绿磷光之状。

巫师不但扮相要怪，行为也要异常，才会被认为有神附体。故很多巫师是情绪不稳定的人，而癫疯性发病、神经不正常的狂人尤其容易成为巫师。巫师的那些不正常行为有时是可以通过学习获得的，有时就得靠药物的催眠，使自己达到迷幻的失我状态，全身发抖，发出低沉的吼声，口吐泡沫，全身麻醉，不知苦痛，接受常人难以忍受的痛楚行为，做常人不敢做的危险动作，使人相信他们是神的代理，有呼风唤雨、驱

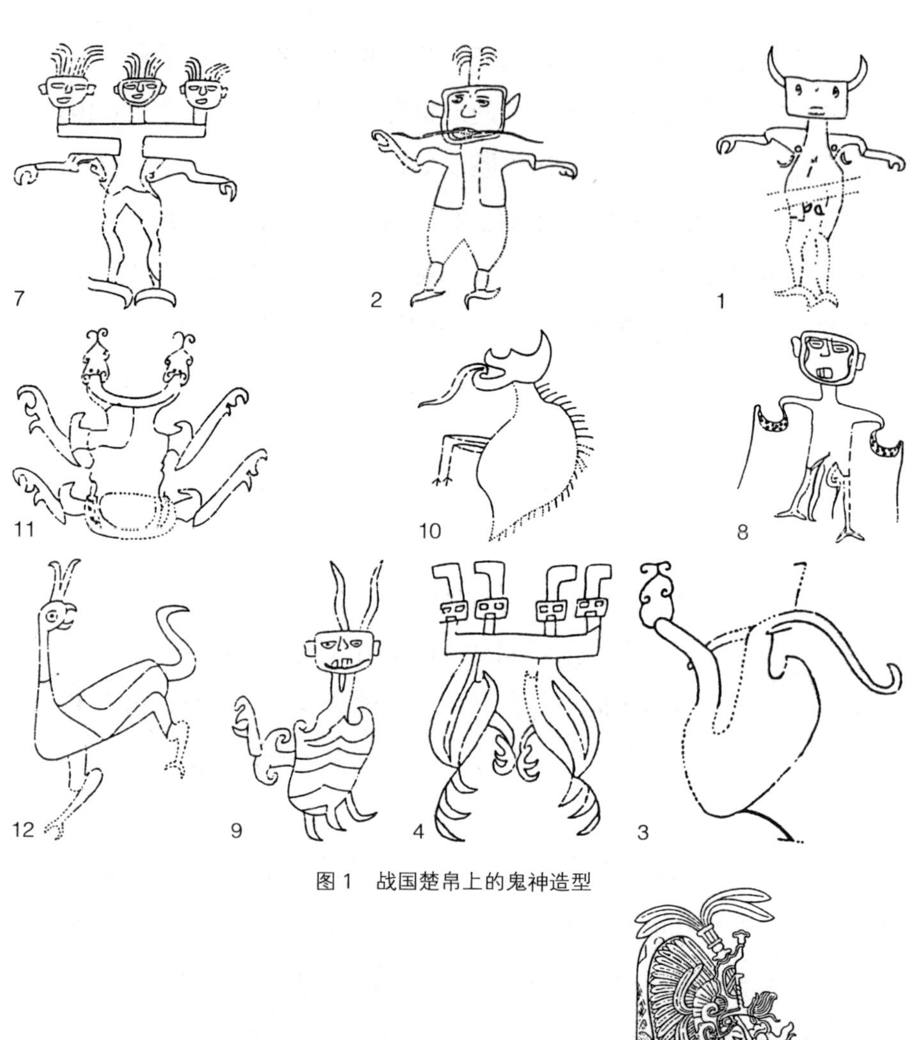

图 1　战国楚帛上的鬼神造型

图 2　戴面貌奇异的长鼻神面具的南美洲玛雅巫师形象

邪治病的神力。他们的巫术虽是骗人的，但因有亲身使用药物的经验，药物与病征的关系也有所发现，递相传授的结果就建立了原始的医学。传说中早期的名医也都具有巫的身份，这未尝不是巫的一种贡献。

古代的度量衡

估计事物的轻重、大小、长短、多少是生活中少不了的经验，其概念是远古以来就有的。当旧石器时代的猎人们拿着飞索要投掷时，就要估计石块的重量、猎物的距离，才有希望命中。但是一旦要向他人传达其意念时，就会发觉各人的理解有所不同，很难正确地传达。不像现代人人有共同的概念，不怕会发生误会。度量衡的制度，是人与人接触后才需要的东西，因此传说是五千年前黄帝创制的。不过开始时度量衡一定很疏略，要等到商业社会才会有发展。因为商业是种谋利的行为，要精确计算其成本与利润，同时也要取信于人，生意才能做得成，故促成计量系统的建立和商品的标准化。

度量衡的演进大致有三个阶段。最先是依靠人的感官以判断事物的轻重，其次是暂借日常用具以度量，最后是有一定的度量衡器及一定的标准。最初的阶段，人们只求大致的轻重就可以。故甲骨文的“称”◎字，作一手提物以估量物体轻重之状。“量”◎字大概是装物于袋中以估计重量与容量之意，袋子的大小较有固定的标准，比以手估量物重又进了一步。

长度是度量衡制最基本的标准，其他两制都依之以定。在自然界中，

最方便取以度量他物的东西莫若自己的身体。它完全不假外求，故早期的长度标准都取自人身。人虽有高矮之差，但手指的长短在感官上是类同的，故《大戴礼记·主言篇》有“布指知寸，布手知尺，舒肘知寻”之言。小篆“寸”字作手指之旁有一短划之形，表示一寸之长约等于大拇指的宽度或一节的长度。古时的1寸，约现时2厘米多一点点，与大拇指的宽度最相当。西方的英寸，也来源于希腊人称拇指的宽度，后来罗马人才加大成为一步的十二分之一。想是因为以直竖的拇指量物最为方便，所以不约而同以之作为长度单位。

小篆的“尺”◎字乃作张开手指头的样子。在那种情况下，拇指的顶端与中指顶端之间的距离约为1尺。寻为8尺，甲骨文“寻”◎字作伸张两臂以量物之长度状，其所丈量的东西中有一形是席子。以此可知商代商品已有标准化的萌芽。寸、尺、寻本是各自为阵的单位，量小东西时用手指，长距离才伸张手臂。后来取其约数，才规定10寸为1尺，8尺为1寻。再后来由于采用十进制的缘故，才设十尺为丈的人为尺度而舍弃自然标尺的寻。秦汉时代的1尺约等于现今22.5~23厘米。走路的步伐也可以用来测量距离，西方的英尺就是以脚表示的。但在中国一步指同一脚起落点之间的距离，与西方指两脚步间的距离稍有不同。

涉及需要测容量的东西，古代主以食物。故说：“食一豆肉，饮一豆酒，中人之食也。”表现第二阶段以食器为容量之标准。豆容器只有约略一致的大小，也不是很精确的量制。“斗”与“升”就是以日常容器为量制的文字。甲骨文的“斗”◎字，作一把挹酒浆的勺子形。“升”◎字

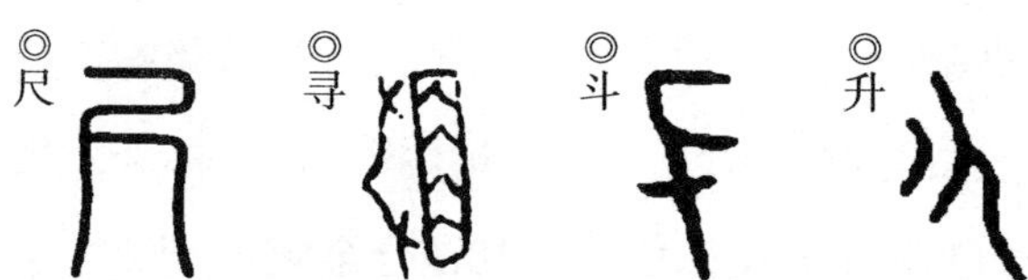

则作一浅底的勺子状。10 升为 1 斗，大勺子大概有小勺子 10 倍的容量。

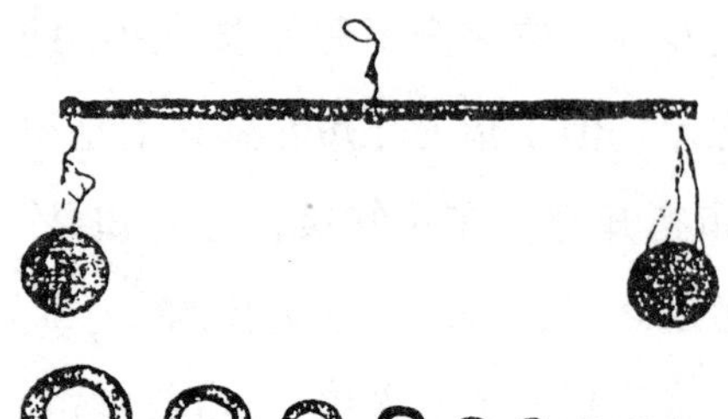

图 1　长沙战国墓出土的天平与砝码；最小的砝码只重 0.62 克

建立标准的度量衡制是商业活动能发达的重要因素。交易的重量与价值以常见的东西为标准较方便，故度量衡制之名称大都取自经常交易的货物，如“斤”取自石斧，“铢”取自珠子，“两”大概取自鞋子等。基于客观的事实，古代没有一样的东西能有绝对的重量和长度可作为标准，故各国的度量衡制都有些差异，给交易带来很多计算上的麻烦。譬如说战国时秦的 1 斤约等于现今的 250 克，等于赵国的 217 克。故战国以来就有制定标准器的献议及设施。

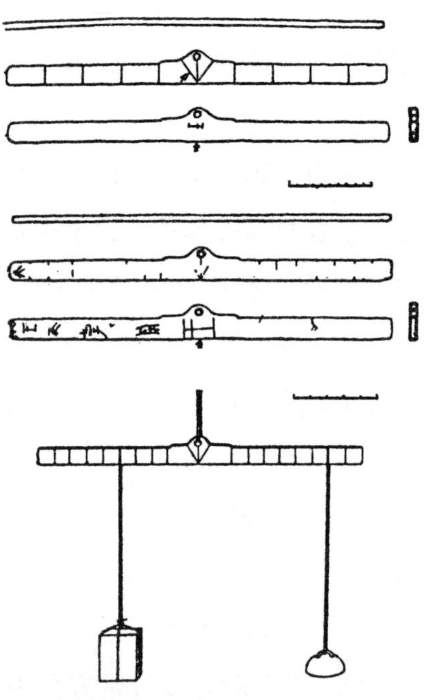

图 2　战国的不等臂铜衡；汉代以来的秤即依其原理以称物

秦商鞅于公元前 344 年颁布标准量，以 $16\frac{1}{5}$ 立方寸的容量为 1 升。到秦始皇统一中国时，更了解到黄金性质的稳定，故以 1 立方寸的黄金为 1 斤的重量。长度和重量有一定的标准，容量的标准也自然能建立。战国七雄中，以秦对于度量衡的制作最为严格。如果误差过大，负责校准量器的官吏就要受处罚。大量有秦始皇诏版的石权和铜量的出土，就是其整饬度量衡制度的具体反映。汉代以黑黍的颗粒宽度、重量和体积去设立标准，虽比现今以氪 - 86 同位素辐射的波长定长度，以白金与铱合金定重量的标准相差不可以道里计，应也相当准确。但古时量器的制作无法做到如今的精确，可能校正也不严格，再加上时时改制，故据汉代铜容器注明的重量及容量加以计算，其1斤竟从224~310克不等，1升也从170~210毫升不等，这与平均的1斤为250克，1升为200毫升相差甚远。

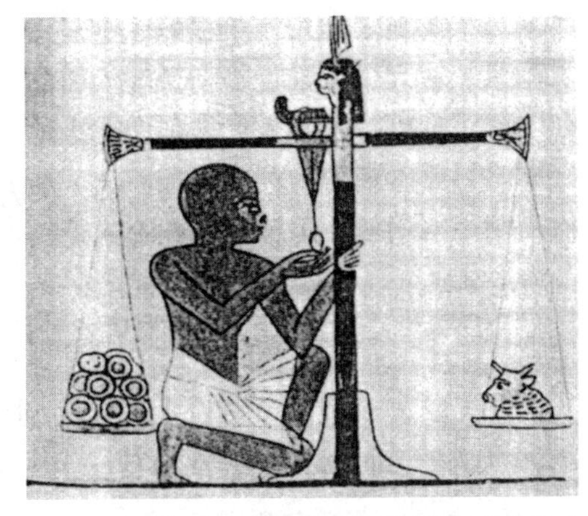

图3　公元前1300多年前埃及墓壁画上的支架式天平

在中国，最初称重的器械是天平。它是一种利用平衡原理的设施。如果一端的重量已知，那就可以在同样距离的另一端称得等量的东西。臂越长则误差越小。埃及于五千年前就懂得其原理。它是量重最可靠的方法。但因为要使两端重量绝对平衡比较费时，现今一般不使用这种方法，只有称量贵金属或科学性的分析时才用。中国目前所发现的天平实物虽以春秋时代为最早，但作为权使用的大石璧可早到西周时代。有人以为石权是种权力的象征，被赋予征收等量谷物的信物，所以渐演进成权位的礼器玉璧。有人甚至以为石权的使用可以早到新石器时代的晚期，基于埃及的事实，这是很有可能的。

春秋时代的天平是悬吊式的，但早期的天平因所称的东西以袋装的粟米一类重物为主，很难稳定地用单手提着，应是采用支架式的，如三千多年前埃及壁画上的天平。后世多称量轻的物品，故容易使用悬吊式以单手提起。到了战国时代，人们又领会杠杆的原理，利用支点、距离与重量之间的关系以称物。利用这种原理，不但可用较轻的权以称重物，也能更精确地用较重的权以称轻物，是衡器制造的一大改革，是汉以后盛行的形式。

先秦的铜铸货币

今天只要有钱，就可以从商店买到需要的东西，不用顾虑人家不接受它。因为它是政府发行的法定货币，人人信得过，有确定的价值，可据以计算物价。今天，一切东西都可以用货币换得，不必去寻找各有所需的人作物物交换，非常方便，大大促进了贸易的规模。现今通行于世界的纸币是中国人首先使用的，而中国人使用有文字的金属铸币也甚早，让我们看看货币发展的历史。

人之能生存于蛮荒的世界，不因有强壮的体格，而是能使用工具。没有一个地区产有齐全的适合生活需要的各种物资。当人们进步到讲究工具的效用时，就自然兴起交换的念头。最初普遍需求的物资应是石块，因为它是工具的主要素材，可能自旧石器时代就发生了交易石块的行为。美洲印第安人就有不从事生产，以容许采石而得报酬的例子。

交易初期当然是采用以货易货的方式进行的。交易的货物虽因地而异，主要应是实用的生活工具、原料，或是难得的美丽装饰物。实用的制成品大致以石斧为最多。周初《周易·旅卦》《周易·巽卦》的“得其资斧”“丧其资斧”，即反映其时代的背景。大概陶器、布帛也时常交换。交易有时并不是为了眼前的需要，譬如说罕见的珠宝，它是人们打扮漂亮且能显示阶级的良物。它量轻、价高、不败坏、携带不累赘，可以容易交换到大量的粮食，因此人们储备它，以待他日紧急情况时交换，所以珠宝也很早就成为需求的对象。

初时交换的种类不多，比较容易找到相互都需要交换的对象。但是文明越发展，交换的时机虽然增多，自己不制作的种类也越多，反而不易找到有相互需要的交换对象。因此有必要找到一种性质稳定、不易败坏、容易计算，且其价值广为大众接受的东西作为交易的媒介，可以之随时交换需要的东西。

海贝是早期中国南方向北方或沿海地区向内地交换的重要商品。它产于印度洋及南海岛屿附近的暖水域。其外壳坚硬细致，有美丽色彩及光泽，令人喜爱。尤其是其个体轻小而均匀，易于收藏、携带和计算。它不易败坏，可串联成美丽的饰物，为普遍被人喜爱、接受的高价物品及地位表征，因而被取以为交易的媒介。海贝是以稀罕、美丽的特点而被人们当作价昂的装饰品，但随着交通日便，供应日多，其价值也自然相对降低。一旦其高价的身份不能保持，就得再找另一种物质。

人类从很早开始就以自然形态的金、银作为贵重的饰物，并发展为金、银币。但在中国，春秋时代楚国加入中原政治以前，金银产量太少，不起作用。青铜被发现后，贵族用它铸造礼器及武器，以满足国家对“祀与戎”的两大要求，一时不能以之当通货。但随着冶金业的发展，尤其是铁冶的兴盛，一些铜武器和工具为铁所取代，甚至很多礼器也慢慢被轻盈光艳的漆器所替代。铜材可以比较大量地、以实用的物质流通于民间。铜比海贝更具有实用上的价值，并且具有不易破坏、可改铸等优点，不像海贝一旦毁坏了，其价值也跟着消失。而且铜的产量有限制，不会大大贬值，故铜终取代贝成为新的通货媒介。

货币的演进大致经过三个时期：一是实物货币时期，二是金属称量时期，三是铸货时期。铸货的价值往往高于材料本身多倍。人们愿意接受它，《管子·山权数篇》归功于圣王的创意，说夏禹和商汤时分别有多年的水灾和旱灾，为了援救以子女交换粮食的困苦民众，才铸钱币为之赎身。周代之前并不见钱币出土，就算禹、汤真有铸币以释解灾难的措施，也只当作一种临时的抵押，并不打算将其作为通货使用。铜被选用为铸币的材料，应是基于上述铜本身的条件和时代背景。最初铜可能与金银同是商人之间支付货物的计值。随着其量多，普行于社会，价值也稳定，终于为各地政府采用以发行货币。又慢慢通过强制的行政法令，演变成与本身重量不等值的信用货币。譬如说秦国的“半两”，其重量一文约合现今的 8 克。但现存的，不知何故，超出面值甚多的有重达 12 克，但一般的才三四克，约为面值的一半，甚至有轻至 0.2 克的！不慑于威权，是难为人们所接受的。

铜因可铸为工具的价值被人众所接受，故和很多民族一样，中国早期的铜币就以实用工具的形状出现。后来为行用的方便，才慢慢变小、变轻。三晋地区流行的是从铲形演变来的空首布及平首布。齐、燕地区则是刀形的刀币。秦、韩地区流行的圆钱，则可能演变自权衡的形状。这三种形状的铜币，可能由于圆钱最方便携带，遂成为全世界铸钱的常式。倒不必是因通行于统一中国的秦国地区。

中国以金属实物折算物价大概西周时代就有了。铸为流通的钱币也至迟在春秋中期。初时的钱币很重，有些不太具实用的小铜铲重达 200 克，可能为原始的铜币。后来市场渐多，日常小交易日益频繁，量重值高的钱币就不便使用，故铸造的重量就递减。就像今天虽风行高额纸币，却还不能不辅以金属小钱。战国时齐国的一枚齐法化重量稍少于 50 克，常年时约可购 15 公斤小米或 5 公斤多盐，丰年时则可购 57 公斤小米。战国后期布币一般重量为 12 克左右，还是难当小量的交易，故除已贬值的海贝外，也把铜铸成海贝的形状，以当小钱使用，方便民间交易。

铜贝一个约重 4 克，与一般秦“半两”相近。秦时一劳动日的工资是半两钱 8 枚。据秦简《仓律》换算，10 枚秦半两可购小米 6 公斤，或

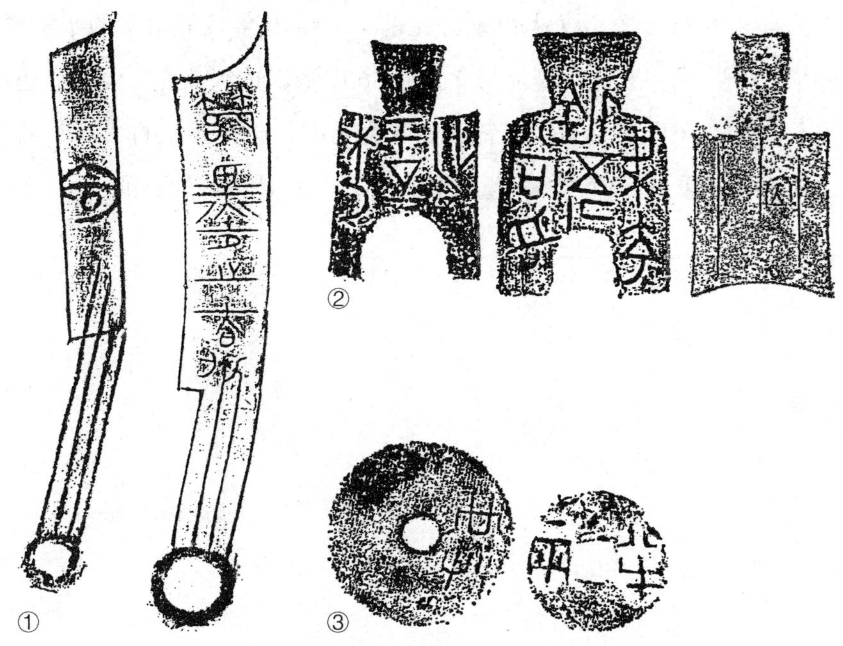

图 1　汉以前三种主要金属铸币形式举例

①齐刀长 18 厘米多，重四十六七克；燕刀长约 14 厘米，重约 14 克

②三晋地区的布币，形式多，重量悬殊，从十几到三十克

③秦韩地区的半两、共等钱文的圆钱大约有八九克重

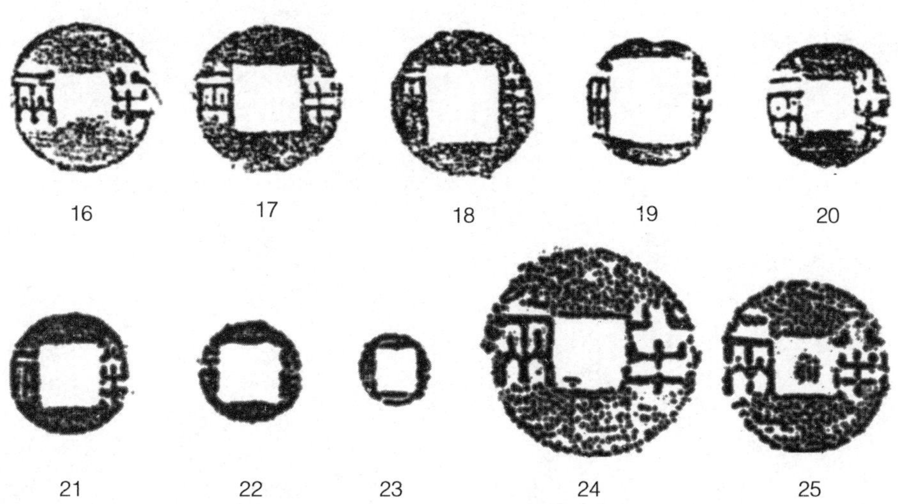

图 2　秦墓出土的半两钱，大小和重量都悬殊，币值远超材料料价

盐 2 公斤，麻布 2 米。汉武帝于公元前 119 年废弃名不副实的半两钱，改铸“五铢”钱。五铢钱直径为 2.5 到 2.6 厘米，重约 4 克。但 4 克还是太重，故常减至两三克重。五铢钱购买力适中，行用了七百多年。后来钱文虽不再以重量记值，但其重量和大小，一直是铸钱的典范。

水 运

接触使经验得以相互交流，是促进文明发展的重要因素。没有快速的交通，政策及信息都没法及时下达，难于建立中央集权的政权而成为大帝国。尤其是商业，没有价廉而有效的交通使交流速度加快、流量扩大、地域增广，贸易就难进行，产业也难扩展，城市难建立。水运虽不是今日最广被采用的方式，却是最廉价的运输，到远地的货物大部分赖之输送。

古人如果不选择滨水之山丘居住，并无发展水运的必要。因为山林足以提供生活必需的资源。山区没有发展陆运车驾的条件，但是居住于湖泊池沼地区的人们，就有应用舟楫以沟通隔绝的地域，到远离河岸的地方去捕鱼，扩大取食范围的需要。因此舟楫的发展要早于车驾，而在中国应始于多江流湖泊的华南。在湖泊地区觅取生活会产生人口压力，这样的地区发展较迟，故船只的应用也不会很早。

舟楫的发明，应受“见窾木浮而知舟”，或“观落叶，因以为舟”等水中漂浮物的启发。能载重的树干过于笨重，不能随身携带，干枯的瓠瓜轻而浮力大，一般的瓠瓜二三个就足以浮起人身。平时可装清水，遇到河流就可漂浮渡过，一举两得。它是秦汉时代行旅常备之物，也许远古的人们也曾经利用。浙江余姚河姆渡六千多年前的文化层已发现木桨。它不仅可以稳定航行的方向，而且还可以催舟逆流。这时的舟船起码是树干挖空的独木舟，不会是不加挖斫的天然断木了。

独木舟的稳定性差，虽可联合几根编成木筏，但载重量有限。要集合许多木板拼成有舱室的船，才会增高稳定性和载重量，达到水运要求的经济效果。河姆渡的遗址已见企口板，那是在木板两侧凿出企口以容纳另一块有梯形截面的木板，能紧密衔接成不通缝的平面。其地五千五百年前的遗址也发现漆一类的木器保护涂料，可以用来弥补通缝。使木板拼合处不漏水是造船的起码要求，理论上五千多年前已有造舟船的必要技术，但目前尚无实物出土。商代甲骨文“朕”◎字，作两手拿着工具在船体上工作之状。《考工记》中朕有隙缝的意义。很可能“朕”字表现弥补船板间的接缝，后来才被应用为一切的缝隙和借用为第一人称。商代应有木板拼合的船。

水运比之陆运有两个优点。

一是经济。《史记》记载伍被向淮南王刘安献谋，说吴王濞：“上取江陵木以为船，一船之载，当中国数十两车，国富民众。”战国初期楚国颁给鄂君启的通行铜节，一枚载明水上可以通行以三舟为一舿，50舿共150只的船队。三枚陆上可用牛车队50辆。可见江南的贸易，水运的规模要比陆运的大得多，利用频繁。

二是快捷。顺流的时候，舟行的速度超过辎重车马，而且不耗人力。这种优势很快就被利用到军事上。张仪游说秦王：“秦西有巴蜀，方船载卒，……下水而浮，一日行三百余里。里数虽多，不费汗马之劳，不十日而距扞关。”当时的行军，通常一日才三十里。水运有车辆的数十倍载重，十倍速度，经济价值显然。华北水路少，不得不发展陆运。

◎朕

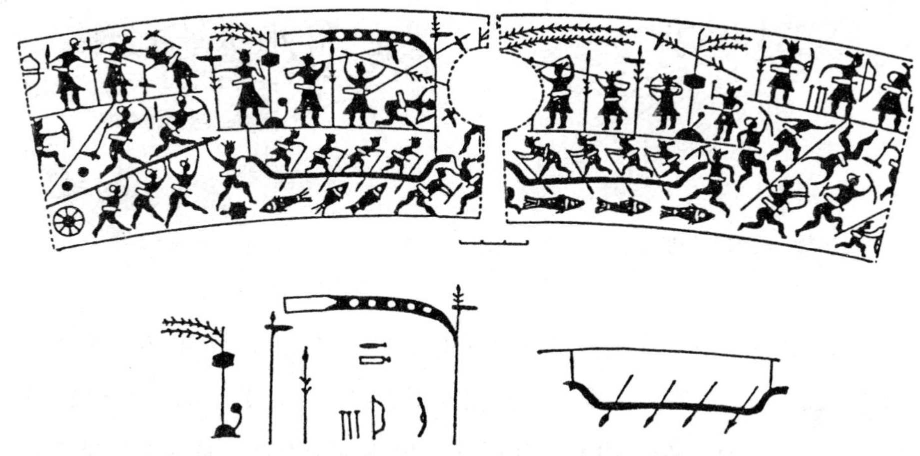

图 1　战国铜鉴上的水战纹及武器装备示意图；战舰下层有水手在奋力划桨，上层的战士则在击鼓、挥戈、射箭，而水中也有战士拿着短剑在搏斗；显然是受过专门训练的水军

水运的经济利益春秋时已很了解。《尚书·禹贡》篇言禹时的各地土贡路线，只有在没有适当的水路时才采取陆路。故水运航道的枢纽便成为军事及商业要冲，保护航道的通畅成为当务之急，水战应运而兴，已出土的战国铜器有好几件是两层楼的船发生水战的场面。黄河、渭水、汾水、汶水、淮水、长江、汉水等较大河流及众多湖泊，都被利用成为水运要道。甚至江海不通之地，也以人力挖掘运河加以沟通。吴国于公元前 486 年掘邗沟以通长江和淮河的航道。隋代更把它延长，南至杭州，北通黄河，成为沟通南北的大运河。

不但内陆，战国时越人沿江及海岸攻打吴国，已把水军发展到海上了。后来秦始皇派海船深入海洋求仙，船只于海上航行，必然有适应海上航行的设备。白天可以靠太阳指示方向，夜间航行就要靠星座。战国时候已有星图的绘制。《汉书》收录很多天文的书，其中有《海中星占验》《海中五星顺逆》《海中二十八宿国分》等，标题都特别标有“海中”，定是为导航的目的撰写。

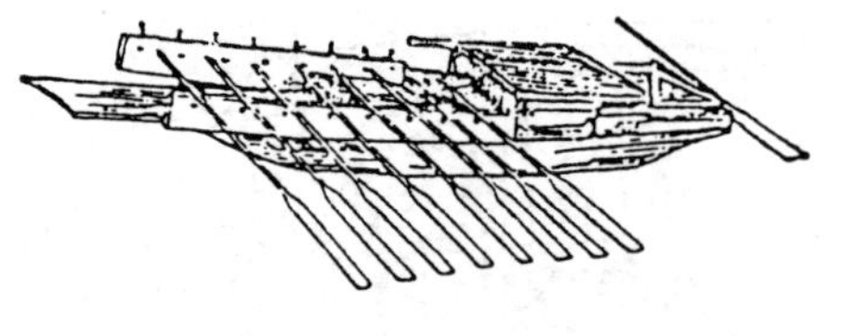

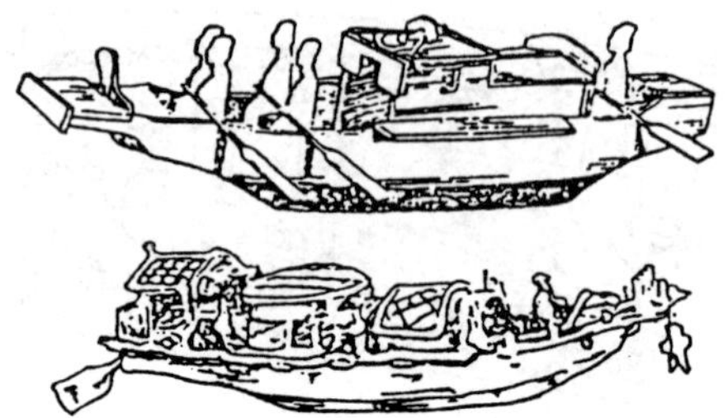

图2　汉代的木船和陶船模型

《越绝书》中说战国时的大型战船，宽约15米，长30米，可乘坐90名军士，其中50人为擢手。张仪劝说秦惠王攻楚的江船，可载50人和3个月的粮食。在广州曾发现秦汉时代造船场遗址。从遗留的造船台测知，所造船只一般的宽度不超过5米，少数的大船可达到8米宽。如果以出土的船模型推算船的长度，常用的船当有20米长，载重25~30吨。这个造船场所建造的大概是沿海航行的货船。发展到3世纪，晋攻击东吴的主力战舰可容2000名战士。而《汉书》记载其前的汉武帝攻打南粤，动用楼船士20余万人，都可以看出船运发展的规模和快速。

从刳木仅以容身的独木舟到战国的二层楼船，东汉容两三千人的十层楼船。在演进的过程中，帆是个重要的设施。顺水航行虽然可以增加航速，但急湍中易造成翻船事故。唯有利用帆的借助风力，可以在平缓的水流上获得较快的速度，或在急湍中减速。以战国初期越国攻打吴国的海船估计，应已有可调整方向的帆，否则无法航行于滔滔的海洋中。三国时航线已延伸至今日的斯里兰卡，其时的海船，“随舟大小或作四帆，前后沓载之，……其四帆不正前向，皆使邪移，相聚以取风吹。风后者激而相对，亦并得风力。若急则随宜增减之。邪张相取风气，而无高危之虑，故行不避迅风激波，所以能疾”。水手能依风向、风力以调整帆向、帆数而航行于任何风向，其经验较之西洋要先进几个世纪之多。可算是当时最进步的航海技术了。

商代的肉刑

——永不消失的创伤

人的体力有限，要靠群众的力量才能与动植物争自然的资源。所以人很难离开团体而生活。生活的空间既然不容独享，就期望大家都遵循一定的生活习惯和准则，使能维持大家之间的和平安宁而不生纠纷。此人人遵循而可预期的行为准则就是法。但是法要与罚相辅相成，才能达到制衡的目的。罚是维持其法则顺利施行的手段，如果某人的行为超过社会所能容许的范围，就要接受惩罚。

处罚本是为自己的族人而设，对每一成员的适用是不偏差的。因为在远古的时候，社团小，成员以亲属为多。其生产效率低，一个人的生产有限，难有剩余提供他人的使用。如果与异族有战争的行为，除掠夺财物、占领土地外，对待敌人只有杀死或逐之远离二途，并没有想到要把人俘虏以从事生产，为我们服务。人肯定对自己的亲人会给予最大的容忍，因此那时的惩罚可能只是剥夺参加某种活动的权力，或是给予短暂的拘禁、少许肉体的痛苦，很少想到要伤害身体，使有永不能消失的肉体创伤；最严重的是被逐出社团之外，使之面对充满敌意的野兽和异族，难于保障生命。

随着社会的进步，组织扩大，生活在一起的人越多，亲属的关系越来越淡薄，法规也就越繁杂，规制越严厉。尤其是生产的效率也提高了，还有余力以提供他人的需求。于是逐渐产生俘人以从事生产、创造财富的念头。对于俘来的异族，当然会期望他们服从某些法则和习惯。如果违犯了，就不太会慈悲，会不容情地给予最严厉的惩罚。但因有更重要的经济利益，就想出了不太妨害工作能力的永久性肉体创伤以为警诫，并展示于公众之前，以收震慑之效。权威的确立，奴隶的使用，加强了一个社会刑罚的严厉程度。法成为强者加于弱者的规定。很多本来是对付异族的严厉刑法，也慢慢会施用于自己族人的身上。《汉书·刑法志》说："禹承尧舜之后，自以德衰而制肉刑，汤武顺而行之者，以俗薄于唐虞故也。"夏禹是中国第一个家王朝的创立者。龙山文化的时代，墓葬有受过截脚之刖刑的人，反映其社会规制的加强。考古证据指出那时国家组织大概开始酝酿，也表明国家的建立与严厉刑法的推行有连带的关系。刑法是社会演进的必然趋势，与风俗的厚薄不相干。

涉及文献的事只能从商代谈起。从甲骨文的字形可以看出商代的肉刑至少有刺瞎眼睛、割鼻、断脚、去势和死刑。想控制一个有战斗力的俘虏或奴隶，减少其反抗能力是最要紧的事。但是如果因此又失去其生产能力，处罚的意义也就减色许多。刺瞎一只眼睛应是商代或夏朝末期常用的手法。单眼的视力不及双眼的视野广，会大大减低战斗的效力，但却不减低其工作能力。甲骨文的"臧"◎字，作一竖立的眼睛被戈刺割之状。瞎了一只眼睛的俘虏没有太大的反抗能力，最好是顺从主人的旨意。在主人来说，顺从是奴隶的美德，故"臧"有臣仆和良善两种意义。"民"◎字则作一只眼睛被针所刺瞎之状。"民"的意义本是犯罪的人，后来才被转以之称呼平民大众。不只商代古人，以前日本也有以一目的

◎臧

◎民

人在深山从事矿冶工作的传统，其破坏尸体一眼的风俗，说是来自以人牲供祭的习惯。

不知是因刺瞎眼睛的办法太过残酷，还是另有其他的缺点，商以后就不再行用。除了刺瞎眼睛的刑法，商代的肉刑大致都被周朝所接受。《尚书·吕刑》说周有所谓“五刑”的刑罚三千条例，违犯刺墨之刑的有一千条，割鼻之刑一千，断脚之刑五百，去势之刑三百，死刑二百。

刺墨于脸是对人体造成永久性伤害的最轻微者。它是一种对违犯者的警告和宽恕。在人身胸上刺纹并染红本是一种死亡的仪式。大概人们看到它可以留下永不磨灭的痕迹，改填以黑墨而施之脸上，表示代替死亡的赦免。它完全不影响受刑者的工作能力，又可作为震慑他人的活动告示。对于违犯轻罪者，不失为一个好办法。商代虽尚不见有于脸上刺字的图像。金文的“黑”◎字，作脸上刺有字之状。有犯罪意义的“辠”◎字，则以一把刺刀及鼻子构形表示于鼻子刺墨。“辛”◎字应是一把刺纹刀的象形，当时应有以刺墨为处罚的措施，甲骨文含有“辛”部分的字多与刑罚或罪犯之事有关，如“妾”◎字作女子头上有辛以表示地位低贱的女子。“仆”◎字的甲骨文上部有“辛”，作从事倒垃圾等杂务的男子。

刺墨虽是永不能消除的耻辱标识，但却不妨害身体的功能。其他的刑法就不同了。甲骨文的“劓”◎字，作一把刀已割下鼻子之状。金文的字形有时于鼻下多一树木的符号，大概是表示把割下的鼻子高挂在树上，以警告他人之意。甲骨文的“刖”◎字，作手持锯锯掉一人脚胫之状。锯掉脚胫就成行动不方便的跛脚人。刖脚之刑比劓鼻之刑更常见于文献。

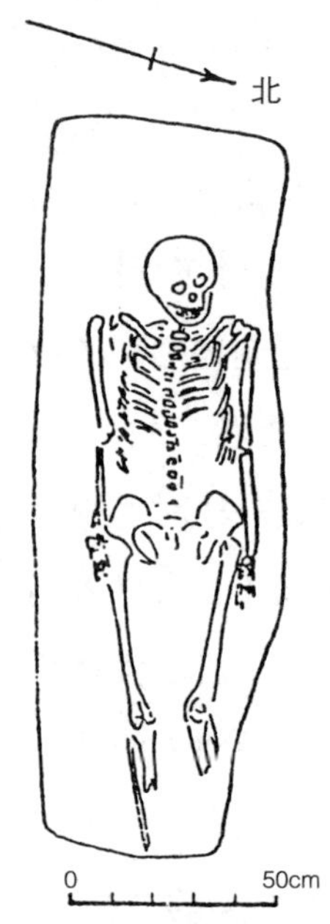

图 1　龙山文化墓葬中的刖刑犯者

卜辞有问及向一百人动刖刑。《左传》曾记齐景公时太多人受刖刑，以致国之诸市，有屦贱而义足贵的反常现象。

宫刑是割掉生殖器使之不能生育的刑法。对于重视传宗接代的中国人来说，那是很残酷的处罚。甲骨文就有一字作以刀割下男性生殖器之状◎。至于最严重的刑，当然是处死了。为了要震慑他人，砍下的头还要示众。金文的“县”字即今之“悬”◎，作树上悬吊着一个用绳索绑着的人头状。城门是人们进出的通道，最可以收到示众的效果，故后来城门成为枭首的所在。

人既习惯于重刑，也就不以为非，孔夫子也没有批评过一句。倒是汉孝文帝，怜悯受刑者刻肌肤、断肢骨的终身痛苦，才免除肉刑，代之以鞭笞。虽然有人不免因之而死，但大部分的罪犯都能以有期的痛苦替代终身的耻辱和不便。

◎

◎ 县

甲骨文一些有关肉刑的字

商 甲骨文	周 金文	秦 小篆	汉 隶书	现代 楷书
				臧 像一眼被刺瞎之状，因失反抗能力而顺从主人的好奴仆之意。
				民 像一眼被刺瞎之罪犯之意。
				劓 像受鼻子被割下之刑，或又以割下之鼻悬之树上示众之意。
				县 像树上悬着用绳索绑着的人头状。
				刖 像手持锯，锯掉一人脚胫之状。
				像男性生殖器被刀割下之状。

兵　器

竞争是自然界成员为了生存不能不采取的手段，人类为了获取食物，维持生存，必须与动物争斗。野兽虽有锐利的爪牙，强壮的身躯，但人类可以借助他物保护自己，以攻击野兽。所以在长久的竞争中，人类终于成为胜利者，使野兽完全失去反抗的能力。甚至把它们驯养成家畜，以备不时之需。但是，人类在征服动物后，也因有限的自然资源，无可避免地彼此争斗起来。

人类利用思维智慧设陷结网，不必创造太精良的武器就可以克服野兽。任何有足够重量、角棱，造成杀伤能力的工具，都可因便取以为武器，不必特为某种兽类设计攻杀的武器。三四万年前人们将尖锐的石镞捆缚于树枝用以投射，大概一万多年前，人们才晓得利用弓弦的反弹力把箭发射出去。弓箭的发明使人们可以不必太靠近野兽即可给予杀伤的能力，免却许多因接近野兽带来的危险，得到使用武器的最佳效果。但对于晓得利用他物以防卫的人类来说，其远攻的效用就大为减少。故进入人与人争、国家建立的时代，社会逐渐兴起设计近身攻击武器。这种近身攻击武器针对人体的弱点，以最有效的材料，以专为杀人为目的。

商代的武器，从形制和实用的观点看，约可分为源自工具和专为杀人而设计的两类。源自工具的兵器有数种，主要取自不同的石斧形。钺为大斧，是装在柄上的有宽弧刃的重兵器，主要利用重力砍击敌人以致死命。它在实际战斗中，效率较低，主要用为处刑的刑具，故成为权威的象征。较为小型的钺叫戚，虽然它也有杀伤能力，但主要还是作为舞具或仪仗。至于窄长平刃的斧，除了用以砍伐树木、制造器物外，也充作武器或仪仗。至于刃部作锯或波浪形的兵器，一看就知难作实用的武器，这一类的兵器，主要是为展示而不是实用。故除了显然是作为明器的超小型外，还有很多铸得很薄弱、根本不切实用的武器。反之，为杀人设计的新武器戈，就铸得比较厚重。

戈是装在柄上的有细长刃的兵器。它利用挥舞的力量，以尖端砍劈头部，或以锐利刃部拉割脆弱的颈部。柄短的戈大致 80 厘米，可单手使用。柄长的戈就得用双手。战车上使用的超过 3 米的戈，是利用铜材的坚韧、锐利特性而发展起来的武器。不像石器主要依赖重量，戈是铜材未普遍使用前未见的形式，虽然还有同形制的石、玉戈，但都做得薄弱而易断折，不会是实用的武器。而且制造的时代也不早于青铜戈。可以肯定地说，铜戈是专门针对人类的新设计，是战争升级、国家兴起的一种象征。

为了达到更大的杀伤能力，武器要不断地改良。为了适应新形势，也要创造新的武器。矛是旧石器时代就发展的古老直刺长兵器，到了商代就经常与戈组成可刺、可劈、可钩的武器。戈与矛本来分别铸成，组合使用，后来为了强固其组装，也发展成浑铸的戟的形式。最初的铜戈只有下边的刃锐利，可劈钩敌人，后来逐渐改良把刃部加长而弯到柄的一边，使刃部的长度和攻击的角度都适当增加，以对付穿戴保护头部的盔胄，目标在攻击颈与肩部。同时为了要增加铜戈缠固于木柄的强度，就在戈胡上铸孔以便捆缚，并把木柄做成椭圆形以方便掌握。反观源自工具的钺、戚、斧等类，就没有这些相应的变化，这也反映实用与非实用的品性。故很多与战斗有关的字就以“戈”为组成部分，而取自斧钺的字就用以表达他种与战斗无关的意义。

多接近敌人一分就多一分危险。可想象近距离格斗的武器中，短兵器

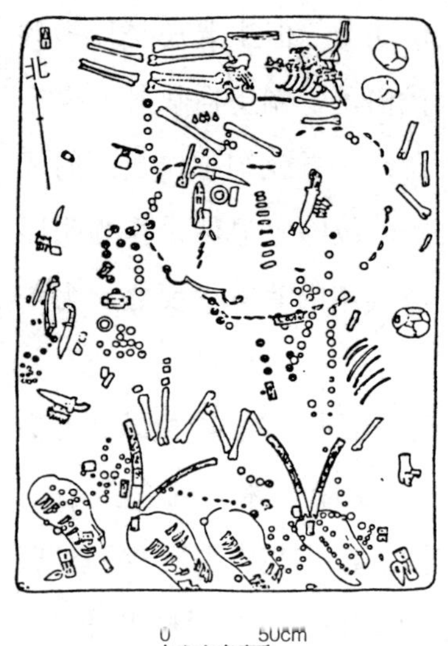

图 1　商代的车马坑，车舆内发现的包括戈、刀、弓箭的成套战斗武器

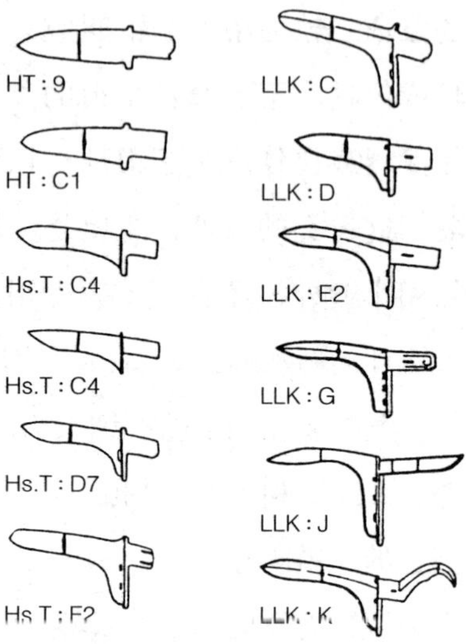

图 2　商到战国时代的戈形变化

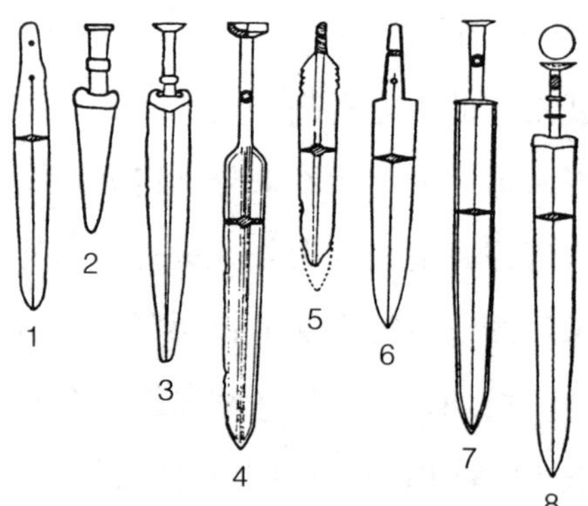

图 3　两周时代的铜剑形制

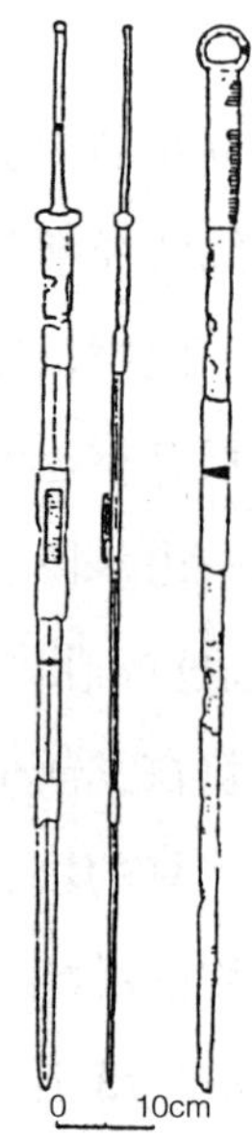

图 4　汉代的铁刀、剑形制

刀、剑的普遍使用要较长兵器的戈、矛迟。东周以前作战的主力是步卒，步卒以戈、矛为武器。当时的马车不是作战主力而是指挥官的活动指挥高台，故代表军队的“军”字仍以车为义符。一车通常有三人，除驾驶员外，有一射手及一个指挥官。在车上，弓箭是远攻的武器，戈则为近杀的武器。有时迫于情况，车上的战斗员要下车来作近身的搏斗。为达到从车上攻敌的目的，戈柄一定要长。柄太长就不方便下车使用，故要配备短刀，以备紧急时护身之用。不过由于商代车子主要的作用是指挥，不是作近距离的攻击，故兵车上发现的成套兵器大都有短刀，倒不一定有戈。车上的刀，一般刃部稍为长过20厘米，以砍劈的方式使用。就实用的观点说，如此短的兵器应以直刺较为有效。故商代晚期就有了改革，开始有携带尖刺双刃、以刺杀心脏为目标的匕首短剑。由于商代的车子并不太参与实际的战斗，故短剑发现的还少。西周才逐渐多起来。商代不少各种样式的不到20厘米长的短刀，只能算是工具，难以用于格斗。

到了春秋的中晚期，由于骑兵的应用越来越兴盛，有柄的戈不便携带及在马上使用，短兵的需要也就越来越迫切。刀剑比之戈戟还有个好处，它平时可以佩带在身以备不时之需，不像持拿戈戟腾不出双手，在很多时机不方便，故刀剑后来甚至亦为士人常佩之物。随着冶金术的发展，铜剑越铸越长。商周时代的铜剑，刃部一般长度不到30厘米，发展到春秋时代就有长至50厘米以上的。但是铜剑的长度一增，就要铸得薄些，否则就太重而不便单手使用，故50厘米以上的铜剑还是少见。到了铁冶登场，钢剑就逐渐替代青铜剑。由于钢材坚韧，长度可铸到1米以上。剑本来是直刺为主的武器，随着长度的增加，也转用刃部劈砍的方式。劈砍的方式就不必两边有刃。因此，西汉开始，厚脊的单刃刀也渐渐取代易于断折的两刃铜剑，东汉以后铁刀就取代铜剑而成为战斗的主要配备。

古人如何给时间定坐标

从一个社会对于时间的重视程度，可以判断出该社会所达到的经济和文明水平。譬如说，以采集渔猎为生的社会，时间是不重要的，只要略为知道季节的变更和大致的方向，就可以依之安排生活，无须精确的时间指标。但一个经营定居的农业社会，生活依赖农作的成功与否，太早或太迟播种往往会导致歉收，因此不能不对季节有较正确的认识。尤其是到了有严密政府组织的时代，就得重视时效对推行政策的助益。尤其是今日的商业和科技时代，更是分秒必争。

对于时间长度的划分，各个社会都无例外，最先只能根据自然的现象作为指标，是种不规律的长度。后来人为的制度渐渐发展，就借重各种机械装置，人为地规定时间的长度。譬如地球自转一周为一日，以每天太阳出现为分界。但日照的长度和出现的时间因季节而异，并不规律。现在则划分 1 日为 24 小时，1 小时为 60 分，1 分为 60 秒。标准的秒以原子的电磁振幅为标准，与日出的时间无关，与每天地球的自转速度亦无绝对联系，所以时间是因人为运作而规律化的。

对于年、月、日的规定，因为都有较明确的天体现象作依据，故各民族有类似的习惯。但对于一日内的时间分段，其分段的精粗及稳定性如何，就是其文明高明程度的具体表现了。各民族在这点上就有相当大的差异。

中国古代对于一日时间的分段，只能从有最早文字记载的三千三百年前的商代谈起。从卜辞知分段的名称虽早晚稍有改变，其日间的主要段落为：旦、大采、大食、日中、昃、小食、小采或暮或昏。“旦”是太阳刚从地平线升起的时候。“大采”是太阳大放光彩。“大食”是吃丰盛早饭的时候。“日中”或“中日”是太阳高悬天顶的中午。“昃”是太阳开始西下，把人影照得斜长的时候。“小食”是吃较简单的下午饭时候。“小采”或“暮”“昏”都表现太阳已完成一日旅程而西下没入林中了。显然它们是以太阳在天空变动的位置定时的。看起来，每一段落是近于两个钟点的长度而以日中为中点。依今日的标准，因太阳在天顶的时间和日照的长短，各个季节都不同，所以其时间的设定是游移而不固定的。至于夜间的分段，由于没有阳光可供依凭，虽有夕与夙的分别，但无法确知其区别所在。

由于文献和考古资料都有限，我们不知道商代的人是否已在利用太阳位置定时的基础上作更精细的时间测量。不过，至迟在公元前 7 世纪的春秋时代，就有人使用土圭以测定冬至和夏至的日期，对时间的精确度有进一步的要求。以土圭测影的方法颇简单，是立一长竿于地，以测量各个季节日间太阳投影长度的变化。夏至影短而日照长，冬至影长而日照短，可依其影长变化的速度以测量正确的时间长度。汉代已有袖珍型铜圭的铸造。用时打开，平常合成柄状之匣，以便携带。可见那时以土圭测量日影的方法已甚普及，故有此类用器的铸造。

利用投影长度变化的原理以测时的更精细工具是日晷。那是在一块石板上刻了许多由中心点向外放射的线与点，并在其间刻上一些作为定点或校正用的记号。点上可以插竿扦以观测太阳出入的角度，并用以校定时间。加拿大安大略省博物馆藏有迄今所存两件汉代日晷之一，在约四分之三的圆周上刻 69 个点及 1 至 69 的数字，此版还刻了一些 T、L、V 形的记号，其构成的图案与汉代的六博棋盘规矩纹铜镜的花纹一模一

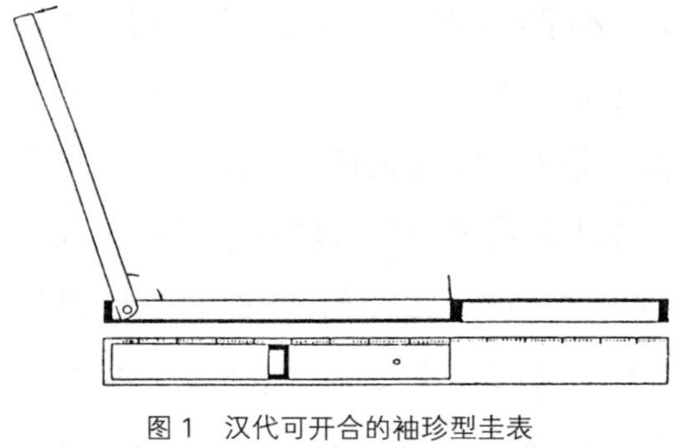

图 1　汉代可开合的袖珍型圭表

样。可以想见日晷的应用必定很普遍，并被利用作为游戏的道具。故规矩纹铜镜除照颜外，还可计时和游戏，是家庭常备的多用途器具。

日晷要借助太阳光的照射，只能在白天或晴天使用，因此要另想办法以测计夜晚的时间。由生活的经验，古人发现水壶有裂缝时，水会慢慢渗出。随着时间的流逝，水位渐低，也可利用之以测量时间，于是发明漏壶、水钟。中国起码在公元前 5 世纪已有漏壶的使用。最开始使用的漏壶是一种下沉式的，即随着水的慢慢流失，水壶中作为指标的箭竿就逐渐下沉，可以从箭竿上的刻度读出时刻来。依同样的原理，也可以用另一个容器接受滴下的水，使箭竿逐渐上升而读出时刻。东汉的《说文解字》便说昼夜有百刻待漏。

虽然漏壶可以人为地确定时间的长度，较利用阳光投影计时来得准确，而且也不受测量所在纬度的影响。但要校正水流速度因水位高低所发生的变化并非易事。而且漏壶的制作费也不便宜，非一般人所能普遍使用。因之产生了公家于夜间报更的服务。《周礼・挈壶氏》掌："凡军事，县壶以序聚㯻（打更之器）。凡丧，县壶以代哭者。皆以水火守之，分以日夜。及冬，则以火爨鼎水沸而沃之。"一般人家或一时没有铜壶而又需要计时时，就会利用线香、蜡烛一类可以点燃的东西，如南齐竟陵王萧子良与萧文琰、邱令楷等夜集赋诗，约四韵，刻烛一寸，刘孝绰有诗《赋得照棋烛诗刻五分成》。

战国时代虽已有铜漏，但并不普及。因此，西汉时代一般人使用的时间分段，仍然主以太阳的位置为指标。其分段约为夜半、鸡鸣、乘明、

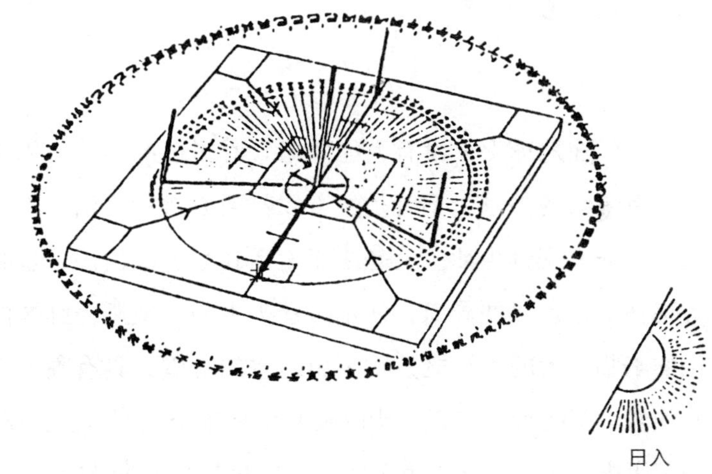

日入

图 2　汉代日晷使用的示意图

平旦、日出、早食、食时、日中、日昃、日晡、下晡、日入、昏时、夜食。夜间的分段较之商代详细得多，显然是应用漏壶的结果。秦汉之际的历法家受干支纪日的影响，也把一日分为十二等分，每等分为现今的两个钟头。但是这种新分段要到东汉时代才为社会所接受，而且其名称仍依旧有的传统。一直要到较晚时候或南北朝时，才更名始于子、终于亥的十二时辰名称。

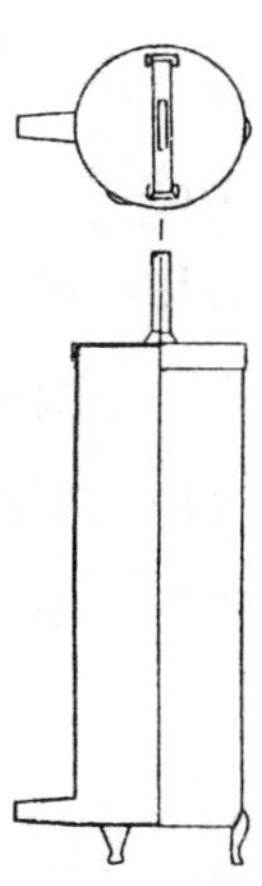

图 3　汉代计时的下沉式铜漏壶

天文学的成就

生活在地球上，没有人能忽略日月星辰的运行，因为它们与季节和方向有绝对的关系。不管是过着农耕或游牧的生活，都要依季节选择合适的方向去安排生活。就是终年生活在海上的渔民，也必须认识太阳和各星宿的位置以便导航，才不致迷失方向，或避免强风的侵袭，预测鱼汛的来临。人的生活既然跳不出时空的范围，具有高度文明的民族也就必须有丰富的天文知识。所以天文学是各个文明古国很早就发展的学问。中国历史悠久，天文学也不例外，很早就极为发达。

太阳是肉眼所见最大的天体，它发出的光和热是动植物赖以生存的元素，故人们对之特别崇敬，商代的人对之还有迎送的礼仪。现在用仪器观察，可以发现太阳表面有黑斑，温度较其周围要低得多，但成因尚不清楚。斑的大小有规律性的变化，大约以 11 年为 1 周期。黑斑越大，磁场也越强，对地球的通信电波和气候都有影响。

中国至迟在公元前 1 世纪就发觉这种现象而加以记载，说它像弹丸、飞鹊、枣和鸡蛋，有说它数月乃销或三日乃伏，比起西方同样的观察起码早上千年。中国西汉以来日中有金乌的传说，大概就是基于此种观察。甲骨文的“日”字作圈中有一点，可能就是此种现象有意的表达。甲骨的刻辞有：“日有识？允唯识。”“日有识”（太阳有刻识）如果就是商朝人对于日斑的描写，那他们竟然能于事前加以推测日斑的出现而致应验，可说是极为惊人的成就。

过久直视太阳能使人失明。中国人能那么早就观察到日斑的现象而加以详细的记载，其成就有人归因于，当大风把浓厚的黄土尘吹上华北的天空时，人们就可以用肉眼观察太阳的表面，不怕过分损伤眼力，以致瞎眼，所以才有日斑的发现。这种机会不会只有中国人有，但唯独中国人注意到而且重视这种现象，无疑也可算是一种成就。

太阳还有一个世人普遍注意到的异常现象，即日蚀。商代不但记载它的发生，而且面对日蚀还似乎显得冷静，并不惊慌失措。日全蚀时，天地瞬间昏暗，鸡飞狗叫，有如世界末日来临。《左传》引《夏书》说："辰不集于房，瞽奏鼓，啬夫驰，庶人走。"就是描写发生日蚀时的惊慌。但是甲骨贞辞有："丁卯卜：戊辰复旦？""不复旦，其延？"复旦表示清早的蚀象解除后天复明，有第二次旦时的意思。措辞与"天再旦于郑"的清早日蚀现象相类。商王询问第二天即将发生的日蚀到底会于旦时复明，或是延到更迟的时候。好像反映商代已能预测日蚀的发生，且认为日蚀并不会带来什么灾难，这真是了不起的惊人成就。秦汉时代的人不但已记载日、月蚀的日期，且已开始注意到食分、方位、亏起方向、初亏和复原时刻。甚至还对蚀象作出正确的科学解释，知道它是蔽于月亮的影子。但是一方面却大谈影响人事的各种灾异，《汉书·五行志》说："日食者，臣之恶也。夜食者，掩其罪也。"皇帝要下诏罪己或责免三公，不能不说是科学的倒退。

在中国，颁历是王廷的重要施政措施，奉正朔是臣服的一种表示。历的制作主要依据日与月运行的周期。中国古代用的是阴阳历，以地球绕行太阳运行一周为一年，月绕地球一周为一月。但一年日数为 12 个月而有余，要调整二者的差距，月份才能与季节取得一致的联系。各种不同的历制就是表现在调整的精密度的差异上。商代在较早时候把闰月放在年终称为 13 月。后来又能适时调整，改置年中，重复月份一次。到了

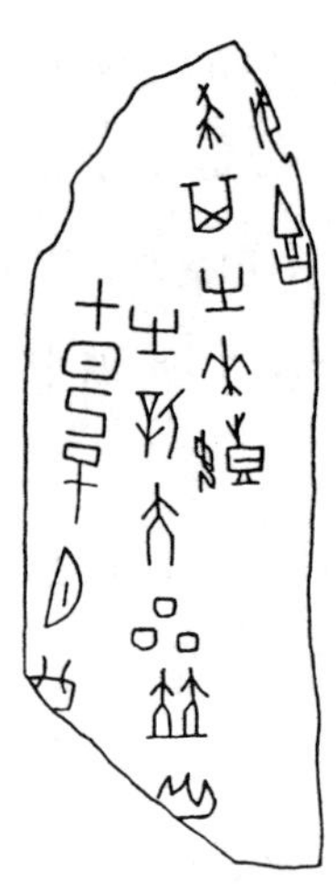

图1　三千多年前商代甲骨刻辞有“新大星并火”的记载

图2　东汉墓中描写公元22年11月一个傍晚的彗星图

末期就晓得一年有365日。这是从他们对祖先的祀典看出的。其时祀周为360日与370日交替举行。显然祀周的周期长度是为配合一年的日数。到了战国时代，甚至盈余的四分之一日也给计算出来了。

人人皆能仰观繁星，重要的是能否辨识和加以利用。商代卜辞有“新大星并火”的记载，表示已能分辨运行不规律的星座。中国对天文学界的贡献之一是其丰富的观测记录，现代对于新星的认识，如哈雷彗星等，还得借助中国古老的记录。火星是心宿的第二颗星，春分时昏见，明亮而人，色极红，极易引起人们的注意，遂以之定仲夏的季节。商代卜辞有：“火，今一月其雨？”大概自商代起就有因其星色而联想及干旱，有火星所在之地主干旱的迷信。干旱是农业大忌，中国以农立国，故设有火正之官专门观测其动向。

除以星座定季节外，还以之作为方向的指标。《淮南子·齐俗篇》说：“夫乘舟而惑者，不知东西，见斗极则寤矣。”这些只算是经验的实践，有意把天文当作学问去研究，大概始于春秋时代。尤其是战国晚期兴起的阴阳五行学说，相信天之垂象乃是为了示人吉凶，所以观测更勤而有星图的绘制。见于《汉书·艺文志》的登录，不包括历谱中有关五星行度的著作，已有21家，445卷之多。

尤其值得一提的是观测仪器的制造。湖南长沙马王堆西汉墓出土有帛书《五星占》，记载自公元前246~前177年观测的五星运行的轨道。已近于今日的实测，如：

金星的周期为 584.4 日，今测为 583.92 日；木星周期为 395.44 日，今测为 398.88 日；土星周期为 377 日，今测为 378.09 日。

不借助仪器而以肉眼观测星座，一般误差可达数度之多。《五星占》以圆周 $365\frac{1}{4}$ 度，每度为 240 分。如此精密的测量，肯定要使用大型的精密测角仪才能办得到。如假设浑仪的子午环长 6 米，则每度只有 1.6 厘米，不知当时如何在这么短的长度再刻上 240 个分度，从此一例不但可见其时中国天文学的造诣，也可想象仪器铸造技术的精巧。

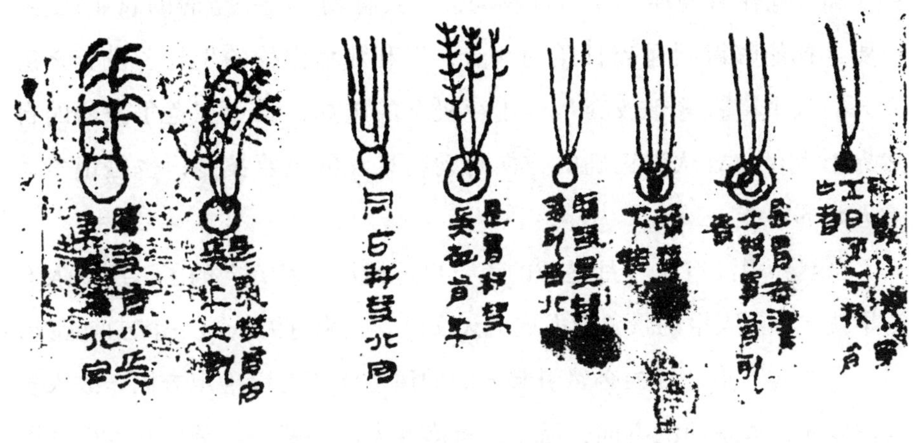

图 3　西汉帛书上各种彗星形态图

对方向的认识

现代人因为有许多指标和仪器以帮助确定方向，不觉得方向对我们的生活有什么大的关系。但在古代，因为动植物的生态与阳光的照射条件有绝对的关系，不但未定居的渔猎采集社会，人们要依一定的路线和方向作有规律的季节性移动以寻找食物，就是定居的农业社会，也要选择能够得到适当日照的地点，以利栽培作物的生长。没有正确方向的认识，就等于放弃最佳生存机会的选择，难于在竞争激烈的自然界中生存。故认识正确的方向是动物觅食的重要技能，也是很多动物天赋的本能。

自然界中没有比日月星辰的运行更可指示正确方向的了。所以人们很早就注意到天空的景象而发展成天文学。太阳每天从同一个方向上升，另一个方向下落，日久必然引起人们的注意而依之以确定方向。故大多数民族先知道东西的方向，后来才有南北方向的意识。譬如在河南濮阳一个六千多年前的墓葬，分别用蚌壳在尸体之东与西排列成龙与虎的图案。它与战国早期一个漆箱上书绘二十八宿名字，及以龙、虎分别代表东西各七个星宿的情形相似，应表示对东西的方向已有认识，并有某种的信仰。

六千年前的墓葬也可以具体表现人们对方向的意识。陕西的半坡仰韶遗址，在保存较完整的 118 座墓葬中，只有 10 座尸首不向西。稍迟的山东大汶口文化则相反，在 133 座墓中，只有十分之一不向东。虽然我

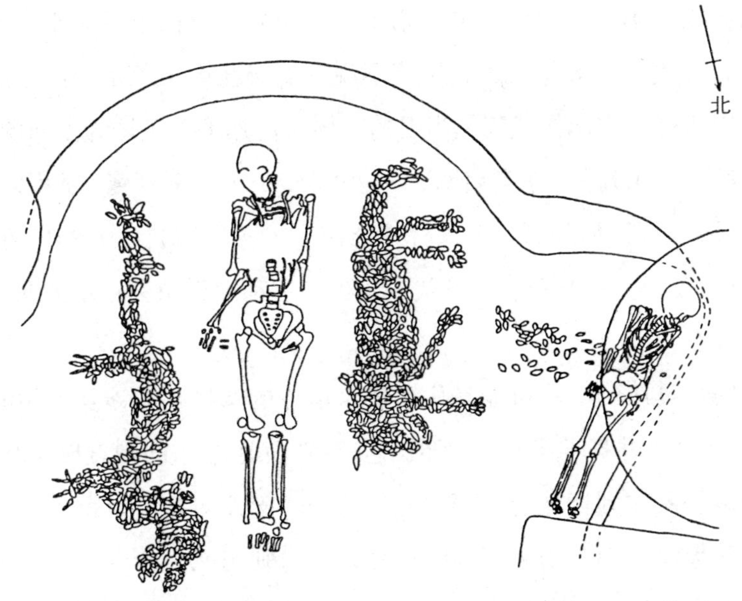

图 1　河南濮阳六千年前墓葬，尸体两旁用蚌壳排列成东龙西虎的图案

们尚不了解这种特定墓葬方向——在西方的西向，东方的东向，有何实用上的意义，但已足说明在埋葬时，人们有意识地选择某种方向。

殷人把自己居住的地域看成被四周方国围绕的世界中心。甲骨刻辞显示商人向四方致祭，希望东南西北各方向所管辖的地域和盟国都会得到上帝的眷顾，获得好收成。在商人的想象中，各个方向都有专神负责管理。四方神灵和四个方向的风各有其专名。自实用说，中国的地域，东边是海，南边近赤道，西边是内陆，北边近极地。因此，自东方吹来的风比较可能带有湿润的空气而易下雨，南方吹来的风燠热，西方吹来的风干燥，北风则寒冷。它不但影响我们安排生活的方式，也能告知季节的来临。战国时代则更区分为八风，依《吕氏春秋》之名为东北炎风、东方滔风、东南熏风、南方巨风、西南凄风、西方飂风、西北厉风、北方寒风。

商人以太阳在天空的位置去指示白天时间的分段。但对于表达方向的四字，却完全与天体无关，不能不说有点奇怪。天象是现成而易于把握的方向指标。中国古代到相当迟的时候，仍熟悉以星辰为方向的指标。如《诗经·大东篇》:“东有启明，西有长庚，……维南有箕，不可以簸扬。维北有斗，不可以挹酒浆。”汉代《淮南子·齐俗篇》:“夫乘舟而惑者，不知东西，见斗极则寤矣。”商代一定也知道利用天象去指示方向，只是没有表现在文字而已。

方向最具体的应用可能是房屋建筑地点的选择，它涉及实用的日照问题。“上古之时草居露宿，冬则山南，夏则山北。”东向则直接面对阳光，难于睁眼。西向则背光受不到阳光的照晒。南北向都可以得到适度的照射，但冬天南向则多阳光而温暖，夏天北向则阴凉。商人的大型基址有采用南北向的倾向。显然是基于实用的选择。现代因人口密集，又顾及街道的整齐，不能舍弃东西的屋向。但居室的安排就尽量依此原则。

住房既有一定的方向，起居坐向也自然有一定的习惯而演成礼仪。如主人待客东向表示平等，接见下属则以南向表示尊卑主从。坐位的方向虽是小事，但在政治的场合，却也是一件微妙的争执。如《史记·项羽本纪》记载项羽不满意刘邦攻破咸阳，有怪罪刘邦的意思，刘邦因此到鸿门向他请罪。当时项羽和刘邦虽具同等的地位，但项羽兵盛，有霸主的气势。刘邦如坐西向就有抗礼之嫌，会更增项羽的愤慨。但他也不愿北向项羽以示臣属之劣势。如折中请年纪最大、项羽的亚父范增上坐，让自己南坐以示尊老，不卑不亢，就会被大家所接受。故鸿门之宴的座次成为项王、项伯东向坐，亚父南向坐，刘邦北向坐，张良西向侍。

行事则因各地习惯的便宜，也分别演成左尊右卑或右尊左卑的价值表示。如《仪礼·士虞礼》说长在左，故魏公子无忌“从车骑，虚左，自迎夷门侯生”。但赵国以右为尊，“以相如功大，拜为上卿，位在廉颇之右”。如一概视之，就会弄错。

这种起居的习惯，也演变成某种对方向的迷信。《韩非子 · 有度篇》：“夫人臣侵其主也，如地形焉，即渐以往，使人主失端，东西易面而不自知，故先王立司南，以端朝夕。”《周礼》各官都有“惟王建国，辨正方位”的言论。好像不确定君臣位置的正确方向，君王的权威和尊严都会受损。臣下对坐位的疏慢会导致对君上的蔑视和反叛。因此《仪礼 · 士相见礼》特别强调：“凡燕见于君，必辩君之南面。若不得，则正方，不疑君。”

据汉代《论衡》，司南是种可指示方向的器具，形如勺，投之于地则其柄指南。学者以为那是一种借助磁石指南北的自然磁性的装置。汉人著作《鬼谷子》：“郑人取玉，必载司南，为其不惑也。”利用司南在错综迷离的矿坑中辨别方向，很可能它也能于无星之夜做航行的指标。到了汉代，深受战国晚期新兴的阴阳五行说影响，皇帝的起居各月要依一定的方向。可能就是这种方位迷信的进一步发展，还利用齿轮的转动使指标永远南向，制作指南车为仪仗，于出行时确定行车的路线。

版权登记号：01-2019-1232

图书在版编目（CIP）数据

古事杂谈 / 许进雄著；—北京：现代出版社，2020.1
ISBN 978-7-5143-7479-7

Ⅰ.①古… Ⅱ.①许… Ⅲ.①文化史－中国－古代－通俗读物
Ⅳ.①K220.3-49

中国版本图书馆 CIP 数据核字（2019）第 237809 号

古事杂谈

作　　者　许进雄
责任编辑　曾雪梅
出版发行　现代出版社
通信地址　北京市安定门外安华里 504 号
邮政编码　100011
电　　话　010-64267325　64245264（传真）
网　　址　www.1980xd.com
电子邮箱　xiandai@vip.sina.com
印　　刷　三河市南阳印刷有限公司
开　　本　710mm×1000mm　1/16
印　　张　21.5
字　　数　266 千字
版　　次　2020 年 1 月第 1 版　2020 年 1 月第 1 次印刷
书　　号　ISBN 978-7-5143-7479-7
定　　价　59.80 元